新编21世纪新闻传播学系列教材

• 基础课程系列 •

外国新闻传播史

The History of Foreign Journalism and Communication

陈力丹　赵永华　陈继静　王润泽　赵云泽　著

中国人民大学出版社
·北京·

作者简介

陈力丹 中国人民大学荣誉一级教授，校务委员，博士生导师。1993年起享受国务院特殊津贴。曾任第六届国务院学位委员会学科评议组成员、《国际新闻界》杂志主编、中国人民大学新闻学院博士后流动站站长。研究方向：新闻理论、传播理论、中外新闻史、舆论学。

赵永华 中国人民大学新闻学院教授、博士生导师，中国新闻史学会外国新闻史研究会副会长。先后毕业于中国人民大学外语系、北京大学俄语系、中国人民大学新闻学院，获学士、硕士、博士学位。莫斯科大学访问学者、俄罗斯人民友谊大学访问学者。2011年入选教育部“新世纪优秀人才支持计划”。研究方向：世界新闻史、国际传播与跨文化传播。

陈继静 中国人民大学新闻学院副教授，硕士生导师，主讲中国新闻传播史、外国新闻传播史和新闻英语等课程。1996年就读于北京大学历史学系，论文《惠特比宗教会议：试论不列颠早期的凯尔特传统》曾获第一届全国史学新秀奖一等奖（1999年）。2007年获北京大学“西方史学史与史学理论”首个博士学位。研究方向：全球化视野下的新闻史、文化认同与跨文化传播等。

王润泽 中国人民大学新闻学院教授，博士生导师，副院长。中国新闻史学会副会长，《新闻春秋》杂志主编。美国哈佛大学、哥伦比亚大学及日本电通株式会社访问学者。2009年入选教育部“新世纪优秀人才支持计划”。研究方向：中外新闻事业史，跨文化传播研究。

赵云泽 中国人民大学新闻学院教授，博士生导师。中国人民大学青年杰出学者。2007年从中国人民大学新闻学院毕业，获博士学位，留校任教至今。中国新闻史学会常务理事、党报党刊研究委员会副会长。研究方向：新闻传播史、媒介融合、网络舆论等。

内容简介

本书在世界 20 国集团（除中国和欧盟外）架构的基础上全面展现世界主要国家新闻传播的历史。全书绪论加六编共 23 章，包括欧洲板块、美洲板块、亚洲板块、西亚北非板块、撒哈拉沙漠以南非洲板块、大洋洲板块 6 个板块共 23 个国家的新闻传播史。具体介绍某国新闻史时，涉及该国新闻传播业的发展历史、总体特征以及目前的格局三个方面，既不遗漏必须讲述的内容，又补充了各国新闻传播业的最新变化。同时，每章末附上思考题以供学生思考和复习。

对于刚刚接触外国新闻史的学生来说，本书是很好的入门书籍。对于复习考研的学生来说，本书亦可提供很大帮助。

总　　序

中国人民大学出版社策划出版的“新编21世纪新闻传播学系列教材”，是一套在新闻传播学领域内，皋牢百代，卢牟六合，贯穴古今，笼罩中外，密切联系新闻传播工作的实际，广泛吸收新闻传播学的最新研究成果，高挹遐揽，取精用宏，供新世纪的高等院校新闻传播院系教学使用的系列教材。

20世纪初以来的100年，是世界新闻传播事业飞速发展的100年。这100年来，随着科学技术的不断发展，继报纸、期刊、通讯社之后，广播、电视、网络和多种新媒体相继问世，新闻传播的媒介日趋多元化，新闻传播的手段日趋现代化，“地球村”变得越来越小，新闻传播事业对世界政治、经济和文化的影响则变得越来越大。

这100年，也是中国新闻事业飞速发展的100年。其中最近的30年，即中国改革开放以来的30年，发展得尤为迅猛。

进入新世纪以后，中国新闻事业发展的势头更为迅猛。报纸、期刊、通讯社、广播电台、电视台的数量在宏观调控下，虽无大变化，但软硬件的实力都有了很大的提高。据2011年12月出版的《中国新闻年鉴》的最新统计数字，2010年全国共出版报纸1 939种，平均期印数2.14亿份。共出版期刊9 884种，平均期印数1.63亿份。全国共有广播电台227座，电视台247家，广播电视台2 130家，教育电视台44家。广播综合人口覆盖率为96.78%，电视综合人口覆盖率为97.62%。

另外2012年1月中国互联网络信息中心（CNNIC）发布的《第29次中国互联网络发展状况统计报告》显示，截至2011年12月底，中国网民规模已达到5.13亿，互联网普及率达到38.3%。其中，手机用户数量为3.56亿，博客和个人空间用户数量为3.19亿，微博用户数量为2.5亿，社交网站用户数量为2.44亿，网络视频用户数量为3.25亿。中国居民中具备上网条件和技能的人已经基本转化为网民，大专及以上学历人群中互联网使用率已达96.1%。中国网站总数为230万个，网页数量为866亿个。

这样大的发展规模，这样快的发展速度，在世界和中国新闻事业史上都是空前的。回顾既往，盱衡未来，新闻传播事业在21世纪还将会保持旺盛的发展势头。新闻传播，作为上层建筑中意识形态的一个重要组成部分，在全面准确地宣传党的基本理论、基本路线和基本方针以及各项决策，反映人民群众的伟大业绩和精神风貌，以及推动改革开放和社会主义现代化建设等方面，必将继续发挥重要的作用。

与新闻传播事业的发展相配合，这100年来，为中国的新闻战线培养和输送人才的中国新闻教育，也有了相应的发展。中国的新闻教育起始于20世纪初，迄今有近百年的历史。新中国成立前的30年，虽然先后在个别院校中设立了新闻系或新闻专科，但规模都不大，设备也不够完善，在校学生人数，最多的时候不超过400人，30年间累计培养出来的毕业生还不到3 000人。新中国成立后，为了给新中国的新闻事业培养人才，新闻教育有了新的发展，但到20世纪60年代中期为止，全国的新闻教育机构也还只有14家。当时全国只有343家报社、78座广播电台和13家电视台，革命老区来的新闻工作骨干正当盛年，足以支撑大局，新闻系和新闻专业的学生统招统分，基本上能够满足中央和省市以上新闻单位梯队建设方面的需要。“文化大革命”爆发后，新闻事业进入低谷，新闻人才的培养也被迫中辍。拨乱反正之后，新闻事业有了飞速的发展，但新闻工作的人才却出现了断层，明显供不应求，因而极大地推动了新闻教育的发展。中国的新闻教育得以重振旗鼓并得到空前迅猛的发展，主要是改革开放以来的这30多年的事情。30多年来，中国新闻教育和中国新闻事业同步发展。截至2011年，全国设有新闻传播学类院、系、专业的高校已由改革开放之初的两三所增加到800所以上，各种类型和层次的专业教学点已不下1 000个。新闻专业的教学已从单一的大学本科教育，发展到博士生、硕士生、本科生、大专生、成人教育、函授教育等多层次的格局，不少院系还设置了新闻传播学方向的博士后流动站。改革开放之初，全国在校新闻系科学生总共只有500来人，现在仅在校本科生就有16万人左右，硕士和博士研究生3万人左右，办学层次、办学规模、办学水平都有了很大的提高。进入新世纪以后，随着新闻传播事业的加速发展和新闻战线人才需求的不断增加，中国的新闻教育还将会有更大幅度的发展。

一般说来，新闻教育质量的高低，起决定作用的主要是两个因素：一个是师资，一个是教材。两者之间，教材的作用更大。这是因为，师资的多少和良窳，往往受办学主客观条件的限制，而教材一旦完成，就可以直接嘉惠于学子，风行四海，无远弗届。进一步说，一部好的教材，不仅可以满足教学的需要，培养出一大批人才，而且还可以同时拥有一定的学术含量，推动新闻传播学研究的发展。1919年出版的徐宝璜的《新闻学》，1927年出版的戈公振的《中国报学史》，就是这方面的很好的例子。这两本书都是作者在高等学校从事新闻学理论和新闻史教学时作为教材编写出来的，出版之后，立即引起世人的关注和推崇，一再重版，历久不衰，至今仍然是公认的新闻学理论和新闻史方面的传世之作和经典之作。正因为这样，新闻教育的前辈们，历来十分重视教材的建设。新中国成立初期的十来年，坊间出版的新闻学方面的书籍，绝大部分都是教材。改革开放以后，新闻传播学研究空前繁荣，新闻学方面的书籍大量问世，但教材仍然在其中占了很大的比重。这些教材，覆盖了新闻传播学的方方面面，经过出版家和众多作者们的长期努力，门类和品种基本配套齐全，曾经为同时期的新闻教学做出过重要的贡献。但是，随着时间的推移和新闻工作实际的飞速发展，这些教材的体例日显陈旧，观点和内容也亟待调整和更新。一些属于学科前沿和科技含量较高的新开课程的教材尚付阙如，使现有的教材出现了不少缺口。在新世纪已经到来之际，集聚力量，重新编写出一套体系完整，门类齐全，能够为新世纪的新闻教育和新闻人才培养服务的新闻传播学的系列教材，已经成为人们的共识和新闻业界与新闻教育界的迫切需求。

呈现在读者面前的，就是应这样的需求产生的一套系列教材，它将涵盖新闻学、传播学两个二级学科的方方面面内容，满足新闻、广播、电视、广告、媒体经济、新媒体等多个专业的教学需要。负责这些教材编写工作的，是中国人民大学、复旦大学、北京大学、清华大学、中国传媒大学、中国青年政治学院等多所著名院校长期从事新闻传播学方面教学与研究工作的专家学者，其中有相当大的一部分编写者都是相关学科的国家级的学术带头人，堪称一时之选。收入本系列的教材中，既有国家级重点教材，也有部级重点教材，其他的也都是经过严格筛选的精品，所以，本套系列教材的质量是有保证的，其权威性也将会得到社会的认同。

21 世纪是一个高度信息化的时代，是信息经济和知识经济占主导地位的时代。信息经济和知识经济有两大支柱，一是以高科技为代表的传播技术产业，二是从事新闻和信息产品生产的媒体产业。新闻传播学作为将这两大领域有机联结的桥梁，在今后的国家建设和社会发展中必将发挥越来越重要的作用。中国人民大学出版社经过精心策划，隆重推出这套系列教材，是具有高度的前瞻性和战略眼光的。在这里，我谨代表编委会和全体作者向中国人民大学出版社表示由衷的感谢。

这套系列教材开始策划于 20 世纪的最后一年，21 世纪初起陆续问世，迄今已编写出版了 50 余种。在体例和内容的创新和开拓等方面，远远超过同时期出版的同类教材。其中的有些教材，还根据整个新闻传播理论与实践的发展和新闻传播学教学与研究的发展，陆续作了必要的补充和修订，重新出版，实现了内容的与时俱进。

这批教材的问世，将会为新闻传播事业和新闻教育事业的发展和繁荣、为新世纪新闻传播人才的培养做出它应有的贡献。这是出版者和全体作者共同的一点希望。是为序。

方汉奇

2012 年 3 月

于中国人民大学宜园

写在前面

2000年，作为中国人民大学出版社“21世纪新闻传播学系列教材”的《外国新闻传播史》出版，作者为郑超然、程曼丽、王泰玄。书稿写作中，郑超然老师让他的学生祁璟莹联系我，征求教材写作的体例，并希望我写“序言”。我提出改变原来以资产阶级、无产阶级划线的论述和编辑体例，改为以地区、国家来编排体例和进行叙述。我写的“序言”很短，主要也是想改变以往以阶级斗争为纲的外新史写作模式。这本60万字的教材虽然多少仍带有一些过去的思维痕迹，但主体上已经转变到客观展示世界新闻传播业发展方面来了。

进入21世纪的十几年里，世界新闻传播业的发展和变化太快了，我们已经进入了数字化传播的新媒体时代，接受新闻教育的大学生们也从“70后”变成了“90后”。当年这本教材的内容和涉猎范围都显得跟不上形势了。那时主要叙述的是几个发达国家，发展中国家只在一章中简单介绍，也仅限几个国家，平均每个国家数百字。而现在国际上具有发言权的比较重要的国家不是几个，而是几十个了，传媒形态的变化更为剧烈。

鉴于这种形势，2011年年底中国人民大学新闻学院组织本院教师进行“十二五”教材写作，将集体重写《外国新闻传播史》的工作提上日程。此书由我牵头，原新闻史教研室在岗的五位老师共同承担，并获得两次拨款共1万元作为启动经费。我们商定，这次写作以世界20国集团（除中国和欧盟外）作为叙述的基础框架，以世界文化板块作为论述单元。在以文化板块为单元叙述时，考虑到文化板块内不同国家情况的平衡，又多选择了几个国家，形成现在六大文化板块、23国[①]的教材内容体系。

此前我已著有《世界新闻传播史》（2002年第1版，2007年第2版），2008年与王辰瑶著有《外国新闻传播史纲要》，2012年与钱婕著有远程教育教材《外国新闻传播史

---

① 23国包括世界20国集团除中国、欧盟外的其他18个成员，即美国、日本、德国、法国、英国、意大利、加拿大、俄罗斯、澳大利亚、南非、阿根廷、巴西、印度、印度尼西亚、墨西哥、沙特阿拉伯、韩国、土耳其。此外，还有西班牙、埃及、尼日利亚、肯尼亚、新西兰。

教程》。这次集体写作的教材，要保持在30万字内，又要将更多的国家列入其中，因而需要做较多的工作。首先，一些从未列入教材的国家需要重点关注，即西班牙、土耳其、阿根廷、印度尼西亚、沙特阿拉伯、尼日利亚、肯尼亚、新西兰。其次，要将其他国家的叙述文字大大压缩，既要不丢掉必须讲述的内容，还要补充各国传媒的最新变化。这项工作现在做到了，目前只有概述、英国新闻传播史、美国新闻传播史的文字叙述约为1万字，其他各国新闻传播史的文字叙述均在6 000字以内，每章配图4～5张。

关于本书各部分的写作，我承担的较多，压缩、改写“概述”以及14国新闻传播史的行文，并配图。赵永华压缩、改写了俄罗斯新闻传播史的行文。新增补的国家的新闻传播史写作，分别由王润泽（土耳其），陈继静（阿根廷），赵永华（印度尼西亚），赵云泽（沙特阿拉伯），我与博士生董晨宇、硕士生刘晓媛和任馥荔（尼日利亚、肯尼亚、新西兰），北大西语系老师路燕萍（西班牙）完成。本书所有署名作者都参与了补正各国新闻传播业最新材料的工作，参与这项工作的还有在德国读博的吴璟薇、中国人民大学在读博士生毛湛文和林羽丰。此前王辰瑶、钱婕与我合作的教材中，有她们提供的新材料，在本书中也有所使用。总之，虽然本书五人署名，实际上汲取了其他很多人的研究成果，在这里向所有对本书的完成做出贡献的人表示感谢。

陈力丹

2014年5月1日于时雨园

目　　录

绪论　世界新闻传播史概述

第一编　欧洲板块

第三编 亚洲板块（西亚除外）

第六编 大洋洲板块

绪论

世界新闻传播史概述

信息的传播贯穿着人类发展的全部历史。但是，新闻信息从一般信息中分离出来，成为一种需要独立提供的资源，仅是最近几百年的事情。在此之前的百万年内，新闻信息的传播融于一般的信息传播之中，难以清晰地被区分出来。现在人类文明的演进呈现出明显的加速度，面对迅速变化着的世界，人类社会越来越需要专门的新闻信息传播系统来支撑其自身的发展，由此诞生了现代新闻传播业。

现代新闻传播业从发展之初起，就和经济、政治、科技、文化等因素交织得十分紧密，不同时代的差异很大，不同国家和地区的差异也很大，形成了一幅经纬交织、复杂多变的历史画卷。本篇的目的，在于尽可能归纳现代新闻传播活动在不同时代的特征，梳理出世界新闻传播业发展的大致历史轨迹。

一、现代新闻传播活动出现之前的信息传播

信息的传播，贯穿着人类发展的全部历程。从最初人与人之间手段简单、效果模糊的信息传递到现代大众传播，再到人人都可以发布、阐释意义的数字媒体时代，社会因信息传播得以维系。

语言的产生被认为是人类社会第一次信息革命的标志，大约产生于10万年前。语言的产生使得人们可以进行更加明确、复杂和抽象的表意，直到今天，无论人类创造的传播技术发展到何等高度，语言仍然是承载信息的主要载体。公元前490年9月12日，古希腊的战士菲利皮德斯从马拉松海边连续跑了40多公里，到雅典报告胜利的消息，这一传播行为被认为是口语传播时代典型的新闻传播。不过，在漫长的历史中，新闻传播只是信息传播的一类，作为一种可以分离出来的传播领域只有几百年。

语言的产生意义重大，但其局限性也很明显，它不能离开具有生命特征的“人”这个载体。文字改变了语言形式，使听觉符号转变为视觉符号，可以独立于人体而存在，这就极大地扩展了信息传播的空间，延伸了传播的时间。人类最早的文字是公元前4000年的古埃及象形文字。文字的出现是人类社会第二次信息革命的标志，也是人类进入文明社会的标志。但在数千年的文字传播中，历史记载与新闻的传播其实很难区分，因为古代的信息传播时效要求很低。公元79年，维苏威火山吞没了庞培城。公元104年，古罗马历史学家小普林尼（Gaius Plinius）通过采访经历那场灾难的舅父而写的通讯，是历史，还是新闻？谁也说不清楚。

人类最早的完整文字作品：《死亡之书》（古埃及）

文字虽然保留了语言信息，但是手抄传递的信息无论如何形不成规模，手抄的文字一定程度又变成了一种很容易被垄断的信息。于是，印刷术的发明通常被视为信息传播史上又一座里程碑。

印刷术是中国古代的四大发明之一，11 世纪就发明了胶泥活字印刷，然而正如德国社会学家马克斯·韦伯所写："中国很早便有了印刷术，但专为印刷而设计，并且只有通过印刷才可能制成的印刷品，特别是报纸和期刊，最早仅出现于西方。"① 中国直到 17 世纪才有使用活字印刷术传播新闻的记录，而且并不普遍。15 世纪中叶，德国人约翰·古登堡（Johann Gutenberg）发明了金属活字印刷术。在文艺复兴和宗教改革的时代背景下，它先是成为大规模复制《圣经》的技术手段，随后被广泛应用于书籍、新闻纸和小册子的印刷，为 19 世纪大众传播时代的到来奠定了基础。由于印刷术改变了知识存储、更新和扩散的方式，打破了对于信息与思想的禁锢，西班牙诗人金塔纳（M. J. Quintana）在其《咏印刷术的发明》的长诗中赞颂道："古登堡说罢，——/印刷术问世流行，/看，刹那间，欧罗巴吵吵嚷嚷，/多么激动，多么震惊；/熊熊的火焰，/宛若狂飚，喷射而出，/它曾在黑暗的地心沉睡，/它曾在高耸的熔炉藏身。""赞美他吧！/是他把傲慢的黑暗势力化为灰烬，/是他载着智慧的凯歌穿越无垠的天陲；/真理讴歌他胜利归来，/赋予他无穷的才智！/将无数赞歌献给为幸福而斗争的战士！"②

欧式印刷术为现代新闻传播业的诞生做了技术上的准备，但是现代新闻传播业还需要多种因素共同发生作用，才可能出现并持续下来。

二、现代新闻传播业得以在欧洲起源的五个相互依存的条件

以前的教材都说，现代报纸最早起源于 1566 年意大利威尼斯的手抄新闻。实际上，手抄新闻是欧洲中世纪新闻传播发展的顶点，不是现代新闻传播业的起点，因为现代新闻传播业的最早载体——报纸——应该是印刷品。手抄作业，不是现代新闻传播业的标志。

现代新闻传播业的产生与市场经济向全球的拓展相联系。

1453 年 5 月 29 日（星期二），发生了一件影响欧洲工业和商业进程的事件：奥斯曼帝国军队经过几十天激战，攻占了拜占庭帝国的首都君士坦丁堡（现名伊斯坦布尔）。这个伊斯兰帝国阻断了欧亚贸易的陆路通道，古老的丝绸之路荒芜了，欧洲人被迫冲出地中海向大西洋进发，寻找通往东方的海路。

---

① ［德］马克斯·韦伯：《文明的历史脚步》，4 页，上海，上海三联书店，1988。

② 该诗由恩格斯译自西班牙文。《马克思恩格斯全集》，中文 1 版，第 41 卷，43～44、50 页，北京，人民出版社，1982。

1497—1499 年，葡萄牙人达·伽马（Vasco da Gama，1469—1524 年）首先发现了绕过好望角通往印度的海路。1492 年，克里斯托弗·哥伦布（Cristóbal Colón，1451—1506 年）在西班牙女王的资助下向西航行，经过 70 多个昼夜终于发现大陆，他以为他到达了印度，而实际上他发现了一个新的大陆——美洲。1519 年 9 月，麦哲伦（Ferdinand Magellan，1480—1521 年）率领一支 270 人的船队开始环球航行，首次横渡太平洋。1521 年，麦哲伦在菲律宾一场与当地部族的冲突中身亡，其部下埃尔卡诺率领剩下的唯一的船"维多利亚"号于 1522 年 9 月完成环球航行回到西班牙，原来船队的人仅剩 10 人。

欧洲人发现了通往亚洲的海路，发现了美洲，最后证明海路可以通往世界所有的地方。于是，欧洲的市场经济开始向全世界扩张，开始了现代社会的历史进程。新闻传播业作为独立的行业，就产生于这个历史大背景下。

（一）世界地理大发现使得欧洲的商业和工业从地中海贸易转向全球贸易，因此产生对新闻传播的规模化需求

这是一个大环境背景，如果没有这个背景，欧洲中世纪的地中海贸易和北海贸易仍然会继续下去，意大利仍然是地中海贸易的中心地带，中世纪的手抄新闻仍可以大体满足商人对于新闻信息的需求。但是，当大批商人转向全球贸易时，简单的手抄新闻显然不够了。因此，对新闻传播的规模化需求刺激了现代新闻传播业的诞生。

（二）此时，欧洲地理上正在形成连成一片的文明地区，地理上进行贸易的关卡减少，传递信息的障碍也随之减少

任何规模化的新闻传播都需要畅通的渠道，而在中世纪的欧洲，由于封建割据，商品流通极不方便，信息的流通同样也受到阻碍。15—16 世纪，正是欧洲大陆王权削减诸侯势力高涨的时期（特别在法国），平民为了自身贸易的利益，大多站在王权一边。相对统一的国家，提供了商品（包括信息）相对自由流通的空间条件。尽管这一过程是渐进发生的，但割据情况减少的趋势，对于现代报刊来说，无论如何是一个必要的生存条件。

（三）六个主要的欧洲民族（意、西、葡、德、法、英）经过文艺复兴运动，自然形成了各自的标准语言和文字，奠定了规模化新闻传播的语言文字基础

在意大利，由于但丁、彼得拉克、薄伽丘、马基雅维利等著名大家的作品使用的都是托斯卡纳方言，通过他们作品的传播，这种方言便自然而然地逐渐成为意大利通行的标准语。在西班牙，由于西班牙戏剧和塞万提斯小说采用的都是卡斯蒂利亚方言，于是通过戏剧和小说的广泛传播，这种方言逐渐变成西班牙的标准语。在葡萄牙，卡蒙斯（Luis de Camoes，1524—1580 年）的叙述诗《卢济塔尼亚人之歌》（Os lusiadas，歌颂达·伽马绕过好望角发现印度）广泛传播，于是他作品的语法结构和语汇成为葡萄牙的标准语。16 世纪，在席卷德国的宗教改革运动中，马丁·路德用低地德语翻译的《圣经》和创作的赞美诗，使得这种语言成为德语的标准语。法国文艺复兴运动中拉伯雷、蒙田等大家的作品采用的都是北方法兰西语，于是这种语言替代了南方法兰西语成为法语的标准语。英国作家乔叟、戏剧家莎士比亚等的作品，也使得当时不完善的英语有了自己的标准语形式。

报刊的规模化传播，至少需要在一国或一种民族语言的使用区域内，采用通行的标准语，而相对应的文字又要以通行的标准语作为前提。当这些条件具备时，规模化的报刊生产和传播才成为可能。

15 世纪的古登堡印刷术

（四）古登堡印刷术的发明，提供了规模化新闻传播的新技术条件

这个发明本来适应德国宗教改革酝酿时期的需要，但恰好与世界地理大发现衔接，于是它先是成为大量传播《圣经》的技术条件，接着又成为全球性新闻传播的必要技术条件。

（五）文艺复兴后，文化从僧侣阶层的垄断下逐步解放出来，转向世俗社会，为规模化新闻传播提供了一定的读者群

在文艺复兴运动中，人文主义者把受教育的特权带出教会的大门。在印刷术的助力下，人们的信息需求得到满足，文化水平得以提高。韦尔斯（H. Wells）在《世界史纲》中说："世人的知识生活进入了一个新的和远为活泼有力的时期。它不再是从一个头脑到另一个头脑的涓涓细流；它变成了一股滔滔洪流，不久就有数以千万计的头脑加入了这一洪流。”

这五个条件，相互依存，缺一不可。没有第一个大背景条件，单独的其他条件都不可能促成新闻传播的规模化；而其他四个条件，缺少任何一项，都可能使新闻传播的规模化难以为继。

三、现代报刊遍及全球的三个环节

现代报刊的起源与其说是一个具体的“点”，不如说是一个在全球的历史发展过程。因为现代报刊从欧洲传播到全球，历经数百年，只有全世界主要国家都出现现代报刊，这个起源的过程方可说结束。从宏观上把握和理解现代报刊从起源到遍布全球的过程，表现为三个发展的环节：

第一，15 世纪中叶德国发明印刷术和出现印刷新闻纸。就传播内容和简陋的程度而言，印刷新闻纸应看作中世纪的新闻传播类型。但是，由于恰好赶上了不久后世界航路的发现与开辟，于是原本属于中世纪的一种新闻传播的方式与未来的现代报刊直接联系了起来，成为现代报刊起源的第一个环节。

第二，整个 16 世纪，西班牙、葡萄牙、荷兰等商业民族在全球的经商中，无意中传播了欧式印刷术和简单的公报式报纸，构成了现代报刊起源的第二个环节。

第三，从 17 世纪开始，英国作为工业民族逐步替代了西、葡、荷等国，有目的地在世界各地建立殖民地，发展工商业，传播西方文化，将报刊移植到世界各地。只是在这个时候，新闻传播才具有一定的影响力，正如德国哲学家哈贝马斯（Jürgen Habermas）所说，直到 17 世纪末社会才具备让大众知晓信息的条件，“才有真正意义上的新闻”①。

在这里，德国中世纪的印刷新闻纸是最初的源头，16 世纪三个欧洲商业民族在全球的贸易是一个不可超越的历史过渡，最后才发生以英国为主的将现代新闻传播业移植到世界各个角落的文化传播过程。

四、现代新闻传播业从欧洲传播到各洲的过程

现代新闻传播业遍布世界的过程是以欧洲各国殖民扩张为动力的。在各洲现代新闻传播业的源头中，我们可以清楚地看到英国、法国、西班牙、葡萄牙、荷兰等欧洲

① ［德］哈贝马斯：《公共领域的结构转型》，16 页，上海，学林出版社，1999。

国家的身影。

美洲的现代新闻传播业，主要是从西班牙、英国以及葡萄牙带过来的。对美洲的殖民从哥伦布发现新大陆开始，因而西班牙顺理成章地成为第一支征服美洲原住民的欧洲势力。1519 年起，西班牙陆续占领古巴、墨西哥、秘鲁等中、南美洲除巴西以外的几乎所有地区。1541 年，美洲第一份印刷新闻纸诞生于西班牙统治下的新墨西哥城。葡萄牙 1500 年名义上拥有南美洲最大的一块殖民地巴西，但 300 年内巴西无新闻传播业。1808 年拿破仑占领葡萄牙，葡萄牙王室逃到巴西的里约热内卢，为了王室的信息需要，创办《里约热内卢公报》，这是巴西新闻传播业的起点。北美的两个主要国家美国和加拿大，本来是英国殖民地，自然它们的现代新闻传播业由英国人开创。

大洋洲的两个主要国家澳大利亚、新西兰是英国殖民地，因而它们的现代新闻传播业最早也是英国人创办的。

非洲是距离欧洲最近的大陆，欧洲各国纷纷在非洲建立殖民地，因而非洲各国最早的现代新闻传播业，都是原宗主国创办的，其中英国、法国创办的较多，还有比利时、葡萄牙、荷兰、意大利、德国等。

亚洲不像美洲、非洲、大洋洲，西方人到达的时候尚处于原始、半原始状态。亚洲不少地方拥有悠久的古老文明，欧洲殖民者到达亚洲后，面临明显的不同文明的对抗，他们只能在某些地方建立据点，然后慢慢传播他们的新闻文化，于是现代新闻传播业在亚洲形成了三个亚起源地。

第一，荷属印尼的雅加达。1602 年，荷属东印度公司总部设在了印度尼西亚。1615 年，他们在印尼首都巴达维亚（今雅加达）创办了亚洲最早的现代新闻刊物——《新闻纪要》。伴随着荷属东印度公司的贸易活动，现代新闻传播业被带到了东南亚和东亚各国。

第二，英属印度的加尔各答。1780 年，英属东印度公司总部所在城市加尔各答出现第一张现代报纸，随后该公司的两个分部所在城市孟买、马德拉斯（今金奈）也很快出现现代报纸。伴随着英国在南亚次大陆的扩张，到 19 世纪中叶，现代新闻传播业被传到南亚次大陆各国。

第三，黎巴嫩的贝鲁特。黎巴嫩、以色列和叙利亚一带是连接欧亚的商路枢纽，由于历史传统而聚集着许多带有西方色彩的阿拉伯文化人。1858 年，贝鲁特出现了阿拉伯世界第一家现代报纸——《新闻花园》。由于 19 世纪 70 年代奥斯曼帝国的苏丹迫害黎巴嫩的文化人，于是从黎巴嫩出逃到周边行省的文化人（包括报人）转而在西亚北非各地创办新的报刊，无形中传播了现代新闻文化。

五、西方报刊发展的三个历史阶段

西方国家的新闻传播史虽然各有自身的文化传统和发展特点，但是多数国家报刊发展的历史，都经历了较为明显的依次发展的三个阶段。

（一）封建集权制下的“官报时期”

现代报刊出现于欧洲中世纪末期，因而在报刊诞生的时候，便受到王权的直接控制，或者直接由政府部门创办报刊（例如 1665 年时的英国、1703 年时的俄国），或者特许少数王权信任的出版商出版报刊（例如 1631 年时的法国），对报刊内容实行书报检查，同时严格查禁其他非官方的出版物。在各殖民地，则由殖民当局代表王权实行书报检查。这个时期封建王朝对报刊内容的检查，主要是禁止报道和讨论与本国政治相关的问题，禁止对本国官员的批评（任何批评，即使批评并非诽谤，也均被视为诽谤），禁止一些出于当时宗教道德不允许报道的内容；而对于外国的政治新闻，只要不涉及本国政治，一般允许报道。

（二）新闻自由条件下的“党报时期”

资产阶级革命时期（包括革命前夕这一短暂时间）和革命成功以后的一段或长或短的时期，由于国家的基本政治体制、许多具体政策尚未确定，各阶级和各利益群体都要为自身占有更多的革命果实而进行宣传活动。在结社自由和新闻自由的条件下，人们的热情往往集中在政治问题上，政党活动极为频繁。在这种情况下，政党报刊成为报刊的主体，即使是商业性的报刊，也带有明显的政治倾向。

（三）“商报时期”（又称“自由报刊时期”）

一般来说，一个国家大规模地出现廉价的大众化报刊，是商报时期到来的标志。此前的阶段属于党报时期。19 世纪中叶，最早党报时期进入商报时期的国家是美国和英国。此前，报刊主要被看作一种事业；此后，报刊主要被看作一种产业。

历史上，有的西方国家的政党报刊和商业报刊并存的时间较长，甚至公营广播电台和电视台也一度实际上被各政党分别掌握（例如意大利、法国），但是政党报刊的衰落和商业报刊的兴起，包括政党不再控制公营广电，到 20 世纪下半叶形成一种无法阻挡的趋势。在有些西方国家，由于政治斗争的反复，第二阶段和第三阶段出现过几次交替。无论如何，到 20 世纪 80 年代，几乎所有西方国家已经完全进入了商报时期（包括广播电视）。

遵循市场经济原则，新闻传播业在20世纪下半叶显示出跨媒介、跨行业、跨地区的强劲发展势头。20世纪90年代以来，由于传播技术先进，“放松管制”的政策环境形成，非传媒业并购传媒业屡屡发生，传媒集团规模越做越大。比如默多克（Rupert Murdoch），从澳大利亚一份不起眼的《阿德莱德新闻报》起步，短短几十年的时间已将其新闻帝国的版图由澳大利亚的一个中等城市拓展至欧洲、北美洲与亚洲，旗下业务涉及有线电视网、电影娱乐、电视、直播卫星电视、出版、数字媒体与户外广告等，俨然成为地理跨度最大的世界级传媒帝国。当然，2011年默多克旗下的《世界新闻报》爆出窃听丑闻，迫使该报停刊。这一事件再次让人思考：在市场经济原则渗透到新闻运作中去的时候，如何保障新闻职业道德不被践踏？当一家传媒集团在国家生活中发挥着举足轻重的作用时，该如何厘清它与政府的关系？高度集中的传媒业会不会对言论自由造成损害，会不会降低新闻的品质，从而影响到公众的普遍福祉？

六、传媒形态的历史发展过程

（一）纸质媒介的算术级数发展

1502年，有记录的最早印刷新闻纸《来自东方的新报纸》（Newe Zeytung von Orient und Auffgange）问世。

Sehr grewliche/erschröck-
liche/ vor vnerhörte/ warhafftige Newe zeyt-
tung/was für grausame Tyranney der Moscowiter/an
[illegible]
zu Nürnberg bey Georg Kreydlein. M.D.LXI.

现存最早的印刷新闻纸（德文）

1561 年，现存最早的印刷新闻纸问世。

1605 年，第一份连续出版的报纸《报告》（Relation，周报）问世，编者卡洛斯，地点斯特拉斯堡（当时属于德国，现在属于法国）。

1615 年，第一张“真正的报纸”——《法兰克福新闻》问世。

1650 年，第一家日报《新到新闻》在莱比锡问世。

1835 年，法国人哈瓦斯在巴黎创办了世界上第一家通讯社——哈瓦斯通讯社。

从最为简陋的只印刷一条新闻的传单，到出现定期出版、每张纸上印有若干条新闻的所谓“真正的报纸”，历经了 100 多年！从较为像样的报纸到出现专门为报纸采写和批发新闻成立的通讯社（这需要存在数量很大的报纸群），历经了 200 多年！显然，早期报刊的发展是相当缓慢的。因此，我们说 20 世纪之前的新闻传播业，处于相当缓慢的算术级数的增长态势。

（二）电子媒介出现后的几何级数发展

进入 20 世纪，广播电视的出现和发展循着萨弗（Paul Saffo）的“一代人法则”①，十几年到二十年发生一次重大的载体形态和传播内容、形式的革命性变化，几何级数发展态势明显。

1920 年 11 月 2 日，美国匹兹堡 KDKA 电台开播，这是世界上第一家获得正式执照的广播电台。广播这种新的传播技术在十几年内遍及世界各主要国家，拥有了巨大的社会影响力。

1920 年 11 月播音的 KDKA 广播电台播音室

① ［美］罗杰·菲德勒：《媒介形态变化》，7 页，北京，华夏出版社，2000。

有趣的是，广播媒体普及之时，就开始了被电视媒体“边缘化”的过程。从 20 世纪 20 年代末到 30 年代，世界主要国家，如美国、英国、德国、法国、苏联，都在研究无线电视。1936 年 8 月德国通过电视媒体实验性质地部分转播了柏林奥运会。现在一般把英国 BBC 电视台 1936 年 11 月定时播出节目，视为世界电视广播的开端。

由于第二次世界大战毁掉了欧洲所有的电视台，电视的发展在 40 年代末 50 年代初重新开始。然而，仅过了十几年，苏联和美国于 1962 年将通信卫星送上天空，并成功地进行了卫星信号的洲际传播试验。1969 年美国和欧洲之间使用卫星电视联通节目。1994 年 8 月美国开播卫星数字电视，开启了世界电视广播数字化的进程。

（三）网络传播——信息社会的到来

1969 年，美国国防部资助了一个有关广域网络的项目，开发出“包交换”（packet switch）技术的网络，称作 ARPANET（阿帕网）。当年 11 月 21 日，运用这项技术把加利福尼亚大学、犹他大学和斯坦福研究院的四台电子计算机顺利连通。这个美国国防部高级研究计划署的实验性网络仅有四个节点，但它标志着“天下第一网”的诞生，宣告了网络时代的到来。当时，谁也没有想到 90 年代会形成全球性的无数台计算机联网的壮观景象。网络传播的出现是人类信息传播史上的又一次革命，它动摇了原有大众传播的基本形态，对人类社会的信息交流模式已经并且还将持续产生着深远的影响。

拥抱信息社会

"信息社会"是相对于"农业社会"和"工业社会"而言的又一种社会形态。一般来说，"农业社会"对应的媒介是手抄书，"工业社会"对应的媒介是可以进行批量复制的现代报刊、广播和电视。而到了以"信息工作者"为社会主流人群的"信息社会"，相对应的主导媒介是"帮助创造、储存并加工信息的计算机"，而全世界计算机之间的联合——"互联网"则已经成为"信息高速公路"的同义词。[①]

无论是互联网、信息高速公路还是大数据，现在有一个统称，即新媒体。"媒体"的概念不能在原有传统媒体的意义上理解，应包括各种新的传播途径、发送和接收方式或形态。这方面的历史在我国开始于 1994 年。那年中国与国际互联网相连的 64k 网络信道开通，尝试进入互联网，于是我们进入 Web 1.0 时代，随后有了第一个互联网上的网站瀛海威。随着博客的出现，互联网进入 Web 2.0 时代，有了博客、播客、掘客、维客等"自媒体"形式，使人有了更大的自我表达权。

社交媒体（SNS）越来越多，加速了网络虚拟社会的构建，使得虚拟社会成为现实社会的延伸，例如偷菜游戏。从微博、微信开始，Web 已经开始从 2.0 向 3.0 过渡。

随着网络的未来发展，我们将进入 Web 3.0 时代，其技术特征是：万物感知—智慧控制；物质世界与人类社会的全方位信息交互；人与物质世界的联结。人与人的交往仅是信息交流的组成部分之一，而不是唯一的了，而人与物质世界的交流将成为一个非常丰富的部分。1999 年在美国召开的移动技术和网络国际会议，基于 RFID 技术和 EPC 标准，利用射频识别、无线数据通信等技术，构造了一个能实现全球物品信息实时共享的实物互联网，简称物联网。2009 年美国将新能源和物联网一同列为振兴经济的两大重点。2010 年，物联网被正式列为中国五大新兴战略性产业之一，写入政府工作报告。

从报纸到个人手机接收终端

① 参见［美］约瑟夫·斯特劳巴哈、罗伯特·拉罗斯：《信息时代的传播媒介》，8～11 页，北京，清华大学出版社，2002。

21 世纪，以数字技术为支撑的媒介形态变化无穷，几乎隔不了几个月就会出现一批新名词。可以肯定的是，数字化媒体的网络正越来越深地渗透进人类社会的每个角落。未来传统新闻传播模式会发生怎样的变化？“信息社会”能否带来更多的传播自由？在全球化的信息流通中，各种不同政治体制和不同传统文化的国家，多大程度上能够实现认同？是否存在信息帝国主义？答案在未来的发展中，但也在历史中。辩证法中有一个著名的原理：历史与未来两极相通。

七、为什么要学习新闻传播史

如果一个人失去了记忆，他就不知道自己是谁，该去哪里。同样，如果一个新闻工作者完全没有本行业领域的记忆，他走进这个领域则一定会感到陌生惶恐。学习新闻传播史，便是帮着我们增添本行业的历史记忆，关于新闻传播的历史知识越丰富，面对现实的新闻工作就越自由。

通过学习，我们应该深刻理解关于世界新闻传播业历史发展的两个基本认识。

（一）没有现代世界市场和世界交往，现代新闻传播业是不可想象的

无论是现代新闻传播的萌芽，还是从欧洲封建社会末期的王权报刊转变到政党报刊、从资产阶级取得政权后的政党报刊转变到大众化的商业报刊，以及通讯社的建立、广播电视业的普及、互联网传播的推进，其基本的动力始终是市场经济的发展，它顽强地为现代新闻传播业的发展开辟着道路。

政治斗争的需要会造就社会对于政治信息的一定的需求，但是不会持久地拥有最广泛的社会性市场。英、法、德、日等国新闻传播业的发展历经波折，都是在新闻业全面进入市场经济以后才最终稳定发展起来的。亚太、非洲、拉美的现代新闻传播业，也是在市场经济向全球的推进中产生的。对新闻传播的社会化需求，只能来自市场经济，而不可能来自其他经济形态。

（二）从最近数百年新闻政策发展变化的历史看，自由的信息流通政策是不可逆转的

新闻自由的实现需要各种综合条件的“配套”，如较完善的市场经济环境，政治和文化历史中的民主政治传统、公众和领袖人物基本的民主政治素养等等。

巴西早在帝国时代就由皇帝恩准了相当程度的新闻自由，墨西哥 1824 年第一部宪法也规定了新闻自由，但是由于频繁政变中的政治领导人无视这种自由权利，公众对于这种自由也没有真正的了解和迫切的需要，新闻传播业历经数百年的磨难，直到现在新闻自由才初步有了实行的经验。为此，这些国家的新闻工作者付出的代价实在太大了。

第二次世界大战中奉行法西斯主义的新闻政策得以横行，其中有因经济萧条民众寻求出路的背景、民族的尚武传统，同时更重要的是公众崇拜克里斯玛型（charisma）人物的心态，从而使法西斯主义新闻观拥有了市场；而一旦这种新闻观占据主导地位，由于已经形成极权主义的政治、军事体制，即使多数人后来意识到需要改变，改变本身也付出了极大的代价。二战中法西斯国家的新闻传播业因此走过了曲折的道路，教训值得深思。

基于历史经验，在法律确立信息自由流通的前提下，衡量一个国家或地区实行某种形式的新闻政策是否符合时代的要求，需要综合考察其政治历史传统、经济形态、公众和领袖人物的民主政治素养等等。从最近数百年新闻政策发展变化的历史看，实现自由的信息流通的政策是不可逆转的，这里所谈的是如何以较小的代价较顺利地实现它。

也许有人会有不同看法，那么让我们共同研究世界新闻传播史，更多地领会这个世界已经须臾不可缺少的行业走过的历程，讨论中一定会加深我们的理解。

【思考题】

1. 简述现代新闻传播业得以在欧洲起源的五个相互依存的条件。
2. 简述现代报刊15至17世纪遍及全球的三个环节。
3. 简述现代新闻传播业亚洲三个亚起源地的情形。
4. 简述西方报刊发展的三个历史阶段。
5. 简述关于世界新闻传播业历史发展的两个基本认识。

第一编

欧洲板块

欧洲，特别是西欧，是15世纪末以来世界现代化进程的起点，最早发生工业革命的地方。世界现代新闻传播业随着市场经济向全世界的拓展，也是从欧洲逐渐扩展到世界各个角落的。但是，“欧洲”并不是一个一统的概念，各主要国家的新闻传播业仍然有自身的发展特点。其中，英国是17至20世纪上半叶引领世界新闻传播业发展潮流的国家，因而需要重点考察。其他比较主要的欧洲国家，诸如法国、德国、意大利、西班牙、俄国等的新闻传播史，也做简要介绍。我们需要注意到欧洲不同国家和地区新闻传播业发展的差异性，并在这种历史差异性的基础上全面地把握欧洲当代新闻传播发展的特点。

波兰 TVP 电视台大厦

第一章

英国新闻传播史

英国的新闻传播业史，特别是20世纪上半叶以前的历史，代表着当时世界新闻传播业发展的潮流。英国新闻传播业运作的模式和确立的传统，对于世界新闻传播业起到了示范作用，并至今留有印记。

英国，全称大不列颠及北爱尔兰联合王国，面积24万多平方公里，人口6 000多万，分为英格兰、苏格兰、威尔士、北爱尔兰四个地区。17至20世纪初，当时的英国（主要是英格兰），是历史上“大英帝国”的本土地区。

英国有文字记载的历史开始于公元前55年。初期为古罗马帝国的一部分，西罗马帝国灭亡后形成七个小王国并立的局面。9世纪初，七国之一的西撒克斯王国统一了英国，至此为英国的上古史。1066年，法国诺曼底公爵率军渡海征服英国，带去了欧洲大陆的封建制度，并在那里建立了英国第一个封建王朝——诺曼底王朝，从此开始了英国中古史，并逐渐形成现在英国的传统。

1215年，国王约翰在丧失了大部分法国领地、失去教皇支持的情况下，不得不与贵族、市民订立“自由大宪章”来保障自己的权力，从而形成英国三种政治势力——王权、贵族、市民长期鼎立的局面。在英国历史上，只有三种力量中的两种联合，才能战胜第三种力量，因而社会的发展通常是各种力量妥协的结果。在这种政治传统下，英国新闻传播业发展虽然存在各种政治斗争和经济竞争，但通常不呈现“你死我活”的激烈场面，而是“你活我也活”。英国新闻传播业没有断代，是典型的渐进式商业发展模式，拥有连贯而悠久的传统。英国“以妥协求发展”的政治文化传统，是理解英国很多事情的钥匙。

一、英国新闻传播业对世界的影响

（一）英国报业形成大众报纸和高级报纸的明显区分，直到现在仍然对世界报业格局产生影响

在20世纪初，各报刊逐渐确定了自己的读者对象和风格，形成了位于市场两端的

“大众报纸”和“高级报纸”两大类型。前者由便士报发展而来，拥有巨大的发行量，格调相对低下，服务于普通公众的需求，因多数报纸版面规格较小也被称为“小报”；后者延续了由来已久的严肃传统，主要面向社会上层和知识界，追求独立性、权威性、高格调，通常被视为代表民族国家的报纸，这类报纸对开版面的较多，故另有“大报”之称。世界上在不少国家都可以看到“高级报纸”与“大众报纸”的分野。

（二）英国是欧洲和英联邦国家广播电视体制形成、变化的领头羊

1927 年，BBC（British Broadcasting Corporation）的组建造就了一种介于国营和民营之间的媒介体制。广播电台和电视台既不属于国家所有，也不属于个人所有，而属于社会所有。其经费来源主要是收听、收视费和公司的其他经营收入，另外议会或政府拨一点钱，社会上筹集一点钱。公营的广播电台和电视台一般不播广告，以防止受控于财团利益。各国政府或议会对它们有一定的监督权，或有任命董事会主要负责人的权力，但政府或议会不得干预其具体的工作。其工作由社会人士、部分政府或议会委派的人士、新闻工作者代表组成的董事会负责。

自英国对广播（随后包括电视）实行公营体制后，欧洲较多的国家和多数英联邦国家（例如澳大利亚、加拿大、印度）追随其后，也采取了这种单一公营体制，但具体的管理形式各有特点。20 世纪 50 至 70 年代英国先后开放民营电视、广播之后，欧洲大陆的较多国家和英联邦的一些国家在 20 世纪 70 至 90 年代也陆续开放民营广电，于是形成现在欧洲多数国家广电公营和民营并行的局面。

位于伦敦的 BBC 电视新闻中心

二、英国新闻出版政策的演变和特征

（一）封建王权的出版特许制与星室法庭

1476 年，英国有了第一台欧式印刷机，所印内容主要是宗教、文学性质的。为引发印刷业的竞争，国王理查三世 1484 年发布了一项鼓励外国人在英国经营印刷业的诏令。随着欧洲政治、宗教斗争的复杂化，英国当权者意识到印刷品广泛而随意地传播对王权的威胁，开始控制出版业，其措施主要包括两方面。

1. 建立皇家出版特许制

16 世纪的印刷业，购买纸张、建印刷所、雇佣劳工都需要大笔的开支。如果没有特别的行业保护，投资者就很可能血本无归。此时，王权与主要印刷商合谋：王权挑选驯服的印刷商授予特许资格，将印刷商的数量控制在一定数量内，对侵害其权利的其他印刷商予以惩处；而获得特许资格的印刷商投桃报李，将自己的印刷行为限制在王权认可的范围内。特许制最早出现于 1530 年，1557 年皇家特许出版公司（Stationer's Company）建立，出版由此成为一种特权行业。

2. 建立皇家出版法庭

皇家出版法庭又名星室法庭，由于法庭屋顶有星形装饰的大厅而得名。星室法庭建于 1570 年。1586 年，国王颁布“星室法庭法令”，将特许制中的规定上升为法律。在星室法庭法令的限制下，伦敦的 53 家印刷所，实际掌握在 23 个富有的大印刷商的手中。伦敦以外，除牛津大学和剑桥大学，几乎没有印刷所。

虽然存在以上的管制措施，但英国的权力当局对出版的管制还是相当松散的，只是在涉及对国内政治的批评时，才会处罚，其他内容无关紧要的印刷出版物，仍然可以相当自由地出版。诺曼底公爵在英国建立封建制度时，不得不承认一些半原始状态时期英国人民的公民权利，其中公民大会的言论自由权利以习惯法的形式被保留了下来。所以马克思写道：“在英国，最重要的政治自由一般都是由习惯法确认的，而不是由成文法批准的；例如，出版自由就是如此”①。

（二）从大革命到“光荣革命”：出版管制政策的反复

1640 年，英国发生大革命。第二年，皇家特许出版公司和星室法庭被取消，出版得到完全的自由。于是当时出现多种专门报道国会消息的刊物，打破了不许报道国内政治新闻的禁令。发生革命后的 10 年内，英国出现各种新闻性出版物 300 多种。

① 《马克思恩格斯全集》，中文 1 版，第 6 卷，295 页，北京，人民出版社，1961。

各种限制出版的禁令被大革命冲垮后，出版的混乱无序和批评国会的言论急剧增多。1643 年 6 月 13 日，国会恢复了出版特许制度，并成立出版检查委员会。1644 年，英国政论家弥尔顿（J. Milton）未经许可出版了两本关于离婚的小册子，因而于 11 月 24 日被出版检查委员会召去质询，他就此发表著名演说词《论出版自由》，这篇演说词于 1644 年年底以小册子的形式出版。弥尔顿是国会议员，虽被叫去质询，但未受到处分。

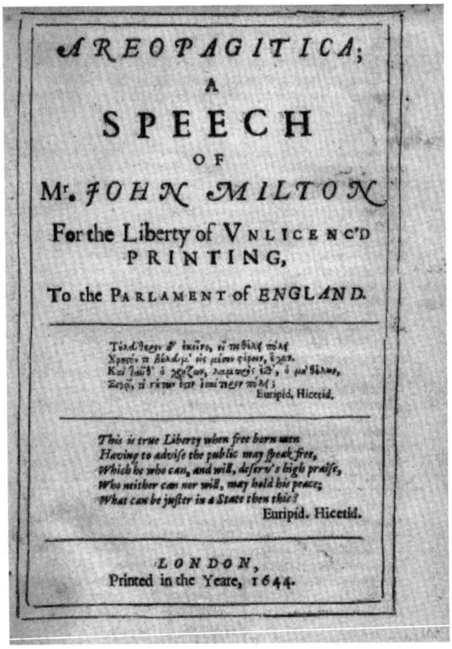
AREOPAGITICA;
A
SPEECH
OF
Mr. JOHN MILTON
For the Liberty of VNLICENC'D
PRINTING,
To the PARLAMENT of ENGLAND.

Euripid, Hicetid.

This is true Liberty when free born men
Having to advise the public may speak free,
Which he who can, and will, deserv's high praise,
Who neither can nor will, may hold his peace;
What can be juster in a State then this?
Euripid. Hicetid.

LONDON,
Printed in the Yeare, 1644.

《论出版自由》1644 年封面

这篇文献有三个要点：

第一，人们只能在多元选择中认识真理。人在接受智慧方面应有全面的“知”的权利，才可能走向真理。

第二，言论出版自由是一切自由中最重要的自由权利。他呼吁，“让我有自由来认识、发抒己见，并根据良心作自由的讨论，这才是一切自由中最重要的自由”。

第三，革命者不能自食其言，重复封建王朝钳制出版的政策。国会议员大都由于参加了革命而当选，于是弥尔顿对他们说：“你们自己英勇而又指挥如意的谋划给我们带来了这种自由……它解放了、扩大了并大大提高了我们的见识。现在除非培育我们的诸位议员对于纯正自由的爱已经不如往昔，否则就无法使我们在能力、知识和追求真理的热情上倒退。我们可能再变成诸位当初所发现的那种愚昧、粗暴、拘泥而奴化的情况，但那时诸位就首先必须变成旧统治者一样的暴虐、武断和专横”[①]。

---

① ［英］弥尔顿：《论出版自由》，44～45 页，北京，商务印书馆，1958。

英国大革命中王国查理一世被杀，虽然宣布为共和国，实际上由军队领导人克伦威尔（O. Cromwell）以“护国主”的名义实行统治，新闻政策是专制的，只有两家政治性周刊——《政治信使报》和《公众情报者》——被特许出版。

1660年，国王查理二世（1630—1685年）复辟，在三年内陆续恢复了他父亲时代钳制出版的一系列政策，重新宣布未经许可不得报道国内政治新闻的禁令，任命了王室新闻检查官。1688年“光荣革命”后，查理二世恢复的各种限制出版的法案逐渐失效。18世纪，报道和评论国内政治的禁令被冲破。

（三）印花税的实施与废除

虽然政治上限制出版业的法令没有了，但到1712年，英国政府实行《印花税法案》，对报刊征收印花税、广告税、纸张税，三税合称“知识税”（taxes on knowledge）。政府通过不断完善这种税收政策，既增加了财政收入，又达到了控制报刊的目的。这种通过经济手段对报刊业的控制（简单地概括，便是“寓禁于征”），较之行政的直接干预，应该说还是一种进步。但是它一开始就是报刊业发展的沉重负担，实行半年后，就有一半报刊因无法承受税赋而被迫停刊。

19世纪30年代，如何有效管制报刊业成为重要的政治话题，围绕知识税的存废形成针锋相对的两派。保守派认为，应当继续打击逃缴印花税的行为，否则“劣质的印刷品”将在整个国家泛滥；自由派则坚持“教育和引导，而不是法律的强制，是唯一可以使那些联盟瓦解的好办法”①。1836年，自由派通过立法将印花税降低75%。1851年，工业资产阶级的曼彻斯特学派成立促进知识税废除委员会。1853年、1855年和1861年，广告税、印花税和纸张税分别被废除。至此，英国所有限制新闻出版的法律均被废除，这意味着英国的新闻出版自由在法律上最终确立。

三、英国新闻传播业的发展

英国的现代新闻传播晚于欧洲大陆，但工业发展的优势很快使其新闻传播业超过了其他所有欧洲国家。英国最早的新闻刊物是从海峡对岸的荷兰（荷兰地理上又与德国接壤）传过来的。

（一）第一家新闻周刊

1622年5月23日，在英国出现第一家新闻周刊《来自意大利、德国、匈牙利、波

---

① ［英］凯文·威廉姆斯：《一天给我一桩谋杀案——英国大众传播史》，65页，上海，上海人民出版社，2008。

希米亚宫廷、法国和低地各国的新闻周刊》（*Weekly News From Italy*，*Germanie*，*Hungaria*，*Bohemia the Palatinate*，*France and the Low Countries*），历史上一般简称为《新闻周刊》，英文“news”一词首次出现在刊名上。从刊名即可分辨，它的内容仅局限于国外新闻，这是在当时英国政府规定不得报道国内政治新闻的背景下的选择。

（二）第一家报纸

《牛津公报》（*Oxford Gazette*）是英国第一家报纸，创刊于英王查理二世复辟后的1665年11月16日。当时伦敦发生瘟疫，宫廷暂时迁到牛津。国务副大臣威廉逊（J. Williamson）派穆迪曼（H. Muddman）在牛津创办了这份王室的官报。这是英国第一种单页纸式的、刊载新闻的定期出版的印刷品，“newspaper”（报纸）一词首次出现于该报。该报当时为对开单张，两面印刷，每逢周一和周四出版。该报有较多的官方新闻，以及一些社会新闻，没有言论。从第24期起，迁回伦敦出版，改名《伦敦公报》（*London Gazette*）。

1702年的英国油画［爱德华·科利尔（Edward Collier）绘］

（三）第一家日报

英国第一家日报是伊丽莎白·马莱特（Elithebeth Mallet）于1702年3月11日创办的《每日新闻》（*The Daily Courant*）。她在创刊宣言中写道：“本报创办之目的，在迅速、正确而公正地报道国外新闻，不加评论，而且相信读者的智慧，对刊载消息的确切含义，一定有正确的判断。”这家新创刊的报纸只维持了几天，后来一个名叫塞缪尔·巴克利的人复刊了这份报纸。该报后来成为辉格党的机关报，1735 年被合并到《每日公报》。

（四）英国的党报时期

西方各国资产阶级革命结束后，在结社自由和出版自由的条件下，各种利益集团都希望新的国体或政体能够体现自身的利益，加之报刊当时经济上不能独立，因而各种党派都利用报刊表达对政治的看法以影响舆论。于是，社会进入了党报时期。现代党报最早出现于英国，党报时期在英国持续了 100 多年，直到 19 世纪中叶，才转向商报时期。

1679 年，英国国会形成辉格党（Whig）与托利党（Tory），名称均为对骂的结果，“辉格”为苏格兰语“强盗”，“托利”为爱尔兰语“歹徒”。辉格党一般代表工商业资产阶级和新贵族的利益，托利党代表地主贵族和高级僧侣的利益。两党都创办了自己的报刊，都有一些文化名人为其撰稿。同时，各党都以半公开的形式给非政党报刊的主办人或编辑津贴，以至于形成一种惯例。1704 年，托利党领袖哈莱（R. Harley）首开津贴报人的先例。

英国政党津贴报刊的做法到托利党人小皮特（W. Pitt，与其父老皮特相区别）任首相（1783—1801 年）时期基本结束。因为随着工业革命的兴起，报刊的广告急剧增多，发行量增多，已经不需要津贴而自足了。因而从 1801 年起，英国有明确隶属关系的政党机关报基本消失。但英国社会总是进一步退半步，“党报”变相存在了几十年。19 世纪上半叶“准党报”的代表是 1821 年创刊的《曼彻斯特卫报》（*The Manchester Guardian*），该报被视为工业资产阶级曼彻斯特学派的机关报。1872 年该报被斯科特（G. Scott）买下后成为商业化日报。

（五）第一家通俗化杂志

1731 年，爱德华·凯夫（Edward Cave）在伦敦创办了《绅士杂志》（*The Gentleman's Magazine*），每份售价 6 便士。“magazine”一词第一次被用来指称期刊。凯夫的办刊意图在于为受教育公众提供其感兴趣的一切话题，因此该刊从货物价格到拉丁诗文，内容包罗万象。此前的英国杂志内容往往是专门化的。该刊最高发行量近万份，在当时是创纪录的。

（六）当时世界唯一的大报《泰晤士报》

18 世纪英国众多的日报中，一家于 1785 年元旦创刊的《每日环球记事报》（*Daily Universal Register*）后来出了名，它的创办人叫约翰·沃尔特（J. Walter）。沃尔特原

THE
Gentleman's Magazine:
Or, TRADER's
Monthly Intelligencer.
VOLUME the First, for the Year 1731.
CONTAINING
I. An impartial View of the various Weekly ESSAYS, Controversial, Humorous and Political; Religious, Moral, and Satirical.
II. Select Pieces of POETRY.
III. A concise Relation of the most remarkable Transactions and Events, Domestick and Foreign.
IV. The Prices of Goods and Stocks, Bill of Mortality, Bankrupts declar'd, &c.
V. A Catalogue of Books and Pamphlets published.
VI. Observations in Gardening, and a List of the Fairs.
VII. A Table of Contents to each Month.

《绅士杂志》

是伦敦的煤炭大王和一家保险公司的老板，因业务问题而另辟财源，买下一项新式排字机专利。为使用和推广这项专利而创办这家报纸做广告。同其他报纸出版人一样，沃尔特当时也接受政府的津贴，但不多，每年 300 镑。由于他在言论上批评过国王、约克公爵、司法大臣等，因此数次被罚款、监禁和戴枷示众。

1788 年 3 月报纸改名《泰晤士报》(*The Times*)，并逐渐在当时伦敦的 9 家日报中出类拔萃。1789 年法国爆发大革命，英国对这方面的新闻需求急剧上升，数年内《泰晤士报》派出的记者及时报道了法国革命时期发生的重大事件，从而在英国形成良好的声望。

1803 年，与沃尔特同名的次子接掌报纸，不再接受政府津贴，从而《泰晤士报》成为独立报纸。沃尔特二世于 1808 年试行总编辑制，1817 年确立这种制度，聘任巴恩斯 (T. Barnes) 为总编辑。过去由于报纸规模小，报纸所有者（或所有者聘请一个人）同时掌管经营和编务。《泰晤士报》首次实行所有者主管经营、另聘专业人员担任总编辑的制度，这是报业发展的一个新标志，对于报纸编务质量的提高和报业经营的扩大都具有重大意义。巴恩斯和后来沃尔特三世聘任的总编辑德莱恩 (J. Delane，1847 年出任)，创造和维系了《泰晤士报》在英国报坛的“霸主”地位。

19 世纪 40 年代，《泰晤士报》的销量达到了 4 万份，而与它同时期的报纸，多数销量不足 5 000 份。1855 年克里米亚战争期间该报的发行量达到 6 万多份，让其他报纸望尘莫及。这次战争中，该报多次揭露英国政府和军队领导人由于官僚主义而造成数万伤病员死亡的真相，从而促成当时阿伯丁内阁的垮台、远征军总司令的撤职和红十字会的诞生。报道克里米亚战争的记者拉塞尔 (W. Russell，1821—1907 年) 由于报道出色，成为英国第一个被封为骑士的记者。

《泰晤士报》的两任总编辑在编务上经常有创新，但他们在政治、社会发展观上总体是保守的，因而又限制了报纸对许多重大事实公正而全面的报道。只是新闻工作跟随事实发展而报道的职业本能，迫使该报及时改变立场从而跟上了形势。马克思和恩格斯著作中提到最多的报纸便是《泰晤士报》，约有 1 000 次，这一事实也说明了该报在社会中的影响力。他们经常批评它的政治立场，但也承认它在新闻界的地位。恩格斯批评该报时首先肯定，“《泰晤士报》在大陆上素负消息灵通报纸的盛誉”①。马克思也谈到，该报是“一家极有威望的英国报纸”②。

THE DAILY
Universal Register
Numb. 1.] SATURDAY, JANUARY 1, 1785. [Price Two-pence Halfpenny.
To the Public.

1785 年《泰晤士报》创刊号

1877 年 3 月 23 日（中国农历正月廿三），中国驻欧外交官郭嵩焘参观《泰晤士报》，在上交官方的日记中介绍了该报的相关情况：

> 初用机器制出铅字廿六字母……送校对处校之……合四铅板成新闻报一张，置印文机器中。卷纸逾数百丈，若洋布然。印车动，随转随印，至前截断其纸，而用扇板前后扇之。……印刷新闻报七万纸，不过一点钟可以竣事。
>
> 三佩宜（注：Penny，便士）得新闻报一纸，每纸二大张，表里两面各得四板，计十六板。凡一施令（注：Shilling，先令）得新闻报四纸，七万纸抵一万七千五百佩宜，合金洋八百七十五磅。所用工力三百馀人，日间不过数十人，为英国报馆之最巨者。其俄、法、美、德新闻，用电报传递，旁设检字机器，随传随校成文句。③

1908 年，北岩勋爵（Lord Northcliffe）从沃尔特四世手里买下《泰晤士报》，当时该报无法与新出现的大众化“便士报”在发行量上竞争。北岩勋爵原想把《泰晤士报》变成实现其政治野心的工具，但未能如愿。北岩勋爵死后，他的弟弟哈罗德（后受封为罗瑟米尔勋爵）将《泰晤士报》卖给了阿斯特（Jacob Astor）上校；1966 年，阿斯特家族又把它转手卖给汤姆森勋爵（Roy Thomson）。《泰晤士报》和《星期天泰晤士

① 《马克思恩格斯全集》，中文 1 版，第 41 卷，398 页，北京，人民出版社，1982。
② 《马克思恩格斯全集》，中文 1 版，第 12 卷，419 页，北京，人民出版社，1962。
③ 郭嵩焘：《伦敦与巴黎日记》，见王立诚编校：《郭嵩焘等使西记六种》，79 页，上海，中西书局，2012。

报》让汤姆森集团亏损严重，在劳资矛盾的困扰下，报纸于 1981 年被卖给了默多克。

1993 年，联合国教科文组织评出世界十大报纸，《泰晤士报》以其悠久的历史和对世界的总体影响力排名第一。

（七）英国“便士报”的出现

在得知即将废除印花税之时，一家地方报纸《谢菲尔德每日电讯报》（*Sheffield Daily Telegraph*）于 1855 年 6 月 8 日创办，每份售价为 1 便士（当时英国货币最小单位），是英国第一家便士报。该报并不成功，但它标志着英国大众化新闻传播业的开端。三个星期后创刊的第二份便士报《每日电讯报》成功了。该报由斯雷（A. Sleiph）于 6 月 29 日创办，售价 2 便士。没过多少天，它就被转手给斯雷的债权人利维（J. Levy），9 月 17 日该报售价改为 1 便士。1888 年，《每日电讯报》发行量 30 万份，成为当时世界上发行量最大的报纸。

（八）英国通讯社的出现

1851 年，一个叫路透（Paul Julius Reuter）的德国人借着英吉利海峡成功铺设电缆之机，建立了一个商业新闻社，只提供金融信息。1858 年，他开始向报界提供新闻，因为他建立了一个遍布欧洲的信息采集网。1859 年路透社抢先报道法国皇帝拿破仑三世的演说，成为扩大其声誉的第一炮。1865—1873 年，该社使用连接欧亚、北美、澳大利亚的电缆，成为世界性通讯社。1872 年，路透社在中国上海建立了远东分社，它是中国的第一家通讯社。路透本人加入英籍，1899 年逝世前受封男爵。

路透去世后，他的儿子赫伯特主持工作。1915 年赫伯特自杀后，由琼斯（Roderick Jones）掌管作为股份公司的路透社。1941 年琼斯引退，把自己拥有的部分股票转让给英国报联社，使其和英国报联社各拥有 50%的股票，路透社回归英国新闻界。1946 年，澳大利亚报联社和新西兰报联社分别购买了部分股份。1963 年，路透社做出战略调整——“让路透社回归原处”，定位首先是“商业和专业信息的信息源”，但同时仍然是世界综合性新闻的主要提供者。

（九）英国第一个报团——北岩报团

英国第一个报团是哈姆斯沃思报团，因为哈氏于 1905 年受封北岩勋爵，该报团通常被称为“北岩报团”。北岩 23 岁（1888 年）创办首家刊物获得成功，1896 年创办《每日邮报》、1903 年创办《每日镜报》、1905 年购买星期日报纸《观察家报》、1908 年控股《泰晤士报》，成为英国第一个报团，也是当时世界上两大报团之一（另一个是美国的斯克利普斯报团）。第一次世界大战中，北岩担任对敌宣传总监，为英国取得胜利作出了贡献。1922 年北岩环游世界时来到上海，并对新闻界发表演讲。同年 8 月在巴黎逝世。

（十）英国大众报纸的三个发展阶段

第一代大众报纸，即早期的便士报（1855—1896 年），基本是将高级报纸的内容简化后搬到版面上，以价格低廉吸引人。第二代大众报纸（1896—1969 年）以北岩创办的《每日邮报》为代表，内容琐碎但很贴近小市民。第三代大众报纸以《太阳报》为代表（1969 年至今），满足新一代年轻人对视觉冲击、大刺激的需要。

（十一）英国广播电视的出现

英国第一家广播电台是 1922 年 11 月 14 日由六家电器制造商集资创办的英国广播公司（British Broadcasting Company），在伦敦牛津街塞尔福里奇百货公司的屋顶首次播出节目。该公司的管理董事为约翰·瑞思（John Reith）。

1922 年民营英国广播公司的播音室

英国国会鉴于广播对社会的影响重大，决定采用公共企业的形式经营广播业，使之既不为私人占有，又不受政府直接控制。从 1927 年元旦起，由英王颁布“皇家特许状”，将民营的英国广播公司改组为公共机构英国广播公司（British Broadcasting Corporation，缩写仍为 BBC），授予它在全国经营无线电广播的特权。BBC 不播广告和付费节目，经费来自收音机（后来加上电视机）的附加费、执照费和政府津贴。1977 年，广播收听费停止征收，而改为只征收电视收视费。这项收费占 BBC 经费的约 40%，支持 BBC 的经费还有该公司所属企业公司商业经营（诸如出售书籍、唱片、电视片）的收入，以及政府的拨款。

1936 年 11 月 2 日，设在伦敦亚历山大宫的 BBC 电视台正式定时播放节目，这一天通常被认为是世界电视业的开端。

1954 年 8 月国会通过电视法案，允许开办民间商业电视台。1955 年 9 月，英国第一家商业电视台——伦敦电视台开播。由于开办电视台的花费昂贵，直到 1957 年年底，只有半数观众可以看到地方性的民营电视节目。1972 年，国会才同意开放民间办广播。这种先开放难以普及的电视，再开放容易创办的广播的做法，是英国社会以妥协方式发展（进一步退半步）的又一事例。1973 年 10 月，英国第一家商业广播电台——伦敦广播公司开播。1991 年，英国建立独立电视委员会和广播管理局，负责颁发民营电视台（包括有线电视和卫星电视）和广播电台的许可证、制定相关的行政法规和监督其执行。

目前，英国已形成全国层面公营、民营广播电视并存的局面。

（十二）1986 年英国报刊告别铅与火

1979 年，汤姆森治下的《泰晤士报》因准备改为电子排版，工人罢工长达 11 个月。为避免工人的阻挠，默多克的新闻集团秘密行动，于 1986 年 1 月 25 日夜间（26 日是星期日），悄然将公司整体搬到了伦敦东郊的瓦坪新式电子印刷厂。虽然印刷工人抗议，工会介入，但默多克最终以强硬态度和 6 000 万英镑的补偿了结了冲突。随后的两年内，17 家主要报刊迁出舰队街，3 万人的舰队街报业人员中，1.54 万人失业。

这一转变并非仅仅意味着排版技术的变化和为各报带来更多的利润，也引发编辑部结构、报刊内容和发行方式的改革，报纸将更多地受技术和市场变化的影响。

四、英国新闻传播业目前的格局

（一）报纸

英国有十几家全国性报纸，各种地方和社区报纸多达 1 300 家，其中日报约 100 家。另外，免费报纸在英国很流行。

以对世界的影响力来看，《泰晤士报》仍是英国的第一大报。现在它在默多克名下，这份报纸出现了一些变化。2003 年 11 月 26 日《泰晤士报》兼出四开小报版式，随后只以四开小报版式出版。通过这样的改版，以吸引年轻的读者群。报纸有更多的图片，更多元的信息，更轻松的话题。

《卫报》一向被视为英国第二大报，该报即原 19 世纪的地方性报纸《曼彻斯特卫报》，1960 年迁到伦敦。斯科特 1872 年接手并主持该报编务以后，该报发展成为高级报纸。该报的风格较《泰晤士报》活泼。就内容而言，《泰晤士报》相对保守些，而《卫报》相对激进些。

《每日电讯报》现在通常被视为英国第三大报，也有“半高级报纸”之说。该报几经转手，2004 年转手到巴克莱兄弟的报业控股公司。

第二代大众报纸的代表《每日邮报》在北岩死后，由他弟弟罗瑟米尔勋爵掌控，至今已传至罗瑟米尔四世。该报以中产阶级，特别是女性读者为目标受众，是英国唯一一份女性读者过半的报纸。

第三代大众报纸《太阳报》，1976 年以来在英语世界的发行量一直居首位，发行量约 300 万份。该报娱乐与体育新闻占据较多版面，1970 年以来第三版上刊登半裸的女郎照片。批评该报的声音并未妨碍它在市场上的成功。在该报网站上，还有“Page 3”标识的商品销售。

1969 年默多克展示改版后的《太阳报》第 1 号与 2012 年默多克展示新创刊的《星期日太阳报》第 1 号

世界第二大金融类报纸《金融时报》（*Financial Times*），1888 年创刊时原名《伦敦金融指南》（*London Financial Guide*）。该报采用淡粉色纸张印刷。该报是与《华尔街日报》齐名的金融类报纸，在全球 24 个城市出版，其英文网站有 400 万注册用户，中文网站的注册用户超过 170 万。

《独立报》（*The Independent*）是英国现存历史最短的全国性报纸，1986 年创办，1998 年爱尔兰独立新闻集团拥有该报所有权。2003 年，该报率先尝试对开大报小报化，随后才有《泰晤士报》的跟进。2010 年 3 月 25 日该报所有权以 1 英镑转手给俄罗斯富豪别列杰夫（该报负债 4 000 万英镑）。这份报纸的立场相对“左倾”，与《卫报》是直接的竞争对手。

（二）通讯社

路透社仍是英国独大的通讯社。20 世纪 80 年代末，路透社上市。为防止私有化对路透社信息客观性的损害，规定个人拥有的股份不得超过 15%。2007 年，路透集团被加拿大汤姆森集团并购。并购后的汤姆森—路透集团占据全球金融信息市场份额的首位（34%）。同时，该集团自称是世界上最大的多媒体新闻提供者，但来自媒体的收入仅占集团总收入的 3%；而位列集团收入前三位的是法律、贸易和投资咨询信息。

（三）广播电视

BBC 在英国国内拥有 10 个全国性电台、40 个地方性电台、8 个全国性的电视频道（包括 BBC1 至 4 频道、两个儿童频道、BBC 新闻频道和 BBC 国会新闻频道）。

英国全国性电视公司有 5 家，即 BBC、独立电视公司（ITV）、四频道电视公司（Channel 4）、五频道公司（Five）以及英国天空广播公司（BSkyB）。BBC 和 Channel 4 为公营，另外三家为民营。

天空广播公司是英国最大的数字电视付费运营公司，默多克的新闻集团占有最多股份（39%）。BskyB 提供 500 多个频道的服务，拥有超过 1 000 万的订户。

【思考题】

1. 简述英国新闻传播业对世界的两方面影响。

2. 简述英国新闻出版政策形成的大体过程。

3. 简述以 BBC 为代表的广播电视公营体制的特征。

4. 简述英国大众报纸发展的三个阶段及对世界报业的影响。

5. 识记《牛津公报》、《泰晤士报》、《太阳报》、《每日邮报》、《金融时报》、路透社、BBC 等重要媒体。

第二章

法国新闻传播史

法国是西欧最大的国家，面积 55 万平方公里（不含海外领地），人口 6 000 多万。

公元 843 年，欧洲的法兰克帝国皇帝路易一世（其父即查理大帝）的三个儿子在凡尔登签订了分割国土的《凡尔登条约》。长子罗退尔分得中法兰克王国，次子路易分得莱茵河以东的东法兰克王国，三子查理分得西法兰克王国，他们的领地成为现在意大利、德国和法国的雏形。

“法国”从那时起到当代，历经加洛林、卡佩、华洛瓦和波旁四个封建王朝。1789 年法国大革命后，法国的各种政治势力在共和与帝制之间角逐近百年，历经法兰西第一共和国、拿破仑的法兰西第一帝国、波旁王朝复辟、第二共和国、拿破仑三世的第二帝国、第三共和国。1940 年德国占领法国，1944 年光复后是法兰西第四共和国。1958 年和平过渡到现在的法兰西第五共和国。

一、法国新闻传播业的发展特点

（一）历史上绝对专制的政治格局，造就典型的官报时期

法国历史上严格的封建等级制使得法国平民与贵族之间无法沟通，而王权则正是利用这种特殊的隔阂与平民结成同盟，削平了地方贵族的势力，15 世纪实现空前统一，成为封建集权的典型国家。定期印刷报刊出现之时，法国处于王权高度集权控制下，因此法国形成典型的官报时期，《公报》是这一时期的代表性报刊。

（二）群众的政治激情和以暴力解决问题的传统，使法国新闻传播业的发展受到政治斗争的重大影响

法国只有两种社会力量对抗的传统。法国政治势力两级对立的传统，使得妥协很难达成，许多问题的解决除了使用政治暴力外，没有其他的选择，而政治在很长的时期里又是点燃人民热情的导火索。受这一传统的影响，法国新闻传播业的发展与政治斗争密切相关。1789 年法国《人权宣言》提出新闻出版自由的原则，直到 1881 年才通

过《新闻自由法》，在法律上确立新闻自由，其间国家经历了五次以政治暴力为转折点的体制变动，耗时近百年。

如果说英国的新闻传播业史是以产业革命的发展为主线的话，那么法国的新闻传播业史则是以政治斗争的发展为主线。

法国历史上政治干预新闻传播业发展的传统，甚至到现在还留有一些印记。例如1958年戴高乐总统当政后一度实施新闻检查，还出现过没收、查封报纸的事情。1959年制定的第五共和国宪法规定，国家元首认为必要时对报业可采取任何行动。这使得总统权力凌驾于法律之上。

（三）1944年“9·30”法令造成新闻业“断代”，构成当代法国报刊业的基础

德国战败后，光复的法国政府于1944—1946年颁布了一系列政策法令，决定了当代法国新闻传播业的基本体制，其中以1944年9月30日的法令最为重要。根据这项法令，法国战前的报刊中只有七家报刊可以继续存在，法国的新闻传播业再次几乎完全推倒重置。反法西斯战争中诞生的一批新报刊替代了原来的报刊，它们中的相当一部分是战时秘密发行的，没有面向公众出版的经验，很难在短时间内赢得读者，巴黎的报刊逐渐失去了对全国的辐射能力。世界上第一家通讯社，也是法国最大的通讯社——哈瓦斯通讯社战后瓦解，由几个反法西斯的通讯社组合而成的法国新闻社（AFP）替代。这样，相比于法兰西第四共和国，当时的报业格局几乎完全变化了，法国新闻传播业在一个新的基础上重新发展。

（四）广播电视初期实行国营体制造成巨大亏空，20世纪80年代仿效英国模式形成公营、民营并行体制

1945年3月，法国政府取消民营广播电台，成立直属政府新闻部的法国广播电视局（RTF）统管全国的广电业。国营体制下的广播电台、电视台，经费来源除依靠执照费外，还需国家财政的大笔资助。1964年6月27日，法国广播电视公司（ORTF）取代了广播电视局。该公司为公营企业，其管理委员会的成员一半由政府任命，一半由公众代表、专业新闻工作者和公司工作人员代表组成，经理由总理任命。1982年7月，法国政府开放民营广播电台；1985年1月开放民营电视台。这样，法国就逐步形成了公营和民营并行的广播电视体制。

二、法国新闻传播业的发展

（一）报纸

1. 官报时期（1631—1789年）

法国中世纪的新闻传播较为发达。1485年，法国出现了第一张印刷新闻纸。然而，

由于法国封建王朝在路易十一（1461—1483 年在位）时起实现大一统，因此定期出版物一问世就处于高度集权的王权的控制下，发展较为缓慢。

1631 年 1 月，让·马丁和书商路易·旺多姆出版了法国第一家新闻性周刊《普通新闻》(*Les Nouvelles Ordinaires de Divers Endroits*)，该刊只存在了 10 个月。另一家周刊是同年 5 月 30 日创刊的《公报》(*Gazettes*)，创办者泰·特诺多（T. Renaudot）在首相黎塞留的支持下获得出版特许状，因而该刊报头下注云："地球上所有国王及强国的刊物"。该刊的主要内容为新闻，国内政治新闻主要来自宫廷的管理部门，有时国王路易十三会亲自提供军事消息。

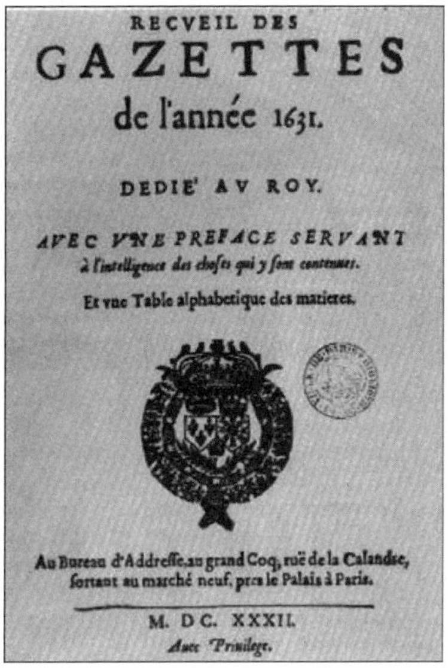
RECVEIL DES
GAZETTES
de l'année 1631.
DEDIE' AV ROY.
AVEC VNE PREFACE SERVANT
à l'intelligence des choses qui y sont contenues.
Et vne Table alphabetique des matieres.
Au Bureau d'Addresse, au grand Coq, ruë de la Calandre, sortant au marché neuf, pres le Palais à Paris.
M. DC. XXXII.
Auec Priuilege.

1631 年法国《公报》和主持该刊的泰·特诺多

1665 年 1 月，在官方的支持下由议员萨洛（D. Sallo）创办了《学者报》，该刊旨在发表科学和文学报告、对作品的评价，以及对发明的评审。初为周刊，1724 年改为月刊。1672 年，国王的宠臣维泽（D. Vize）创办《文雅信使》，这是一份开本较小却厚达 200 多页的文学月刊。《公报》、《学者报》和《文雅信使》这三家官方特许的报刊分别在新闻、科学和文学方面垄断了法国的信息传播。

1777 年元旦，法国才出现第一张日报，即由印刷商科朗塞和化学家卡德·沃创办的《巴黎日报》(*Le Journal de Paris*)。该报虽经批准出版，但无法与《公报》等特许的报刊在政治新闻方面竞争，它主要是为社会生活服务，刊登一些实用资料和琐屑传闻。

1789 年法国大革命爆发之前，新闻出版自由已经成为一个焦点问题。在革命形势的逼迫下，国王路易十六在这年 5 月 19 日就自由出版报刊做出让步，但已然无法挽救波旁王朝灭亡的命运。

2. 开始于 1789 年的党报时期

1789 年大革命之后，出现了数百种政党报刊。但是，随着法国政局的每次变动（革命、复辟、政变、战争等等），前政权时期的主要报刊几乎全部消失，新一轮的报刊在下一次暴力政治变动中遭遇同样的命运。因而在近百年的法国新闻传播发展史中，很难举出影响全局的代表性报刊。早期的政党报刊中，《人民之友》（*L'Ami du Peupe*）颇有声望，创办者是法国大革命中雅各宾派领导人之一马拉（J. Maral），创刊于 1789 年 9 月，1793 年马拉被刺身亡后停刊。

由于法国人关注政治的传统，法国的政党报刊存在时间较长。直到法兰西第三共和国时期，政党报刊依旧发达，且在大众报纸的影响下，售价降至 5 生丁，开本也以小型为主。

20 世纪 80 年代以后，法国的政党报刊基本消失。

3. 商报时期的开始与发展

法国的大众化报刊出现在七月王朝时期（1830—1848 年）。1831 年，日拉丹（Emile de Girardin，1806—1881 年）创办《益知》旬刊，销行 13 万份。1836 年他又创办了《新闻报》（*Journal des Connaissances Utiles*）。这份报纸一年的订费是 40 法郎，只有其他报纸的一半。这样的定价甚至低于成本，但却换来发行量的扩大和广告收益的增加，并赢得了同行的追随，巴黎报纸的总发行量在几年内增加了一倍多。

1836 年，日拉丹的原合伙人迪塔克（Armand Dutacq）创办了《世纪报》（*Le Siècle*），与《新闻报》售价一样，办报风格相似，并引发了小说连载的风潮。巴尔扎克的《高老头》、《老处女》，福楼拜的《包法利夫人》，大仲马的《三剑客》等名篇都曾在该报上连载。这种文学与报纸的联姻一方面改变了小说家的小说叙事方式，另一方面也帮助法国报纸的销量在 19 世纪后半期一度跃居世界第一位。

日拉丹

法兰西第二帝国后期，出现两家“高级报纸”，即《费加罗报》和《时报》。《费加罗报》的前身是一家小型周报，该报所有人维尔梅森（I. Villemessant）1854 年将它改名为《费加罗报》（*Le Figaro*），1866 年变成日报。该报立场保守，但新闻业务方面有较高水平。《时报》由讷夫策（A. Nefftzer）创刊于 1861 年，这是一家帝国反对派的报纸，消息翔实，但文采不足，以外交新闻为主，马克思说它“大概是所有法国报纸中最枯燥的报纸”①。该报在国际上较有影响。

① 《马克思恩格斯全集》，中文 1 版，第 32 卷，670 页，北京，人民出版社，1974。

1863年2月1日，法国的“便士报”创刊，即米洛（P. Millaud）的《小报》（*Le Petit Journal*）。该报售价1苏（1法郎=100生丁，1苏=5生丁），以社会新闻和连载小说为主要内容，创刊几星期就拥有8万份的发行量。这份报纸后来被日拉丹买下。

法国大众报纸中较为稳定出版的晚报，是在1923年由欧仁·梅尔创办了《巴黎晚报》（*Paris Soir*）。1930年，该报被工业家让·普鲁沃斯特买下后改为新闻画报式晚报。1940年，该报发行量由接手时的6万份上升至200万份。

4. 法国历史上的两家寿命最长的报纸

法国历史上没有什么可以值得提及的著名报纸。只有两家报纸自大革命持续出版到二战，寿命算长：一家是1789年创刊的《总汇通报》（*Le Moniteur Universel*）。自1799年该报成为拿破仑一世政府的机关报以后，始终是当朝政府公报性质的机关报，主要刊登政府的通告和公文，该报多次易名，1944年停刊。另一家是民营的《辩论日报》（*Le Journal des Debats*），1789年创刊于巴黎。该报老板的更换如走马灯一般，政治立场始终保守或温和，依附于当朝政权。这种立场让它得以在政治风云变幻中存续至1944年。

5. 1944年“9·30”法令后的法国报刊格局

1944年法国光复政府颁布的“9·30”法令规定，1940年德国占领法国后，凡在德占区发行16天以上的报刊、1942年德国全部占领法国全境后在南方继续发行15天以上的报刊，一律永久停刊。这样一来，战前法国报刊中只有七家获得出版资格，知名者仅《人道报》（1904年创刊的政党报刊）和《费加罗报》两家。

老牌报纸的停刊对首都巴黎的报刊业发展是一沉重打击。由于新出版的报纸（主要是反法西斯的游击队报纸）质量不高，难以吸引读者，加上全国性通信网恢复缓慢等原因，巴黎报业影响全国的主导性地位逐渐丧失，外省报业独立发展起来。到了20世纪80年代，巴黎的日报销量只剩下200万份，与战前的700万份不可同日而语。

鉴于法国政治斗争对新闻传播业发展的干扰过大，法国1936年以后才出现报团。这些报团规模很小，没有国际影响力，而且基本没有存续至二战后。1944年法国媒介的新格局和当时的新闻政策，限制了媒介集中化的进程，抑止了较大的媒介集团的出现。

6. 目前法国报纸的格局

法国的日报不足80家，巴黎的日报不足10家，总发行量只有五六百万份。法国历史上有过大众报纸的发展时期，但是战后没有向英国那样形成明显的高级报纸群和大众报纸群。目前法国报纸中，《世界报》和《费加罗报》可以作为法国的“高级报纸”代表，《巴黎人报》和《解放报》可算是“大众报纸”的代表。

Le Monde
Me, Myself & I : le Melting Blog fête son 100ème post
La mairie de paris commémore dignement l'événement
Le cours de Me, Myself & I s'envole à Wall Street
Comment la société iranienne résiste à l'emprise de la religion
« Charter contre charter », le Sénégal expulse quinze immigrés français
Cour pénale internationale : la bataille Etats-Unis - Europe
Le Liberia, le martyre et le silence

LE FIGARO
Betancourt, l'espoir renaît
Le martyre de Benazir Bhutto
La loi Neuwirth sur la contraception a 40 ans
Les comptes des 36 000 communes à la loupe
Demain, dans « Le Figaro Magazine », la vie sans tabac
2007, la grande année de la bande dessinée

现在的《世界报》和《费加罗报》

《世界报》(*Le Monde*)1944 年创刊，发行量 31 万份，是法国唯一独立自主编辑发行的主要报纸，至今不属于任何媒介集团，产权为报纸工作人员合作所有。报纸曾 60 年如一日，办得极为严肃，版面紧凑，没有照片，有少量图表和漫画，广告较少。直到 2004 年才改变，有了大量照片并彩色化。该报对时事的评论水平很高，文字考究，在国际上颇有声望。

《费加罗报》(*Le Figaro*)，发行量 33 万份，是仅存的历史悠久的法国主要报纸。该报内容丰富，版面安排恰当，被认为是最能体现法兰西“贵族风格”的报纸。该报现属索克（Socpresse）报业集团，该集团在法国和比利时共拥有超过 70 种法语媒体，总部位于巴黎。

《巴黎人报》(*Le Parisien*)，发行量 47 万份，原名为《解放了的巴黎人报》，1944 年创办，1986 年更名。该报在巴黎以外地区发行的报纸叫《今日法国》，为小开张的大众报纸，20 世纪 50 年代时的发行量达到过 90 万份。该报注意反映公众关心的切身利益问题，淡化政治色彩，受到工薪阶层的欢迎。该报属于阿莫里报业集团所有。

《解放报》(*Libération*) 1973 年 5 月由著名哲学家让·保罗·萨特创办，发行量约 20 万份，属于精英型大众报纸，读者群主要为知识分子、高级行政人员和大学生。该报同时还向比利时、瑞士的法语区发行。该报在法国最早拥有报纸网站，现在的控股人为爱德华·罗斯柴尔德。

《法兰西晚报》(*France Soir*) 曾经在法国很有名气，原是二战期间游击队的《法兰西防卫报》，1944 年占据《时报》社址，以《法兰西晚报》的名称出版。20 世纪 50

年代发行量一度为法国第一，报头旁曾写有“法国发行量达到100万份的独家报纸”字样。该报2009年被俄罗斯富豪亚历山大·普加乔夫收购，2011年12月停刊。

外省日报中，以《法兰西西部报》（*Ouest-France*）的发行量最大（80万份）。里昂的《进步报》、波尔多的《西南报》、马赛的《普罗旺斯报》、里尔的《北方之声》也都是地方大报，发行量均在30万份以上。

进入21世纪后，法国免费报纸发展迅速。2002年巴黎和马塞分别发行首份免费报纸《地铁报》和《马塞更好日报》。法国现在有37份免费报纸，总发行量达320万份。

（二）通讯社

法国最早的也是世界上最早的通讯社是夏尔·哈瓦斯（Charles Havas）于1835年创办的哈瓦斯通讯社。1845年，哈瓦斯社开始在欧洲主要城市建立分社。1870年该社与路透社、沃尔夫社达成协议，划分了世界的报道范围，负责报道拉丁语族欧洲国家、中南美洲及埃及（与路透社共同）。

由于经济危机，哈瓦斯社在20世纪20年代后期财政趋于恶化。1938年7月起，法国外交部承担该社新闻业务的巨额亏损，实际上将哈瓦斯社国有化了。1940年德国占领法国后该社成为德国通讯社的分社。

1944年根据光复后的法国政府的法令，哈瓦斯社因投敌而不得存在，几家反法西斯通讯社在哈瓦斯原社址上组建了法国新闻社。1957年1月，法国议会通过法案，确定法新社为独立的公共企业。不过，法新社的董事会成员仍然有将近一半由政府部门指派，法新社的财政赤字也由政府各部门分担，所以它仍然具有半官方的性质。

法新社被视为西方四大通讯社之一，在全球165个国家和地区设有110个办事处，有超过2 900名员工，以6种语言向全世界发布消息。

（三）广播电视

1922年法国出现广播电台，国营和民营体制并存。1938年官方创办电视台，二战中电视台被摧毁。1945年法国广播电视业一切从头开始，初期取消民营广电，国营为广电的唯一体制，持续到1964年。此后转变为公营体制。1982年允许民营广播电台，1985年开放民营电视台，形成公营和民营并行的广播电视体制。

法国现有公营和民营广播电台1 500多家（包括社区台）。在法国，公营广播电台的收听率占七成，民营广播电台的收听率占三成。法国最有影响力的广播电台是成立于1987年的法国新闻台，这也是欧洲第一家专门的新闻电台。卢森堡电台（Radio Luxembourg）是法国开办最早也是最有影响的民营电台，其收听率曾经连续15年位居法国民营电台榜首。

法国 TF1 主持人梅丽莎・特里奥（Melissa Theuriau）

法国全国性电视台按数字序列编排的有 6 个台。法国电视一台（TF1）原是二战后于 1950 年最早建立的国营电视台，1964 年以后为公营电视台。1987 年为减少公营电视台而出售给了布伊格建筑公司。该台成为民营企业后发展很快，现为法国影响最大的电视台，收视率约占法国全国电视收视率的三成。法国电视二台（France 2）和三台（France 3）是公营台。电视四台即新频道电视台（Canal+），是第一家法国有线电视台，主要播出娱乐节目。电视五台（France 5）建于 1994 年 12 月，为公共教育电视台，由公共电视公司出面创办，经费来自国家预算和收视费。电视六台（M6）建于 1986 年，由多家民营公司联合创办，播出的主要内容为电视连续剧和文化艺术专题节目。

法国第一家数字卫星电视台 Canal Satellite 于 1996 年 4 月由新频道电视台开办。2011 年年底，法国关闭了全部地面模拟电视发射机，所有的电视节目都以数字形式传播。

【思考题】

1. 简述法国新闻传播业的发展与政治的关系。

2. 简述决定法国现在新闻传播业格局的 1944 年“9・30”法令。

3. 识记哈瓦斯社和法新社标志、19 世纪名记者日拉丹、《世界报》和《费加罗报》、TF1。

第三章

德国新闻传播史

现在的德国，其历史可以追溯到公元 843 年《凡尔登条约》之后查理大帝的第二个孙子路易，他统治的日耳曼加洛林王朝是德国的雏形。公元 919 年，萨克森王朝替代加洛林王朝。公元 962 年，奥托一世被加冕为德意志神圣罗马帝国皇帝。这个帝国只在初期相对稳定，随后便陷入了 800 多年的诸侯混战。割据最严重的时候，帝国分裂为 3 000 多个各自为政的大小邦国。萨克森王朝后，法兰克尼亚、霍亨斯陶芬、哈布斯堡、卢森堡王朝先后或轮流做统治者，不过“皇帝”只是个虚名，没有帝国层面的军队和预算。

1806 年，德意志神圣罗马帝国皇帝的封号被拿破仑废除。1815 年形成德意志联邦，这是 30 多个邦国和几个自由市的松散联合体。1871 年，一个后起的邦国——普鲁士王国通过俾斯麦的铁血政策统一德国，普鲁士国王变成德意志帝国皇帝。

1918 年十一月革命后，德国成为民主共和国。1919 年，国民议会在魏玛召开并通过宪法。1933 年，魏玛共和国的体制随着希特勒夺取政权而结束。

1933—1945 年，希特勒和他所领导的国家社会主义工人党（德文缩写“纳粹”）控制德国政权，这一时期被称作法西斯德国，又称“第三帝国”。二战战败后，德国被一分为二：一个是苏联模式的德意志民主共和国（简称“民主德国”，首都东柏林），一个是西方模式的德意志联邦共和国（简称“联邦德国”，临时首都波恩）。柏林也被一分为二，西柏林为德意志联邦共和国控制，东柏林为德意志民主共和国控制。

1990 年，由德意志民主共和国建的分隔东西柏林的“柏林墙”被推倒。这年 10 月 3 日德意志民主共和国正式加入德意志联邦共和国，德意志民主共和国原 14 个专区改为 5 个州，分裂 40 多年的德国重新统一。

一、德国新闻传播史的特点

（一）分散而发达的地方新闻传播

德国长期分裂的历史刺激了德国中世纪地方新闻的传播，但也正由于这个原因，在 200 多年内德国的印刷新闻纸难以发展为拥有一定数量读者、定期出版的报纸，单页、单条、不定期的新闻传播持续了很长的时间。德国新闻传播业的历史传统也由此形成：地方性媒体众多，长期缺乏较大的全国性媒体。即使在德国统一之后，仍然可以看到这一数百年传统留下的痕迹。

1848 年革命前夕德累斯顿市上层的阅报室

（二）长期的书报检查制度和具有普鲁士特色的“新闻出版自由”

从 1524 年起，德国各邦国政府陆续建立起书报检查制度。1608 年，德意志神圣罗马帝国皇帝鲁道夫二世要求各邦国的教会或地方长官对印刷出版物进行预审。1628 年，皇帝斐迪南二世实行出版特许制度，获得出版特许的大多是各城市的邮局局长和较大的印刷商。1795 年，为防止法国革命思想的输入，皇帝弗朗茨二世下令加强对进口出版物和翻译书刊的管理。

1701 年，一个新的邦国——霍亨索伦王朝的普鲁士王国形成于德国东北部。这个依靠军事征战兴起的王国后来成为德国发展的主脉。普鲁士第二位国王腓特烈-威廉一世当政期间（1713—1740 年），禁止一切民间报刊出版，并在经济上实行广告垄断制度。第三位国王腓特烈二世（1740—1786 年在位）以“开明专制”自居，1740 年 6 月宣布给报纸以“无限制的自由”；但是很快就在 1743 年 7 月颁布书报检查令，以后又多次颁布法令予以强化。19 世纪 40 年代以后，普鲁士官方被迫缓慢地放宽新闻出版政策；1850 年的普鲁士宪法明确规定“每一个普鲁士人都有权利以口述、书写和印刷的方式自由表达自己的意见”；1871 年出台《新闻法》，规定禁止各种书报检查和其他预防性措施。而在实践中，当权者仅对非政治类新闻传播基本不加限制，对不同政见的报刊和报人则迫害不断，俾斯麦还曾设立专门收买报刊的基金（反对派戏称为“爬虫基金”）。

（三）魏玛共和国时期开始新闻自由条件下的党报时期，政党报刊的蓬勃发展突然被法西斯极权中断

1919 年魏玛宪法第 118 条规定：“每个德国人在普通法律的范围内，都有权通过言论、印刷品、图画以及其他方式自由发表自己的意见。”宪法在肯定言论自由的同时，明确规定“不再进行书报检查”。由此，德国的新闻传播业获得了一个短暂的全面发展的机会。报纸在 1932 年达到 4 703 种，总发行量 2 600 万份。1933 年 1 月，各种政党的报刊多达 2 700 种，各党派的报刊发展极为兴盛。

1932 年年底，纳粹党取得政权。该党党纲规定：“所有报纸如与公众利益抵触，必须予以禁止。”党魁希特勒在《我的奋斗》中写道：“报纸的重要性在于能以一致而坚定的重复方法施教。报纸上的言论应该趋于一致的目的，不要被出版自由的谬误所惑。”① 1933 年 3 月，约瑟夫·戈培尔（J. Goebbels）主管的人民教育与宣传部对报刊、广播和电影进行集中控制，取消新闻出版自由，封闭社会民主党和共产党的所有报刊，没收犹太人的报纸。在法西斯主义绝对专制的新闻政策下，德国报刊的蓬勃发展突然中断。

（四）二战后德意志联邦共和国、德意志民主共和国按照不同的模式分别重建新闻传播业

纳粹德国 1945 年 5 月投降后，德国原有的新闻传播业基本被摧毁。通讯社瓦解，广播电台瘫痪，除反法西斯的《亚琛消息报》外，其他报纸全部停刊。1949 年美英法占领区合并为德意志联邦共和国，此前苏军占领区已组建德意志民主共和国，联邦德国与民主德国因此形成不同的新闻传播体制。民主德国以执政党的党性原则为指导，建立起全部国营的媒介系统；联邦德国经历一段盟军的直接管控，按照自由主义原则向民间开放办报权利，广播电视实行的是公营，后来实行公营、民营并行的体制。1990 年德国统一后，民主德国的新闻传播业依照联邦德国的模式被整合。

二、德国新闻传播业的发展

（一）从神圣罗马帝国到魏玛共和国的新闻传播业

目前可考证的德国最早的印刷新闻纸（单张纸上印有一条新闻的“新闻传单”）出

---

① 转引自李瞻：《世界新闻史》，369 页，台北，三民书局，1983。

现于 1502 年。德国现代新闻传播业可以从 1615 年“真正的报纸”（一张纸上印有若干条新闻、定期出版）《法兰克福新闻》（Frankfurter Journal）算起。由于德国长期处于四分五裂和战争状态，政治制度落后，经济不发达，新闻传播业虽然出现很早，但发展极为缓慢，各邦国的报刊均为很小的地方性刊物，没有一家有广泛的社会影响。

1650 年书商里兹（T. Ritzsch）在莱比锡创办了世界上第一家日报《新到新闻》（Einkommende Zeitung）。这在世界新闻史上是一个里程碑，但对于德国来说，不过是个偶然事件，该报对社会的影响微小。

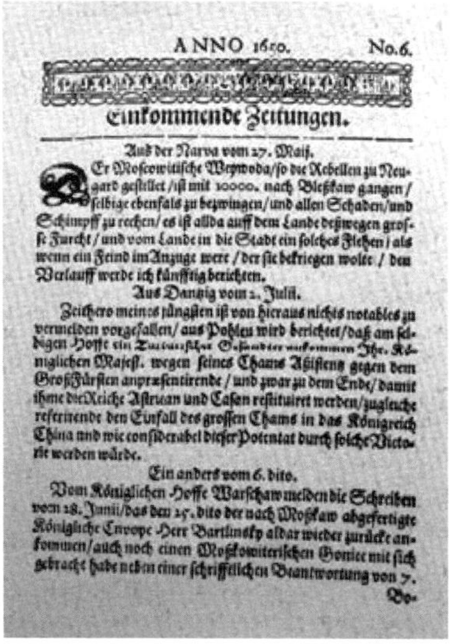
ANNO 1650. No.6.

Einkommende Zeitungen.

Aus der Narva vom 27. Maij.

Er Moscowitische Weywoda/so die Rebellen zu Neugard gestillet/ist mit 10000. nach Pleßkaw gangen/selbige ebenfals zu bezwingen/und allen Schaden/und Schimpff zu rechen/es ist allda auff dem Lande deßwegen grosse Furcht/und vom Lande in die Stadt ein solches Fliehen/als wenn ein Feind im Anzuge were/der sie bekriegen wolte/den Verlauff werde ich künfftig berichten.

Aus Dantzig vom 2. Julii.

Zeithero meines jüngsten ist von hieraus nichts notables zu vermelden vorgefallen/aus Pohlen wird berichtet/daß am selbigen Hoffe ein [illegible] Ihr. Königlichen Majest. wegen seines Chams Assistenz gegen dem Großfürsten anpræsentirende/und zwar zu dem Ende/damit ihme die Reiche Astracan und Casan restituiret werden/zugleich referirende den Einfall des grossen Chams in das Königreich China und wie considerabel dieser Potentat durch solche Victorie werden würde.

Ein anders vom 6. dito.

Vom Königlichen Hoffe Warschaw melden die Schreiben vom 28. Junii/das den 25. dito der nach Moßkaw abgefertigte Königliche Envoye Herr [illegible] aldar wieder zurücke ankommen/auch noch einen Moßkowiterischen Gonice mit sich gebracht habe neben einer schrifftlichen Beantwortung von 7. Vo-

《新到新闻》

在普鲁士王国，一家 1704 年创刊的报纸一直出版到 1934 年，即《福斯报》（Vossische Zeitung）。这个报名是 1751 年以后才逐渐叫起来的，因为福斯那年从他岳父那里接手了该报。另一家有些名气的报纸是 1740 年创刊的《施本纳报》（Spenersche Zeitung），施本纳（Johann Karl Spener）于 1748 年从去世的同事那里接手该报后，逐渐才有了这个报名。这份小报后来有一个很大的报名《柏林政治和学术问题新闻》，但人们仍习惯叫它《施本纳报》，该报一直出版至 1874 年。

德国民营报纸中，19 世纪上半叶的《总汇报》（Allgemeine Zeitung）勉强可算是当时德国的最大报纸。该报由科塔（Cotta）家族于 1798 年在图宾根创办，科塔二世接手后该报在奥格斯堡出版。他善于经营，聘请水准较高的编辑，报纸发行到德国各邦国。该报立场保守，马克思曾多次与其论战。

1842 年在科隆出版的《莱茵政治、商业和工业日报》（简称《莱茵报》）是德国第一家民主主义报纸，被恩格斯称为“德国现代期刊的先声”①，马克思参与该报的创办并成为该报后期的主编。由于报纸的革命倾向，该报仅出版一年三个月，就被当局查封。1848 年的柏林三月革命，为德国全国带来了空前自由的新闻出版环境，数百家政治性报刊得以问世，其中包括马克思和恩格斯在科隆创办的《新莱茵报》，当时该报为德国第三大日报，发行量为 6 000 份。

1849 年，德国第一家通讯社沃尔夫社诞生，创办人是伯纳德·沃尔夫（B. Wolff）。1870 年，该社与英国路透社、法国哈瓦斯社划分了世界报道范围，负责包括德国、奥地利、北欧、俄国、巴尔干等地的新闻报道。

① 《马克思恩格斯全集》，中文 1 版，第 8 卷，20 页，北京，人民出版社，1961。

Allgemeine Zeitung.
Nr. 331.

《总汇报》

1856 年，出版商宗内曼（L. Sonnemann）创办《法兰克福报和商报》（Frankfurter Zeitung und Handelsblatt），该报在 19 世纪下半叶勉强算是在全国有影响力的综合性报纸。

19 世纪下半叶，大众化报刊在首都柏林悄然出现，至 1914 年一战之前，那里形成了三家大众化报团——莫泽、舍尔、乌尔施泰因报团，分别以《柏林日报》、《柏林地方新闻》、《柏林晨邮报》为核心报纸。其中，乌氏的报团规模最大，《柏林晨邮报》在魏玛共和国时期发展为全国发行量最高的报纸（60 万份）。该报团在 1918 年还收购了历史悠久的《福斯报》。1916 年，舍尔报团由于出现财政问题，被雅利安人胡根堡（K. Hugenberg）收购。

1923 年 10 月，第一家广播电台——德意志广播电台在柏林开播，创办人是以私营企业主身份进入政府部门主管广播事务的布莱多（H. Bredow），因而该台为公私合营性质。

魏玛共和国时期形成了两个最大的政党报刊集团——社会民主党报团和共产党报团，代表性报纸分别是社会民主党机关报《前进报》（Vorwarts）和共产党机关报《红旗报》（Die Rote Fahne）。

（二）法西斯德国的新闻传播业

1933 年 2 月 27 日，纳粹党制造国会大厦纵火案。2 月 28 日，纳粹党通过总统兴登堡宣布，“为了保障国家与人民的安全，宪法规定的新闻自由暂时中止”。紧接着，纳粹政府采取了一系列媒体管制政策：封闭了社会民主党和共产党的所有报刊（共约180多种）；沃尔夫通讯社被政府接管，改组为国家的“德国通讯社”（DNB），政府直接控制了主要新闻源；民营广播电台全部收归国有。随后又用暴力夺取了犹太人莫泽家族、乌尔施泰因家族的报团，将乌尔施泰因报团的出版社变成国立德意志出版社。只有雅利安血统的胡根堡报团合法存在，得到发展，成为最大的忠于纳粹党的民间报团，最多时拥有报纸1 600家。

纳粹德国重视通过电波宣传法西斯主义，因而广播业十分发达。对内的广播强迫人民按时集体收听，并设计了廉价的只能收听到国内广播的“人民的收音机”。1935年3月，德国实验播出电视节目；1936年，曾数小时转播柏林奥运会；1938年，德国电视台正式开播。

法西斯主义的一体化新闻政策使得全国报纸从1932年的4 703家减少到1944年的977家。其中纳粹党的报刊有352家，发行量占当年报纸总发行量的82.5%。其他625家报刊的发行量只占17.5%，也必须宣传法西斯主义。

（三）战后民主德国与联邦德国的新闻传播业

1945年，苏军占领德国东部。从6月起，苏军只允许认可的德国党派、团体创办报刊。6月13日，得到许可证的报纸是德国共产党的《德意志人民报》。1946年共产党和社会民主党合并为德国统一社会党后，《德意志人民报》与社会民主党机关报《人民报》合并为《新德意志报》（Neues Deutschland），该报为民主德国的主要报纸。

1946年10月，苏军占领区的各报刊和广播电台联合成立股份公司，建立了报联社体制的德意志通讯社（ADN）。1953年4月，该社被收归国有，改为国家通讯社。

民主德国的广播电台和电视台全部国营，共有电台16家，电视台2家。1968年民主德国成立国家广播委员会和国家电视委员会，分别领导广播电台和电视台的工作。

美英法军占领德国西部后，最初实行出版许可制。1949年9月，盟军废除许可制，准许除法西斯分子以外的德国人自由办报。联邦德国从此形成以下特点的报刊结构：民营，主要依赖广告，报纸和杂志种数很多，日报设有较多的地方版，多为区域性报纸，政党报刊迅速衰落，报业呈集中化趋向。显然，地方性、分散化的传统数百年没有发生根本的变化。

1949年9月1日，美英法在占领初期建立的三家军方通讯社合并为德意志新闻社（DPA），该社为民营性质的股份公司，但带有报联社的性质，是联邦德国的主要新闻源。

在联邦德国，广播业形成以州广播公司为基础的相对分散的公营广播体制。1950

年10月，各州公营广播公司联合组建了德国公共广播电视联盟（ARD），简称德广联。德广联负责组建和领导全国性的电台和电视台，联合组织和协调节目。

1985年元旦，第一家民营的电视台卫星一台（Sat1）开播。1986年7月1日，第一家民营广播电台开播。11月，联邦宪法法院确认了公营与民营并存的广播电视体制。

三、德国新闻传播业目前的格局

1990年德国统一，民主德国的媒体开始私有化的历程。由于民主德国没有人掌握大笔资金，同时也缺乏市场经济条件下经营媒体的经验，新闻媒体纷纷被原联邦德国的媒介集团收购。因此1990年德国统一后的媒介格局，只是在原联邦德国的基础上略有变化。下面分几个方面叙述。

（一）报刊

鉴于德国媒介文化的传统和二战后的一些具体情况，德国的报纸以地方报纸为主，只有几家报纸在自然的发展中逐渐向全国发行，它们是：

《世界报》（Die Welt），全国发行的报纸。1946年6月由英国占领军当局在汉堡创办，1953年被施普林格出版社收购，现在是阿克塞尔·施普林格出版集团的核心报纸。该报发行量不大，目前有25万份，但在世界上较有影响，被视为德国的代表性报纸。

《法兰克福总汇报》（Frankfurter Allgemeine），全国发行的报纸，1949年11月创刊。该报重视经济新闻和国际新闻，以政府和企业领导者为主要读者，发行量36万份。

《南德意志报》（Sueddeutsche Zeitung）创刊于1945年10月，是德国发行量最大的以订阅方式发行的全国性报纸，发行量为41万份。报社总部位于慕尼黑，主要读者为自由派知识分子。

《图片报》（Bild）是德国也是欧洲发行量最大的日报，以零售为主的大众报纸。1952年7月24日在汉堡由阿克塞尔·施普林格创办。除了一般的政治经济新闻外，该报以图画和社会新闻为主，注重让图片说话，使新闻故事形象化。简化语法和内容，使阅读更加方便。《图片报》历史上最高发行量超过500万份，80%为零售。

《明镜》（Der Spiegel），是一份新闻周刊，也是德国在世界上影响最大的杂志，发行量93万份。这份杂志于1946年1月由英国占领军在汉诺威创办，当时叫《这周》。1947年1月，奥斯特恩（Rudolf Augstein）接手这份杂志，改名为《明镜》，总部设在汉堡。该刊仿照美国的新闻周刊《时代》样式，但厚度超过《时代》，每期350页。

德国老人手中拿着的《图片报》头版：德军人托着人头骨（2006 年 10 月 24 日）

另外，地方报纸中以《西德意志总汇报》（Westdeutsche Allgemeine Zeitung）最为知名。该报发行量曾超过 100 万份，是全德发行量最高的地方报纸。德国代表性的时政娱乐周刊是《明星》（Stern），1948 年创刊，发行量 110 万，属于贝塔斯曼集团，主要面向德国及欧洲其他国家发行。世界上发行量最大的行业刊物也在德国，即《马达世界》（ADAC-Motorwelt）。该刊 1948 年创刊，属于全德汽车俱乐部，发行量 1 360 万份。

（二）通讯社

德国主要的通讯社是德新社（Deutsche Presse-Agentur，DPA），几乎所有德国的媒体都订购它的新闻稿，有五分之一的德国日报完全从该社获取意义重大的新闻。为防止德新社的新闻垄断，该社不允许任何团体占有 1.5%的原始股，持股者中必须包括不同政治倾向和世界观的代表，禁止国家购买公司的股票。目前，德新社设有 62 个办事处，其中 50 个在国内，但服务覆盖全球 80 个国家和地区。

（三）广播电视

德国没有全国性的公营广播公司，有 10 个州或州际的公营广播公司。除了政府的对外广播电台外，没有全国性公营广播电台。州的公营广播电台中，较大的是汉堡的北德意志台。德国民营广播电台有约 180 家，其中全国性的较大台是萨克森 FNN 台、RSH 台、巴伐利亚天线台（1988 年建）、柏林 Hundert-6 台、汉堡台。

电视台中，公营的全国性电视台是电视一台和电视二台，由德广联（德国各州或州际公营广播公司的组织）直接或协议经营。州级公营电视台共 9 家，其中规模最大的是西德意志电视台（科隆）。德国有民营电视台 50 多家，全国性的有 10 家，最大的两个民营电视台是设在美因茨的卫星一台（Sat 1）和设在科隆的卢森堡电视台新频道（RTL Plus）。

德国 Sat 1 的标识

【思考题】

1. 简述德国新闻传播业分散发展的传统。
2. 简述德国 20 世纪 30 至 40 年代新闻传播业法西斯化的教训。
3. 识记德国《世界报》和《图片报》、德国卫星一台和卢森堡电视台新频道。

第四章

意大利新闻传播史

公元前 4 世纪至公元 5 世纪，意大利先后是古罗马共和国和古罗马帝国的中心地带，在帝国时期还是世界政治、文化与艺术的中心。

罗马帝国后期分为东、西二部。公元 476 年，以意大利为中心的西罗马帝国灭亡。在以后近 1 400 年的历史中，意大利只是一个地理名词，而不是一个国家概念。现在的意大利境内曾前后出现过许多封建王国、公国和具有代议制雏形的城市共和国，以及以罗马城为中心的教皇国。直到 1861 年意大利王国建立，国家才初步完成统一。

1922 年墨索里尼率领 4 万法西斯党徒向罗马进军，迫使国王邀请他组建新政府。在接下来的几年里，墨索里尼的法西斯党完成了对意大利的法西斯化。二战中，意大利成为轴心国之一。1943 年 7 月，在军事失利的情况下意大利法西斯政权倒台，1945 年墨索里尼被反法西斯游击队抓捕并枪决。

1946 年 7 月 2 日，意大利选举产生立宪会议，并就制度问题进行公民投票，确立了意大利共和国的体制。现在的意大利，面积约 30 万平方公里，人口约 6 000 万。

一、意大利新闻传播史的特点

（一）意大利新闻传播业的总体特征

意大利曾有过辉煌的古代新闻传播史。公元 5 世纪西罗马帝国灭亡后，意大利长期分裂，直到 19 世纪下半叶国家统一，才真正形成现代新闻传播业，比西欧其他国家晚得多。20 世纪上半叶，意大利新闻传播业被墨索里尼法西斯化。二战结束后，新闻传播业的发展回到正常轨道。鉴于这种特殊的历史背景，在西方工业化国家中，它的新闻传播业相对落后。

（二）16 世纪的手抄新闻是欧洲中世纪新闻传播发展高峰的表现

中世纪，由于君主专制的体制和僧侣阶层对知识的垄断，意大利新闻信息的流动处于较低的水平。16 世纪，威尼斯凭借特殊的地理位置，成为欧亚贸易的枢纽和欧洲的商业中心。商业需求刺激了信息的需要，1566 年威尼斯城出现了定期手抄新闻，这是衰退中的地中海贸易对新闻需求的最大反映，也推动了欧洲中世纪新闻传播发展的高潮，接下去就是社会上新闻传播的急剧衰落。

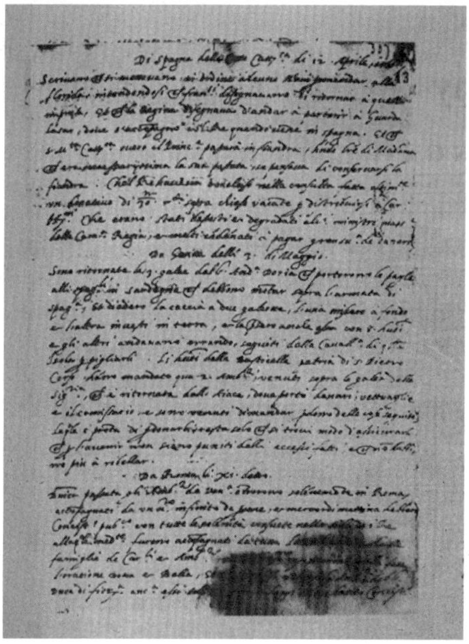

1566 年手抄《威尼斯公报》

（三）16—17 世纪发生人口从城市退回农村的逆向运动造成新闻传播的衰退

由于 15 世纪末新航路的开通，欧洲的商业中心逐渐从地中海转向世界大市场，地中海贸易开始衰退。于是，意大利出现马克思所说的情形："在十五世纪末开始的世界市场的革命破坏了意大利北部的商业优势之后，产生了一个方向相反的运动。城市工人大批地被赶往农村，给那里按照园艺形式经营的小规模耕作带来了空前的繁荣。"①一旦意大利从初期的资本主义经济倒退回小农经济，在文艺复兴带动下新闻传播的初步繁荣便消失了。在此后近 300 年，意大利的新闻传播业发展十分缓慢。

（四）意大利 1925—1943 年新闻传播业的法西斯化，使其二战后才进入党报时期，党报时期与商报时期并存半个世纪

1925 年，墨索里尼公开而全面地实行新闻传播业的法西斯化，封闭反对党报刊，强迫所有传媒宣传法西斯主义，建立起垄断信息市场的法西斯宣传体系。1947 年，意

① 《马克思恩格斯全集》，中文 1 版，第 23 卷，784 页，北京，人民出版社，1972。

大利以宪法形式确立了新闻出版自由的体制。自由的出版环境催生了一批新的报刊，同时经过长期压抑的各党派也迅速地发展自己的报刊业，意大利进入了一个商业报刊与政党报刊并存的时期。

（五）20世纪90年代进入商报时期

1981年，意大利议会通过出版法，虽然限制报业集中的形式，但实际上承认了商业性报团的存在。与此同时，老的报纸开始摆脱政党的影响而注重于社会的警示作用；新创办的报纸注重吸引新一代的读者，努力适应他们的接受习惯。意大利商业报刊的独立性和市场导向越来越明显。20世纪90年代，随着几个主要政党分裂为诸多小派别，政党报刊开始衰落。原来的机关报逐渐成为独立报纸，只是由于与党派的传统的联系，一定程度上还代表原来那些党派的成员们的利益。2000年5月，曾是意大利最大党报的《团结报》（L'Unita）宣布停刊，这标志着意大利并且是西方世界完全进入商报时期。

二、意大利新闻传播业的发展

公元前59年，恺撒被推选为罗马共和国的执政官，为限制元老院对他的约束，他命令："嗣后元老院工作的报告，务须每日写出公布之。"由此产生了置于公共场所的《每日纪闻》。这是一块涂了石膏的白木板，上面除了元老院的会议记录外，还有政府政令、远征军战绩、司法消息、税收情况以及一些社会新闻。这种官方的每日手抄新闻，持续到公元330年罗马首都东迁时止。

罗马帝国四通八达的陆路交通大道和繁忙的海上交通网，为新闻的传播提供了便利。公元79年，那不勒斯南部的罗马小城庞培被火山灰吞没。根据考古挖掘，这座仅2万人口的城市，街头的公共事务布告和竞选标语、商业广告等有3 000多条。

中世纪末期，威尼斯繁荣的商业贸易刺激了信息的需求。1536年，威尼斯出现专门采集消息的机构和贩卖手抄小报的人。1566年，威尼斯出现定期发行的有系统的手抄新闻，张贴在公共场所，交一文钱即可上前阅读。这种手抄新闻被称作《威尼斯公报》（Venice Gazzette）。因为当时威尼斯的铜钱叫"格塞塔"（gazzette），后来gazzette成为欧洲各国最早的报纸名字。

17—19世纪上半叶，是意大利新闻传播业的低谷，新闻传播业的发展十分缓慢。18世纪意大利唯一有些影响的报纸是1714年教皇国出版的《罗马公报》（Gazzetta di Roma）和1815年由奥地利统治者创办的《米兰公报》。它们是意大利统一前两份主要的报纸，均属公报性质。

1853 年，在意大利西北部撒丁王国首相卡沃尔伯爵的赞助下，新闻记者古科尔蒂·史蒂芬（G. Stefano）在罗马建立史蒂芬电讯社，这是意大利第一家通讯社。

1861 年意大利统一，撒丁王国国王成为意大利国王，定都佛罗伦萨。于是，1859 年于佛罗伦萨出版的《民族报》和 1868 年在原撒丁王国首都都灵创刊的《皮蒙特报》开始崭露头角。后者于 1895 年改名为《新闻报》（La Stampa）后，影响渐大，成为全国第二大报。

现在都灵的《新闻报》销售大厅（李歌吟摄）

1876 年在北方最大城市米兰，《晚邮报》（Corriere Della Sera）创刊，该报持温和自由主义的倾向，1880 年发行量达到 1 万份。1885 年，该报由纺织工业家克雷斯皮（Crespi）买下，此人被认为是意大利第一个不把一家日报看作政治讲坛，而看作利润的来源和公众的一种责任的出版商。这份报纸后来逐渐成为意大利最有影响的商业报纸，1915 年时发行量一度达到 100 万份。

意大利统一后，政党报刊中发展最快的是众多不同派别的社会主义报刊。1896 年创刊于罗马的意大利社会党机关报《前进报》（Avanti!），渐渐在其中成为当时影响最大的政党报纸。1912—1914 年，墨索里尼曾任该报主编。

由于意大利北部经济较为发达，加之报纸分布百年来形成的传统，至 19 世纪意大利形成北方（以米兰为中心）新闻传播业居主导地位的传统。中部罗马处于第二的位置。20 世纪 70 年代，两地新闻传播业的发展水平不相上下。

1922 年墨索里尼上台后，即开始了对新闻机构的控制。1922 年起，原由墨索里尼

1914 年创办的《意大利人民报》(Il Popolo'Italia),由墨氏的胞弟安纳尔杜和侄子先后主持工作。该报一直是法西斯政权下意大利政治的指导性报纸。

墨索里尼执政的最初几年,还只是限制反对派的报刊,并未彻底查禁。1924 年,意大利共产党机关报《团结报》(L' Unità)在米兰创刊。

1925 年,新闻传播业的法西斯化开始全面而公开地开展。这年政府颁布的《新闻记者登记法》规定:“凡不对法西斯效忠者,均不得从事新闻事业。”1926 年,当局又制造所谓刺杀墨索里尼事件,以此为借口实行全国大搜捕,所有反法西斯的报刊全部被封闭。《团结报》转入地下出版达 18 年。社会性报纸中,《晚邮报》、《新闻报》等仍然较有影响,但必须宣传法西斯主义。

意大利的广播业是在 1924 年起步的,最初为获特许经营的私营企业。1927 年,该公司改名为意大利广播收听公司,实际上成为官方控制的机构,获得 25 年的垄断经营特许权。出于宣传法西斯主义的需要,意大利的广播事业发展较快,各大城市陆续建立广播电台。至 1943 年墨索里尼垮台时,意大利已有广播电台 41 座,全国性广播网 2 个。

1943 年 7 月,盟军在意大利登陆。与德国不同,除了原法西斯党的各级机关报被禁止出版外,其他意大利报纸大多经过内部改组、转变立场后,继续出版。

党派报刊在摆脱了法西斯的桎梏后急剧发展,共产党以《团结报》为核心形成意大利最大的党报集团,天民党和社会党也分别以《人民报》和《前进报》为核心形成党报集团。民营报刊受益于政府对于报刊出版的优惠政策也有较快发展。一大批新的报刊诞生,如创办于米兰的《今日报》、《日报》,创办于罗马的《时代报》、《共和国报》等。但在较长时间内,《晚邮报》、《新闻报》的威望和发行量仍居前两位。直到 20 世纪 80 年代,《共和国报》的销量超过《新闻报》,成为市场排名第二的报纸,《新闻报》位列第三。

CORRIERE DELLA SERA
QUEL SILENZIO DEI RIFORMISTI
Prova di forza della Cgil: «Mai così tanti»
L'assassino visto in faccia
Pericolose anche le sigarette leggere: Philip Morris condannata

la Repubblica
Inflazione in calo per l'Istat, scontro sui prezzi
Ciampi: no all'Italia dell'odio
L'ultimo cinema dove si fuma

现在的《晚邮报》和《共和国报》

二战结束后，已收归国有的史蒂芬电讯社随着法西斯的垮台而瓦解。1945 年 1 月 13 日，12 家日报以合作的形式在罗马成立全国新闻联合通讯社，缩写发音即安莎社（ANSA）。创办后不久，又有一些报纸加入，该社从而成为意大利的第一大通讯社。

二战后，意大利广播收听公司改名为意大利广播电视公司（RAI），名义上为公营公司，主要由执政的天民党控制。1954 年该公司首次播出电视节目。1976 年意大利议会以法律形式确认广播电视业公营、民营两种体制并存。1980 年 11 月，米兰的富商贝卢斯科尼（S. Berlusconi）将其所属的 20 多家地方电视台联合为“电视五频道”（Canale 5），其成为意大利第一家全国性民营电视台。

三、意大利的新闻出版政策变化

1848 年的欧洲革命波及意大利，许多大城市爆发革命。撒丁王国、教皇国、那不勒斯王国等被迫颁布自由主义宪法，承认新闻自由。这是意大利历史上第一次从法律上确认新闻出版自由。虽然革命失败后这些当权者的诺言均没有兑现，但是长期封闭的出版环境毕竟打开了一条缝隙。

20 世纪 20 至 40 年代，意大利实行法西斯专制的新闻政策。法西斯党全面封闭了反对该党的报刊，通过暴力和暴力威胁迫使民营报刊宣传法西斯主义，将史蒂芬电讯社改组为国家通讯社，广播电台也由法西斯党完全控制。

1947 年 12 月，新成立的意大利共和国颁布宪法，其中第 21 条规定：“任何人均有以言论、著作及其他任何传布思想之方法，自由表达其思想之权利。出版无须得到准许或经过检查。”但在左派力量影响下，政府不鼓励新闻业市场化，对报刊实行税费减免，同时限制售价。这样的政策持续到 70 年代。得益于对报刊出版的优惠政策，意大利报业的发展较快，但也造成报刊发展缺乏活力，很难在规模和影响力方面持续提升。直到 20 世纪 70 年代，意大利没有规模化的报业集团。

意大利的杂志在战后发展很快。战后发行量曾超过 100 万份的杂志是综合性大众杂志《晚邮周刊》和《今日周报》（Oggi）。新创刊的新闻性杂志中，以 1955 年创办的《快报》（L'Espresso）、1950 年创办的《时代》（Epoca）和 1962 年创办的《全景》（Panorama）较为有名。

1952 年，国营的意大利广播收听公司更名为意大利广播电视公司。它以执照费、零部件货物税和有限制的广告费为收入来源，形式上采用的是公营体制，但实际上由执政党掌控经营。

20 世纪 70 年代以后，意大利的新闻传播业发生重大变化。在报纸方面，1981 年，议会通过出版法，虽然对报业集中还有种种限制，但实际上承认了商业性报团的存在。

在广播电视领域，1976 年议会通过法律，允许地方性民营广播电视业存在。1990 年，议会通过“公共和私人广播电视体制之规定”，正式确认私人拥有经营全国性广播电视业务的权利。

1976 年后，地方性民营广播电视业发展迅猛，在三年内一下子涌现广播电台3 000 多家，电视台 900 多家。从 20 世纪 80 年代起，在意大利形成罗马的新报纸《共和国报》（la Repubblica）与米兰的老报纸《晚邮报》之间的竞争态势。

四、意大利新闻传播业目前的格局

（一）报刊

由于意大利的政党报刊直到 20 世纪中期才真正开始，政党报刊与商业报刊的长期交织存在，使得商业报刊没有得到充分发展，因而意大利几乎不存在其他发达国家都有的那种廉价的大众报纸，报纸只能分为全国性和地方性两类。意大利现有日报 88 家，总发行量 500 万份。北部和中部依然是主要的发行区域，南部仅有 16 种地方日报，发行量均不超过 10 万份，而人口却占 34%。

威尼斯街头的报亭（李歌吟摄）

代表性的报纸有：

《晚邮报》是意大利历史悠久且最具代表性的报纸，较为严肃。现在隶属于 RCS 媒介集团。该报每天 48～56 版，发行量 62 万份。以思维敏捷，提问尖锐著称的女记者法拉奇就是该报的记者。

《共和国报》是新一代的主要代表性报纸，1976 年创刊。目前彩色印刷，风格相对活泼，政治立场“左”倾。这是一份全国性发行的报纸，还有 10 种地方版，发行量 58 万份。2007 年报纸改版，拆分成两份报纸，一份专做新闻，另一份（被称作 R2）专注时事分析。该报现隶属于快报出版集团。

《新闻报》是意大利现存历史最为悠久的报纸，发行量长期在意大利报纸中位居第二，现位列第三。它风格较为严肃，具有较大的影响力。它的发行范围除本国以外还遍及欧洲其他国家，发行量约 38 万份。

杂志中影响最大的是综合性周刊是《全景》、《时代》和《快报》。

（二）通讯社

意大利最大的通讯社依然是安莎社。安莎社是一个非营利性机构，为意大利境内 34 个新闻机构所有，为它们提供会员服务。19 世纪 70 年代以后，该社在传播技术方面发展较快。现在，安莎社在意大利国内有分社 22 个，在 74 个国家和地区设有 79 个办事处。每天使用意大利语、法语、英语、西班牙语、葡萄牙语 5 种文字发稿。

（三）广播电视

意大利的广播电台中，RAI 的三个全国性调幅广播电台和两个立体声台拥有最高的收听率（52.4%）。该公司还拥有 21 座地区性的广播电台，覆盖面 100%。民营广播电台 20 世纪 90 年代纷纷联合，现有 20 家全国性的电台，但影响力远没有 RAI 的大。

电视台主要有六个台，形成两大体系，即公营的 RAI 一台、二台和三台，民营的电视五频道、四网（RETER4）和意大利一台。

RAI 一台节目画面

意大利三家全国性民营电视台均为菲宁维斯特集团所有，实际上的掌控人是几度担任总理的贝卢斯科尼。他从房地产业进军媒介市场，20 世纪 80 年代中期即拥有三个全国性电视网，占据了全国商业电视 80%的市场。意大利的广播电视市场，其实就是公营的意大利广播电视公司与贝卢斯科尼的菲宁维斯特集团这两大广电集团的竞争。菲宁维斯特集团是意大利最具影响力的媒介集团，业务包括电视、出版、商业服务、体育等几大部分，目前的总裁是贝卢斯科尼的长女玛瑞娜・贝卢斯科尼。

【思考题】

1. 简述意大利新闻传播业的总体特征。

2. 识记意大利三大全国性报纸、意大利现在的三大公营电视台和三大民营电视台、安莎通讯社。

第五章

西班牙新闻传播史

西班牙位于欧洲西南部的伊比利亚半岛，面积约 50 万平方公里，人口约 4 700 万。早期先后是罗马帝国、西哥特王国的一部分，拥有浓厚的拉丁文化传统。公元 711 年北非摩尔人侵入西班牙，建立伊斯兰国家。1492 年摩尔人最终被赶出西班牙，形成基督教的西班牙王国。就在这一年，哥伦布出海寻找新大陆。

整个 16 世纪是西班牙帝国统治世界的时期，西班牙王国一度控制尼德兰和部分法国、意大利、德国的领土，在世界各地拥有最多的殖民地。但作为商业民族的西班牙人，最终没有斗过作为工业民族的英国人，17 世纪以后西班牙逐渐衰落，内乱不断。二战时期的佛朗哥独裁政权是法西斯的帮凶，但这个政权持续到 1975 年。此后西班牙实行君主立宪制，社会走向民主化。

鉴于西班牙的这一曲折而复杂的历史，尽管其一度统治世界，但其新闻传播业并不发达，因为当权者和商人们对新闻传播业缺乏深刻认识，国内新闻传播业的发展颇为落后。将欧洲的新闻文化传播到世界各地，属于无意之举，西班牙各殖民地的新闻传播业，起步晚于占领时的一二百年。

10 世纪，西班牙出现定期手抄书。15 世纪，西班牙民间传诵的格拉纳达战事歌谣颇为著名。当时西班牙颇为有效的社会传播方式有两种：一种是口头传唱，教士、学生、贵族、商人等以即兴的方式向广大社会阶层传播信息；另一种是手抄传播。一些研究者认为，修道院院长之间的来往信函是报纸的最初形式。[①] 16—17 世纪，西班牙的文艺复兴影响欧洲，但西班牙真正像样的现代报纸，只能将 1661 年的《马德里公报》作为起点。西班牙的报刊长期处于王权专制下，20 世纪 30—70 年代又处于佛朗哥独裁下，该国的党报时期时断时续。直到 20 世纪 70 年代西班牙走向民主化后，商业报刊才得到全面而迅速的发展。西班牙的广播和电视业，起步也不早。

---

① Sánchez Aranda，J. J. y Barrera，C.，Historia del periodismo espaõol：desde sus orígenes hasta 1975，Pamplona，Universidad de Navarra，1992，p. 44.

一、西班牙报刊发展的四个时期

（一）报刊的萌芽时期（18 世纪之前）

1472 年，西班牙人从德国引进了第一台印刷机。但在很长一段时间里，手抄和印刷新闻同时存在，手抄新闻因其私密性和精良制作受到贵族阶级的拥护。16 世纪西班牙成为“日不落”帝国，塞维利亚和巴塞罗那逐渐成为出版重镇，催生了各种形式的新闻传播载体，主要有四种。第一种为“新闻纪事”（crónicas），主要记述美洲发现和西班牙的征服殖民过程。佩德罗·马尔蒂（Pedro Mártir de Anglería）被认为是第一位撰写新闻纪事的书人，他在 1488—1526 年撰写了 812 篇信函式的新闻纪事，总称为《信札》（Opus epistolorum）。第二种叫作“偶然”（Ocasionales），一种临时性质的突发事件的报告。哥伦布发现美洲的过程中，采用这种方式向西班牙王室汇报情况，随后很快被政府公布出来，一般以书的版式印刷，封面配有图片。第三种是“报告”（Relaciones），一类关于社会重大活动的专项报告，例如关于西班牙殖民活动和征服北非的各种专项报告。第四种叫“通告”（Avisos），这是定期向宫廷外的贵族通报宫廷内重大事件的文书。

17 世纪西班牙开始走向衰落，社会矛盾加深。由于信息传递的迟缓，难以跟踪瞬息万变的外部形势，于是产生了面向社会定期出版社的“公报”（Gaceta）和“信使”（Mercurio）。1661 年，受卡洛斯二世（1665—1700 年在位）的宠臣胡安·何塞（Juan José de Austria）的委托，布雷穆旦（Francisco Fabro Bremundán）编辑的第一份西班牙公报面世，名为《1660 年年底之前发生在世界上大部分地区的一些特殊政治和军事事件公报》。该报初期每月出版一期，1676 年改为周刊，1679 更名为《马德里日常公报》，1697 年更名为《马德里公报》。该报即今日西班牙《政府官方公报》（Boletín Oficial del Estado）的前身。

（二）王权主控的 18 世纪西班牙报刊

西班牙王权在 18 世纪全面控制印刷出版业，报刊的发行必须获得国家中央权力的印刷许可，并接受教会审查。新闻传播的方式分为两大类型：一类是供文人阅读的报刊，期距较短；一类是乡镇民众阅读的历书、年鉴等“通俗传媒”，通常期距较长。出版物在城市的书店或街角书摊销售，由盲人或享有专卖权的人出售，咖啡馆等公共场提供阅读的报刊。

当时的报刊分为官方报刊和民间通俗出版物两类。政治、军事类的新闻完全由官方掌控，18 世纪的三大官报为《马德里公报》、《西班牙信使》和《马德里日报》。

Página 1671

BOLETIN OFICIAL DEL ESTADO

SUMARIO

JEFATURA DEL ESTADO

GOBIERNO DE LA NACION

PRESIDENCIA DEL GOBIERNO

MINISTERIO DE ASUNTOS EXTERIORES

MINISTERIO DE LA GOBERNACION

MINISTERIO DEL AIRE

1940 年的西班牙《政府官方公报》

AÑO CCIX.—NUM. 210. VIERNES 29 DE JULIO DE 1870. 75 céntimos de peseta.

GACETA DE MADRID.

REGENCIA DEL REINO.

PRESIDENCIA DEL CONSEJO DE MINISTROS.

DECRETO.

MINISTERIO DE ESTADO.

LEY ORGÁNICA DE LA CARRERA DE INTÉRPRETES.

REGLAMENTO PARA LA CARRERA DE INTÉRPRETES.

CAPÍTULO PRIMERO.

CAPÍTULO II.

CAPÍTULO III.

1870 年 7 月 29 日的《马德里公报》

西班牙的通俗传媒发源于17世纪，在18世纪得到长足发展，例如历书和年鉴，这是一种民间文化的结集。这些小册子分散到成千上万的乡镇居民手中，借着预告时令天气来传递各种各样的信息，如月亮运行轨迹变化、一些新思想、行为准则、职业指导等等。1767年，卡洛斯三世（1759—1788年在位）曾颁布禁止发行历书和年鉴的法令。

由于控制严厉，西班牙报刊很少体现成熟的政治思想。其中值得提及的是1781—1787年的周报《审查报》（El Censor），该报被誉为西班牙18世纪最重要的、最具影响力的报纸。一些启蒙运动思想家为它撰稿，该报以政治批评为特色。

（三）政治动荡下的19世纪至20世纪70年代的西班牙报刊

19世纪的西班牙新闻传播业在激荡的政治动荡中得到发展。1808年拿破仑入侵西班牙，西班牙王室被押往巴黎，具有共和思想的自由派人士在南部的加的斯建立政权，颁布了西班牙历史上第一部宪法——《加的斯宪法》，承认出版自由，并在1811年10月26日颁布了出版自由的法令。1814年王储费迪南七世从法国回来登基后，宪法被废除，重新实行专制统治。

1820—1823年自由派一度当权，西班牙政治报纸得到发展，菲利克斯·梅西亚（Félix Mejía）编辑的刊物《皮鞭》（El Zurriago）和《马枪》（La Tercerola），尖锐批判王权绝对主义。《皮鞭》的发行量达到1万册。随着费迪南七世在法国的援助下削弱自由派力量，自由派人士被迫流亡。

1865年西班牙成立了第一家通讯社，名为"通讯中心"（Centro de Corresponsales）。1867年出现另一家通讯社，名为"法布拉通讯社"（Agencia Telegrafica Fabra），该社1938年停办。

1868年发生西班牙的"光荣革命"，建立西班牙历史上的第一共和国，翌年颁布宪法，重新承认出版自由，促使报刊得到较快发展。1868—1875年登记出版的报刊有600多种，并出现了工人报纸和女性报纸。

1875年君主复辟。1881年法国议会通过了《新闻自由法》，西班牙也于1883年颁布了《出版法》。一定程度的法治环境以及新的配送渠道、印刷术的改善、印刷成本的降低、公立教育的发展等，使得西班牙的商业大众化报刊逐渐获得了发展空间，但远没有达到英美大众报纸那样高的发行量。西班牙仍然是一个城市化进程缓慢、国民识字率低下的国家。

整个19世纪，西班牙的自由派与保守派多次上演权力争夺的交替战，新闻出版自由也随着权力的更迭而时禁时行。

20世纪40年代起，佛朗哥独裁政权严格执行1938年颁布的控制传媒的《新闻法》，该法规定媒体必须为政府服务，出版之前应接受审查，信息旅游部部长可以"训示”出版物上刊发具有特定倾向的文章。二战后的佛朗哥政权为摆脱孤立的国际地位，从 20 世纪 60 年代起逐步实行经济开放的缓和政策。1966 年，新任信息旅游部部长颁布了新《新闻法》，承认传媒的独立性，废除了事先审查和“训示”规定，但仍严令禁止刊登公开评论政体的言论，对不遵守规定的编辑追究民事和刑事责任。该法实际上将政府事前审查转为新闻机构的自我审查。由于有的报纸隐晦地批评当局，1969 年，《堡垒报》（El Alcázar）和《新日报》（Nuevo Diario）的主编被撤换；1971 年，《马德里报》（Madrid）因此停刊。

佛朗哥在位的最后几年，《先锋报》、《ABC 报》（1903 年创办）等发行量大、影响面广的报纸，开始利用有限的新闻自由开展政治讨论，以温和的语气批评政府。1975 年佛朗哥死后，这些报刊迅速成为政治大讨论的平台，有人评价指出，尽管当时的国家议会仍由佛朗哥拥护派控制，但报刊已经成为人民的“纸制的议会”。①

（四）民主化进程后迅速发展的西班牙报刊

1978 年西班牙颁布了现行的民主《宪法》，其中第 20 条明确承认和保护言论自由，并规定不得进行任何的事先审查。《先锋报》、《ABC 报》和《Ya 日报》（1993 年停刊）三家传统大报成功适应新形势，得以发展壮大，支持佛朗哥的报纸（如《堡垒报》）则逐渐消失。

EL PAÍS
EL PERIÓDICO GLOBAL EN ESPAÑOL
www.elpais.com
AOL acelera la carrera por el liderazgo digital
Un lamento del cine español a cuatro voces
LA IZQUIERDA 'ABERTZALE' PRESENTA SU PARTIDO PARA ACUDIR AL 22-M
Batasuna se reinventa con el rechazo a la violencia de ETA
La formación descarta toda connivencia con la banda terrorista
Rubalcaba desconfía y envía los estatutos al fiscal y la Abogacía
Egipto acomete su transición mientras recobra la normalidad
Zapatero permite más deuda al Gobierno catalán de Artur Mas
El aire sucio toma Madrid y Barcelona
Las ciudades adoptan tímidas medidas pese a las altas tasas de contaminación
Soluciones salvaescaleras
900 460 414
Hacienda pone este año bajo la lupa a los falsos autónomos

ABC
Madrid
Domingo 1
noviembre de 2009
FUNDADO EN 1903 POR DON TORCUATO LUCA DE TENA
Hoy domingo, figura de la Virgen por 1 euro
«The watcher», hoy gratis con ABC y XL Semanal
Meryl Streep: «Tengo mi receta para ser feliz»
La corrupción ahoga España
...y ya mueve más dinero que la droga
Más de 300 personas serán juzgadas en 2010 ... Rajoy y Zapatero, abocados a otro pacto de Estado

《国家报》和《ABC 报》版面

---

① Fuentes, J. F. y Fernández Sebastián, J., *Historia del periodismo español: prensa, política y opinión pública en la España contemporánea*, Madrid, Síntesis, 1997, p. 318.

1976年创刊的《国家报》(El País)很快获得民众的支持，1980年成为《先锋报》之后的第二大报纸。1981年2月23日，西班牙军人发动政变，企图推翻民主政体，当晚10点，《国家报》发行捍卫宪法的专刊，支持执政的社会工人党。

1989年10月23日《21世纪世界报》(El Mundo del siglo XXI)创刊，该报从初期就致力于记者调查，揭露各种社会腐败，目前是西班牙第二大日报。1998年创刊的《理智报》(La Razón)和2007年创刊的《公众报》(El Público)是两家后起之秀，日发行量均有十几万份。

随着信息化的快速发展，纸质报纸市场受到了免费报纸和互联网冲击。目前西班牙的免费报纸主要有三家：《20分钟》(2000年创刊)、《AND报》(2006年创刊)和《什么!》(2005年创刊)。

目前，《国家报》、《21世纪世界报》、《ABC报》、《先锋报》为西班牙四大报纸，《公众报》、《理智报》、《20分钟》也是较大的报纸，均设有网站，向读者提供新闻信息。

(五) 西班牙报刊目前面临的困境

1. 报刊发行量连年下降

西班牙的纸质报刊发行量与其他发达国家相比，相差较远。近年受到网络和广电传媒的冲击，呈现停滞甚至萎缩现象。1970年西班牙千人平均拥有日报数量是103份，而2003年降到93份①，2008年降到85份，2009年再降到79份②。低于联合国教科文组织要求的100份。西班牙报刊传媒出版协会负责人阿塞尼奥·埃斯科拉尔表示，纸质传媒“从中、长期来看前途灰暗，甚至漆黑一片，但未来我们的免费报刊将会比付费报刊更具发展空间，因为现在购买付费报刊的读者数目在下降，而免费报刊的读者数目没有下降”③。

2. 纸质报刊发行地区分布不均

西班牙的报刊发行中心是马德里和巴塞罗那。根据2003年的相关数据，北部、沿海地区的报刊发行量尚可，如巴斯克地区报纸千人平均拥有量为143份，纳瓦拉为175份，巴利亚群岛为162份；但是中部和西部的乡村则发行量很小，如堂吉诃德的故乡卡斯蒂亚·拉曼却地区报纸千人平均拥有量只有44份，以农业生产为主的埃斯特德马

① Armentia Vizuete, J. I., Caminos Marcet, J. M., *Fundamentos de periodismo impreso*, Language Arts & Disciplines, 2003, p. 280.

② AEDE, *Libro blanco de la prensa diaria 2011*, Madrid, AEDE, 2010.

③ EFE, “España: Prensa gratuita tiene más futuro que la de pago”, http://www.mundo.com/ultimas-noticias/espana-prensa-gratuita-tiene-mas-futuro-que-la-de-pago-29413.

杜拉地区为59份。[1]

二、西班牙广播电视业的发展

与其他欧美国家相比，西班牙的广播电视业发展滞后。西班牙的第一座广播电台创建于1924年年底，名为伊比利亚广播电台（Radio Ibérica）。20世纪30年代西班牙内战时期，交战双方电波战颇为激烈。1937年，佛朗哥在萨拉曼卡城创建国家广播电台，宣传其政治纲领。佛朗哥独裁统治的30多年内，国家广播电台一直由政府控制。2007年，国家广播电台改组为西班牙广播电视公司（RTVE）。

西班牙广播电视公司总部

目前西班牙的广播电台分为全国电台和自治区电台两大类，设有32个综合频道，内容包括新闻评论、整点新闻播报、访谈、体育、文化等，另有30多个音乐、新闻和体育类专业频道。

1948年，荷兰的菲利普公司和美国的RCA公司分别在巴塞罗那和马德里援助建立了西班牙最早的两家电视台，1956年开始提供正常的电视信号传递服务。20世纪60年代中期，电视完全进入西班牙社会，为民众接受，从而西班牙国家电视台（TVE）迎来了一台独霸的时代。在国家的民主化进程中，电视台通过一些系列片宣传民主思想。1982年社会工人党上台执政后，放宽对电视频道的限制，允许创办地方电视台，打破了国家电视台的垄断局面。20世纪80年代末，政府再次放宽政策，允许创建私人电视频道。1989年第一家私人电视频道“天线3台”（Antena 3）创建。90年代后期，西班牙出现收费的电视频道以及高清频道。

---

① UNdata，http：//data. un. org.

2009年，西班牙政府颁布法令，禁止国家电视台播放广告。鉴于巨额广告费将流向私营电视台，政府规定后者必须提供3%的年收入以资助国家电视台。

西班牙的电视台以满足观众需求和收视率作为制作节目的标准，各台之间竞争激烈。随着电视节目的增多，电视频道也有了综合和专业之分，共计100多个频道。

西班牙广播电视公司旗下的电台和电视台在20世纪80年代之前基本垄断了整个市场。但80年代之后，西班牙政府逐渐放松对广播电视的控制，允许成立地方和私营电视台。目前，西班牙的数字电视、高清电视频道越来越多，娱乐节目的质量也日益提高，以满足观众的需求和收视率为基本前提，实现了繁荣局面。但是，西班牙的经济危机和国家预算的缩减，严重影响到西班牙广播电视公司的生存与发展，使其处于历史发展中最脆弱时期。

三、西班牙当代传媒集团和通讯社的格局

20世纪末，西班牙的传媒集团加快重组步伐，涉足报刊、电视、广播、出版、电影制作等各大领域，实现跨行业的多元化发展。目前西班牙有大小14家当代传媒集团，除了西班牙广播电视公司享有国家资助外，其他均为股份有限公司或家族公司。较为重要的有：

（1）西班牙广播电视公司，拥有7个电视频道和6个广播电台，包括面向全球的西班牙国际频道和对外广播电台。

（2）PRISA集团，总部在马德里，西班牙首屈一指的集传媒、教育、文化和娱乐于一身的多元化集团，前身是1960年由波兰科（Jesús de Polanco）创办的桑迪亚纳出版社。目前旗下拥有西班牙发行量最大的报纸《国家报》，参与出版多家杂志，如《电影狂》(Cinemanía)、《滚石》等，在西班牙和拉美地区拥有400多家广播电台和多家电视台。

（3）Zeta集团，1976年该集团的第一份杂志《访谈》面世，两年后推出《加泰罗尼亚报》，1986年开始创办系列地方日报。最近几年涉足地方广播和电视制作。

（4）戈多集团，巴塞罗那第一家控股传媒集团，成立于1998年，主要由戈多家族控股。其前身是1881年戈多兄弟创办的《先锋报》和1906年创办的《体坛世界》，这两份报纸是西班牙新闻史上发行时间最长的报纸。目前该集团控制多家传媒的股份，拥有广播联盟20%的股份，掌控天线3电台（Antena 3 Radio）50%的股份。

（5）Vocento集团，成立于2001年，由邮报集团（Grupo Correo）和西班牙新闻公司（Prensa Española）合并而成。邮报集团在西班牙南部传媒中占有领导地位。西班牙新闻公司旗下的《ABC报》在合并后仍享有很大的自主权。

PRISA、Zeta 和 Vocento 是西班牙三家影响力最大的传媒集团，戈多集团则因为历史悠久而享有盛名。

西班牙的多数传媒集团是跨行业多元化的股份公司，通过发行报刊、出版书籍或制作电影起家，拓展业务很快，通过占领拉美市场实现初步国际化，之后又把资金投向欧洲市场。例如，PRISA 集团购入法国最大报刊《世界报》15%的股份。同时，国际控股公司也把触角伸到西班牙的传媒集团，目前由美国人掌控的自由收购控股公司已成为 PRISA 集团的最大股东。

西班牙现有 7 家较大的通讯社，分别是埃菲社（EFE）、欧洲新闻社（Europa Press）、阿尔塔斯新闻社（Altas-News）、科尔匹萨新闻社（Colpisa）、阿旺特新闻社（Avant Press）、媒体服务社（Servimedia）和伊比利亚美洲对话社（Diálogo Iberoamericano）。

埃菲社属于世界级通讯社，成立于 1939 年。现有 3 000 多名职业记者。该社从 110 多个国家和地区的 180 多个城市全天候地发送新闻。欧洲新闻社是 1957 年成立的私人通讯社。科尔匹萨新闻社成立于 1996 年，堪称西班牙纸质传媒领域最大的私营通讯社。

【思考题】

1. 简述西班牙新闻传播业历史发展的四个时期。
2. 识记埃菲通讯社、四大报纸和 TVE。

第六章

俄罗斯新闻传播史

俄罗斯是世界上面积最大的国家，约 1 700 万平方公里，人口 1.46 亿，人口中俄罗斯族占 77.7%。俄罗斯形成民族国家较晚，9 世纪前尚处于半原始社会，公元 882 年出现最早的国家形式——罗斯（Русь）。因其早期中心在基辅，19 世纪的史学家在“罗斯”前面加了地名“基辅”。公元 912 年，基辅罗斯的王开始世袭。俄国的王（皇）权只有两朝，第一个王朝是罗立克王朝（912—1598 年），第二个王朝是罗曼诺夫王朝（1613—1917 年）。基辅罗斯的后期，实际上是 15 个小公国的松散联合体，臣服于蒙古。1283 年莫斯科大公国建立，开始了民族统一。1547 年莫斯科大公始称“沙皇”。罗立克王朝 1598 年无嗣，15 年的王位战争后，1613 年全俄僧绅会议推举罗曼诺夫当沙皇。在莫斯科大公国时期的 1480 年，俄国形成中央集权，直到 1917 年二月革命前，俄国 400 多年来一直处于王（皇）权的高度集权统治之下，其新闻传播史也是典型的专制制度控制下的发展历史。

俄罗斯的现代新闻传播史分为沙皇俄国（简称沙俄）、苏联、俄罗斯联邦三个历史时期。由于该国长期处于专制制度下，因而前期是典型的新闻专制史。苏联时期，社会主义新闻业对世界产生过一定影响。苏联解体后，俄罗斯实行自由主义的新闻政策，新闻传播业开始商业化转型，但由于历史传统和现实政治的原因，媒体受国家的控制仍然较多。

一、早期的现代新闻传播业和新闻政策

1702 年 12 月，彼得一世下令在莫斯科创办印刷新闻纸，这是其文化改革措施中的一项内容。1703 年 1 月 2 日，官报《新闻报》（Ведомости）正式出版，成为俄国现代新闻传播史的开端。《新闻报》最初出版无定期，1815 年起改为日报，也是俄国最早的日报。该报一直发行至 1917 年年底，是该国创办最早、存在时间最长的官报。俄国最早的杂志也是官办的，即 1728 年俄国科学院接办《新闻报》后出版的《新闻报每月注

释》(Примечания)。

《新闻报》的最早出版地点：圣彼得堡要塞内的印刷所（陈力丹摄）

1756年，俄国的第一张非官方报纸《莫斯科新闻报》（Московские Ведомости）由莫斯科大学创办，全国发行，每周发行两次，初期偏重于传播科学知识和介绍西方思想观念。1917年，被苏维埃政权查封。

18世纪中期，俄国出现了有进步倾向的民营报刊，接着出现了一系列讽刺杂志。18世纪末，沙皇叶卡捷琳娜二世（1762—1796年在位）为维护统治，开始对民办报刊实行压制，传播民主主义思想的报刊全部被查封。1796年，沙俄正式建立书报检查制度。此后，历代沙皇对报刊出版的控制程度常常依个性时而松时而紧，这成为沙皇统治时期俄国新闻政策的特点。

亚历山大一世在位（1801—1825年）初期，放松了对新闻出版的管制，民营报刊数量有所增加。俄国出现了主张改革专制政体、实行立宪、废除农奴制的贵族青年自由派，史称“十二月党人”，他们出版了俄国最早的一批反对派政治刊物。在他们的宣传鼓动下，俄国产生了一批带有自由主义色彩的报刊。尼古拉一世（1825—1855在位）镇压了十二月党人起义，用一切手段强化专制制度。1826年，成立了“皇帝陛下内廷第三厅”，严密监视人民的思想动向。同年，制定了新的被称为“铁的法典”的书刊检查制度，并成立最高书刊检查委员会。1848年，鉴于对欧洲民主革命的恐惧，又特别成立了出版监督委员会。1848—1855年被称为俄国新闻史上“阴暗的七年”。

鉴于严酷的书报检查制度，俄国的反对派报刊或者秘密出版，或者不得不以谈论文学、哲学、科学等的面目出现。十二月党人起义失败后，俄国解放运动由贵族时期过渡到平民知识分子时期。革命民主主义者通过创办文学刊物巧妙地宣传政治主张，最有影响的杂志是《同时代人》（Современник，1836—1866年）和《祖国纪事》（Отечественные записи，1839—1884年）。1855—1868年，赫尔岑在国外同奥加辽夫合办文艺和政治丛刊

《北极星》(Полярная звезда)；1857 年，赫尔岑创办《钟声报》(Колокол)，连续出版 10 年，其间猛烈抨击沙皇专制制度和农奴制。

二、农奴制废除后沙俄的新闻传播业

(一) 俄国新闻传播业的迅猛发展

1861 年，亚历山大二世宣布废除农奴制。在解放农奴的前后，沙皇放宽了报刊不得讨论政治的限制，1865 年 4 月颁布了较为宽松的出版法，民营报刊由此纷纷得以出版。

1866 年亚历山大二世遇刺（未遂），他立即收回了对政治性报刊的放宽政策，《同时代人》、《俄国言论》等较为激进的刊物被查封。1872 年，当局修改出版法，恢复了书报检查制度，规定大臣会议有权对报刊限制出售、没收、禁登广告和勒令停刊。1882 年，颁布了《暂时出版条例》，规定报纸受三次警告即令其停刊。在严厉的控制下，民主主义报刊大多被取缔，一批标榜不问政治的大众化报刊和黄色报刊应运而生。

1866 年，彼得堡出现俄罗斯通讯社，该社曾在国内一些城市建立分社或办事处，出版《电讯通报》，但只断断续续存活到 1878 年。这是俄罗斯最早的通讯社。1894 年，俄国在彼得堡建立官方“俄国通讯社”，1914 年改名为“彼得格勒通讯社”。

农奴制废除之后，资本主义经济在俄国迅速发展起来。19 世纪 80 年代，基本完成工业革命，经济的发展给俄国新闻传播业带来了活力。19 世纪末到 1917 年，是俄国报刊发展速度最快、报刊种类最多的时期。彼得堡的《新时报》(Новое время，1868—1917 年）和莫斯科的《俄国言论报》(Русское слово，1895—1917 年）是当时最有影响的两家大报。《新时报》1876 年被转手给阿·谢·苏沃林（Алексей Сергеевич Суворин，1834—1912 年）后，成为俄国最大的商业日报。苏沃林还出资创办了几家报纸，成为俄国报业大王。《俄

沙俄时期唯一的报业主——阿·谢·苏沃林

国言论报》的创办人是伊·德·瑟京（Иван Дмитриевич Сытин），该报 1917 年的发行量超过 100 万份，是当时俄国新闻传播史上发行量最大的报纸。

（二）20 世纪初俄国的政党报刊

1898 年，俄国社会民主工党（苏联共产党的前身）成立，但是党的中央领导机构和中央机关报很快被沙皇警察查抄。1900 年 12 月，列宁与国外的马克思主义小组“劳动解放社”共同出版秘密报纸《火星报》（Искра）。在该报的组织下，俄国社会民主工党于 1903 年召开二大，党的组织机构得以恢复。

1905 年革命中，沙皇被迫承诺建立国家杜马（议会）、开放言论等，于同年发布《十月十七日宣言》，宣布公民享有言论自由，各种政党合法化。1905 年 11 月，布尔什维克和孟什维克分别出版了公开的日报《新生活报》（Новая жизнь）和《开端报》（Начало），由于较为激进，很快被查封。1907 年，革命浪潮回落，大约 130 家社会民主主义倾向的报刊停止出版。1912 年，出现了新的革命高潮，社会民主工党布尔什维克派创办群众性工人日报《真理报》（Правда，1912—1914 年），孟什维克派创办群众性工人日报《光线报》（Луч，1912—1914 年）。

ПРАВДА
Годъ изданія первый.
№ 1.
ОТКРЫТА ПОДПИСКА
„ПРАВДА“.
„ЗВѢЗДА“
Отъ редакціи.

1912 年《真理报》创刊号

三、苏联新闻体制的形成和发展

（一）早期苏俄的新闻体系

1917 年，二月革命结束了沙皇的专制统治。资产阶级临时政府于 4 月通过了出版法，规定各种政治派别都可以出版报刊。1917 年 3 月 18 日，《真理报》重新出版，并被确定为布尔什维克党的中央机关报。3 月 13 日，《消息报》（Известия）创刊，初期为布尔什维克、孟什维克和社会革命党联合编辑，后来布尔什维克退出编辑部。

十月革命后，建立了苏维埃政权，封闭了大资产阶级的商业报纸和对抗革命的反动报纸，多数小型商业报纸和众多党派报纸仍然自由出版，当时有商业性报纸 226 家、政党报纸 235 家。《消息报》编辑部在十月革命后改组，由布尔什维克主持。为了指导复杂的经济工作，苏维埃俄国人民委员会创办了《经济生活报》（Экономическая жизнь，1918—1937 年）和《贫农报》（Беднота，1918—1931 年）。国内战争中，原来与布尔什维克党共同执政的两个党，即孟什维克党和社会革命党被宣布为非法，报刊也被查封。到 1918 年年底，除了布尔什维克报刊外，其他报刊全部停刊。

十月革命后，彼得格勒通讯社则与苏维埃新闻局于 1918 年 6 月合并为国家中央通讯社俄罗斯电讯社，俄文缩写简称“罗斯塔社”。

从 1921 年起，苏俄实行新经济政策，新出现 400 家民营出版社和民营报纸。1922 年 9 月 17 日，苏俄第一家广播电台“莫斯科中央无线电话台”正式播音，同年 11 月 7 日，该台被命名为“共产国际广播电台”，后来转变为全苏广播电台。此后几年内，苏联（1922 年 12 月，苏维埃社会主义共和国联盟成立）各大城市纷纷建立了广播电台。

1921 年起，苏俄开始建设党领导下的报刊体系。除了党中央机关报《真理报》、苏维埃的《消息报》、经济工作的指导性报纸《经济生活报》和农村工作的报纸《贫农报》外，其他方面中央级的报刊陆续创办。例如，工会报纸《劳动报》（Труд）于 1921 年创办，军队报纸《红星报》（Красная звезда）于 1923 年创办，妇女刊物《女工》（Работница）于 1923 年创办，党的理论刊物《布尔什维克》（Большевик，后改名《共产党人》）于 1924 年创办，《共青团真理报》（Комсомольская правда）于 1925 年创办。

（二）斯大林新闻体制的确立

1924 年 1 月列宁逝世后，斯大林逐渐掌握了党和国家的领导权。在斯大林领导下，苏联建立起从中央到基层的报刊体系，所有报刊和广播电台均由各级党委直接领导。

斯大林式新闻体制的特点如下：（1）取消市场经济的报刊管理方式，代之以计划经济的管理模式。列宁逝世后，新经济政策实际上无疾而终。（2）以保密的名义实行新闻检查。承担这一任务的是1922年建立的“国家新闻保密局”，采用预检和事后检查两种方式。(3) 新闻媒介的主要作用均是宣传鼓动和组织群众，以事实的政治意义作为选择报道与否的首要标准。(4) 禁止外国报刊在苏联境内发行，建立干扰台，禁止公众收听外国电台的广播。

(三) 苏联新闻传播业前期的发展 (1925—1945年)

苏联报刊在1925年前后确立中央集权的管理体制后，发展迅速。至1928年，全国有报纸1 197种，总发行量940万份，各级各类报纸形成了从中央到地方的金字塔结构的基本格局。到1940年，报纸增加到8 806种，这是苏联历史上报纸种数最多的年份，总发行量3 840万份。

1925年7月10日，根据苏联部长会议的决定，在原罗斯塔社基础上，成立了塔斯社（TACC)。至1941年苏德战争爆发前，塔斯社已经成为世界性的通讯社之一。

原塔斯社（现俄通—塔斯社社址）

苏联的广播事业发展很快，到1928年，全国已有广播电台20座，收音机7万台；到1940年，超过100座，收音机110万台。苏联是世界上最早创办对外广播的国家之一，1929年10月，首次播出德语节目。苏联从1927年起研制电视广播，1939年在莫斯科和列宁格勒（今圣彼得堡）经常性的电视节目开始播出。

苏联的大众媒介，一方面为社会主义建设做了大量的宣传鼓动工作，另一方面也成为斯大林排除异己、制造党内一系列政治运动的舆论工具。

1941年6月，法西斯德国对苏联的突然进攻中断了苏联各新闻媒介的正常发展，它们立即调整，转入应战状态。战争期间，电视台被破坏，苏联的中央级电台和部分地方电台迁往东部。然而，这并没有阻碍全苏电台及时播出各种战报和战地通讯等。

（四）苏联新闻传播业二战后的恢复和发展

战后苏联新闻传播业的恢复较快，1947 年报纸恢复到 7 163 种，发行量猛增到 8 800万份。1983 年，报纸 8 273 种，一次总发行量达 1.7 亿份。20 世纪 80 年代初发行量最大的杂志是《女工》和《健康》，发行量均超过 1 000 万份。

1945 年 5 月 7 日，苏联在欧洲最早恢复正常广播。到 1946 年，苏联的广播功率超过战前。苏联加大对外广播的投入，到 80 年代中期，已有 13 座对外广播电台，无论播出语种、时间、人员还是功率，均居世界第一位。

1945 年 12 月，莫斯科电视中心在欧洲第一个恢复电视广播，1951 年正式建立苏联中央电视台。战后，塔斯社的工作转入正常，50 年代每天用五种文字发稿，向 36 个国家派驻记者。1961 年 2 月，苏联开办第二个通讯社——新闻通讯社，主要负责对外宣传。

（五）苏联 1986 年后的新闻改革

以 1986 年 3 月苏共二十七大为标志，苏联开始改革，新闻改革首当其冲。新闻媒介在自主权方面发生很大变化，信息量大增，报道面拓宽，批评性报道增多。揭露问题较多的报刊，发行量几十、上百倍地上升。

苏联的广播电视向来没有批评报道。1986 年以后，广播电台和电视台开始全面参与批评性、问题性报道。广播和电视一改过去不报、迟报或低调处理的做法，对重大突发性事件作了广泛、客观的报道。

1990 年 6 月，苏联颁布《新闻法》，宣布取消新闻审查制度，社会团体和公民有权办报，给予新闻工作者更多权利。苏联从原来的强控制直接过渡到全面开放，步伐太快，以致新闻报道中出现许多不负责任的煽动、虚假和低俗的内容，造成社会的不稳定。

四、俄罗斯联邦的新闻传播业

（一）报纸杂志

1.《共青团真理报》

《共青团真理报》（Комсомольская Правда）创刊于 1925 年，苏联解体后保留原报名，由“共青团真理报”出版公司出版，2007 年起隶属于“媒介—伙伴”集团，早已与共青团组织没有任何关系。《共青团真理报》原为社会政治大报，20 世纪 90 年代转型为大众化小报，突出娱乐性，政治题材的内容只占很小篇幅，较为活泼的风格吸引了不少年轻人。《共青团真理报》从 1993 年起另出一份周报，周报发行量远远超过日报，达到 300 多万份，日报发行量 70 多万份。

2.《莫斯科共青团员报》

《莫斯科共青团员报》(Московский комсомолец) 创刊于 1919 年，现在是莫斯科地区发行量最大的报纸，大型社会政治日报，与共青团没有关系，读者也不限于青年。该报由“莫斯科共青团员”出版公司出版，20 世纪 90 年代中期在日报的基础上组建了“莫斯科共青团员”媒介集团。该报是对开大报，一周六刊，周日不出报，2009 年 10 月起彩色印刷。该报注重迎合读者，重点报道大众文化、犯罪和体育新闻，发行量 70 多万份。

РОССИЯН СУДЯТ ЗА КУПЛЕННЫЕ В ПОДАРОК АВТОРУЧКИ
WWW.MK.RU
МОСКОВСКИЙ КОМСОМОЛЕЦ
МК
+ТВ ПРОГРАММА
САМАЯ НЕПРОСТАЯ СТАТЬЯ
МЕСТО ВСТРЕЧИ ВЫБИРАТЬ НЕЛЬЗЯ
ЗАЧЕМ НАМ ЯНУКОВИЧ
ФЛАГИ НАД ПОЛУОСТРОВОМ
РАЗЛУЧИТ ЛИ СУД НАВАЛЬНОГО С СЕМЬЕЙ
ХОТЯТ ЛИ РУССКИЕ МЕТЛЫ?

ТЕЛЕ ПРОГРАММА
Великие поэты
сегодня
ПЕТР ВЯЗЕМСКИЙ
www.kp.ru
КОМСОМОЛЬСКАЯ ПРАВДА!
ЕЖЕНЕДЕЛЬНИК
Итоги лотереи «Победа»
Все выигрыши - от 1000 руб. до квартиры
Скандальные бриллианты Людмилы Зыкиной снова выставляют на продажу
Сергей Светлаков: Второй раз женюсь точно. Но когда, не знаю...
Как привлечь папу к воспитанию ребенка
Выбираем модный наряд для выпускного

《莫斯科共青团员报》和《共青团真理报》

3.《消息报》

《消息报》原是苏联最高苏维埃机关报，1992 年 11 月在私有化过程中编辑部组建“消息报”股份公司。该报一度属于天然气工业—媒介集团，2008 年 5 月“民族媒介集团”从其手中购买了 50.19%的股份。该报是全国性日报，一周五刊，内容丰富，题材广泛。2005 年 2 月起，该报与美国《纽约时报》联合出版《消息报中的纽约时报》，随着主报发送，带来不少订户，该报发行量在 20 万份左右。2011 年 6 月该报，采用比对开小比 4 开大的 310×578mm 的版面。

4.《俄罗斯报》

《俄罗斯报》(Российская газета) 创刊于 1990 年，是日报，隶属于俄罗斯联邦政府。由于拥有行政上的资源，该报得以全国发行，2011 年 7 月统计发行量为 17 万份。《俄罗斯报》一周出版五期，对开大报，黑白印刷。

苏联解体后的俄罗斯杂志虽然种数变化不大，但发行量大大减少。原苏共中央的理论刊物《共产党人》改为独立杂志，更名为《自由思想》，发行量从 90 万份减少到 2 万份。

（二）广播电视

俄罗斯的广播电台有很多。隶属于全俄国家广播电视公司的两套国营广播节目（俄罗斯广播台和灯塔台）覆盖全国。民营广播电台规模不一，有大台也有小台，在莫斯科较有影响的电台是“莫斯科回声台”。

俄罗斯的对外广播电台大大缩减，现在有“俄罗斯之声”台（Голос России），属于单独的“俄罗斯之声国家广播公司”，国家所有。“俄罗斯之声”使用俄语和 38 种外语进行广播，报道俄罗斯的经济、文化和科技消息，并有一些广告。

俄罗斯的电视台，主要有公营的俄罗斯国家电视台（Россия）、文化台、体育台（原来的 TV－6），公私兼营的第一频道电视台（Первый канал）。民营电视台中，有影响的是“独立电视台”、“莲”电视台、第五频道电视台，以及首都地区的中心电视台（ТВЦ）。

俄罗斯国家电视台 24 小时滚动播出的新闻节目

（三）通讯社

1992 年 1 月 22 日，塔斯社和苏联新闻通讯社合并，成立“俄通社”。1 月 30 日起，该社使用“俄通—塔斯社”（ИТАР-ТАСС）的电头发稿，仍使用“塔斯”的缩写和发

民营首都中心地区电视台（ТВЦ）访谈节目

音，为的是保住世界性通讯社的地位。1993 年，俄政府宣布俄通—塔斯社为国家通讯社。1994 年，原苏联新闻社又从俄通社中分离出来，改称俄罗斯新闻社（РИА-новости），也是国家通讯社，其地位与俄通—塔斯社相同，是俄政府对外宣传的主要通讯社，侧重提供特稿和图片。

除了两个国营通讯社外，俄罗斯还有 16 家非国营的全国性通讯社和约 30 家地区性通讯社，以及一些媒介的信息部门（对外也称通讯社，近 300 家）。民营通讯社中最著名的是国际文传电讯社（Интерфакс）。

（四）媒介集团

俄罗斯存在三种类型的媒介集团：

第一种是以行政方式组建的国家所有的媒介集团，其代表是全俄国家广播电视公司（ВГТРК），这是国家单一制企业，享有国家津贴和政府提供的各种优惠，其任务是巩固统一的俄罗斯信息空间。该公司创建于 1991 年，目前旗下拥有多家全国性电视频道和 80 多个地方性的广播电视公司。2004 年，俄罗斯对全俄国家广播电视公司的资金投入总量达到 3 亿美元，占拨付给传媒行业总资金的 82.5％。[1] 目前，俄罗斯对全俄国家广播电视公司的投入不超过它总收入的 30％。[2]

第二种是由工业集团或金融集团组建的媒介集团。由于有强大的资金支持，这类媒介集团通常涉及多个媒介门类，规模较大。天然气工业—媒介集团（Газпром-медиа）

---

① Энциклопедия мировой индустрии СМИ. -М. 2006 г. с. 238.

② Средства массовой информации России. -М. 2011 г. с. 157.

是欧洲最大的媒介集团之一，业务涉及所有传媒领域，还拥有电影制作公司、电影院、广告公司等企业。①

第三种是由传媒自身通过商业化途径发展而来的，其中一些发展成了跨媒介集团，如“莫斯科共青团员”、“论据与事实”、“独立传媒”等媒介集团。它们先是通过市场化途径在报刊市场上积累了足够的资金，之后再向其他媒介领域扩张。

【思考题】

1. 简述俄国新闻传播史的特征。

2. 简述苏联时期的党和国家、军队的主要机关报。

3. 识记俄国19世纪的《新时报》及其所有人苏沃林，以及《真理报》、塔斯社和俄通—塔斯社、《莫斯科共青团员报》、俄罗斯国家电视台。

① Энциклопедия мировой индустрии СМИ. - М. 2006 г. с. 238.

第二编

美洲板块

美洲在欧洲殖民者到来之前，生活着处于原始社会和半原始社会的印第安人，随着哥伦布发现美洲，15 世纪末以后欧洲人陆续来到这块新大陆，直接将欧洲的文化（包括新闻文化）移植过来。早于英国人一二百年来到中、南美洲的西班牙人和葡萄牙人，由于新闻观念的落后，在其统治地区出现现代新闻传播业反而没有英国人统治的北美洲早。美洲以语言的分布来划分，可以大体分为西班牙语区、葡萄牙语区和英语区，这也是美洲国家新闻传播业传统差异的大体分界线。美洲国家中，美国从 20 世纪开始成为统领世界新闻传播业发展新潮流的国家，它在 19 世纪已开始对周边国家产生巨大影响，美洲国家的新闻体制基本遵循美国新闻体制的沿革，与欧洲国家有所不同。本编重点介绍北美美国和加拿大、中美墨西哥、南美巴西和阿根廷的新闻传播业发展史。

一个正在看报纸的出售 DVD 的摊贩（厄瓜多尔首都基多，2005 年）

第七章

美国新闻传播史

美国的历史很短。1607 年 5 月，104 名英国人乘船跨越大西洋来到现在的美国弗吉尼亚州的詹姆斯敦，建立了英国在北美的第一个殖民定居点。给美国历史留下最早文字记录的是《五月花号公约》。1620 年 11 月，五月花号（Mayflower）载着 102 名乘客，从英国普利茅斯港到达马萨诸塞州。上岸之前，41 名成年男子在船上签订《五月花号公约》，其中说道：

> 自愿结为一民众自治团体。为了使上述目的能得到更好的实施、维护和发展，将来不时依此而制定颁布被认为是对这个殖民地全体人民都最适合、最方便的法律、法规、条令、宪章和公职，我们都保证遵守和服从。

这是美国精神的最早体现：自治和法治。

从 1607 至 1733 年，英国殖民者在北美东海岸陆续建立了 13 个殖民地，即现在美国东北部的 13 个州。由于殖民地与宗主国矛盾的激化，1775 年 4 月 19 日，波士顿郊区莱克星顿打响了美国独立战争的第一枪。

1776 年 7 月 4 日，大陆会议通过《独立宣言》，宣告对英国独立，这一天即美国独立日。宣言的主要起草人是托马斯·杰斐逊。宣言中写道：

> 我们认为下述真理是不言而喻的：人人生而平等，造物主赋予他们若干不可让与的权利，其中包括生存权、自由权和追求幸福的权利。为了保障这些权利，人们才在他们中间建立政府，而政府的正当权利，则是经被统治者同意授予的。任何形式的政府一旦对这些目标的实现起破坏作用，人民便有权予以更换或废除，以建立一个新的政府。

1787 年各州代表参加的制宪会议通过美国宪法，建立联邦的权力机构，确立三权分立的原则。1791 年 12 月美国国会通过宪法第 1 至第 10 条修正案（统称《人权法案》）。

美国建国后发展迅速，不断向南、向西扩张。19 世纪中叶，美国领土贯通大西洋与太平洋，基本形成了现在 937 万平方公里的版图。也是在这个时期，美国经过南北战争最终确立了民主体制。

19 世纪末美国开始了对外扩张。1898 年，美西战争爆发，美国夺取了西班牙在海外的几乎所有领地。一战与二战，刺激了美国经济的发展。战后美国在政治、经济和军事方面的实力，跃居全球第一位。

基督教新教的价值观，深刻影响着美国的政治、经济和道德，对于民主、自由和物质财富的追求都可以在新教中找到根源。美国人有着强烈的国家认同和民族自豪感。

美国历史上有三位总统相当程度上仰仗新型媒体而当选，媒体也因此获得声誉。1933 年，富兰克林·罗斯福通过广播电台的“炉边谈话”营造出总统与人民休戚与共的氛围。1960 年，肯尼迪在电视辩论中赢得公众。2008 年，奥巴马利用 Twitter、Facebook、YouTube 等社会化媒体拉来选票。

一、美国新闻传播业的发展特点

（一）美国新闻自由政策的一气呵成

得益于没有传统的束缚，美国的新闻自由在经历了三次争取新闻出版自由的典型事件之后便在法律上得到确立。

第一件是 1735 年“曾格事件”。1733 年 11 月，《纽约周报》由于讽刺纽约州总督，出版商约翰·曾格被捕。在 1735 年 8 月的庭审中，律师汉密尔顿（A. Hamilton）论证了“谎言才构成诽谤”的原则，陪审团宣布曾格无罪。而按照英国的传统法律，凡是批评官员的，越是事实越构成诽谤。理由是：越是真实的批评，越会引起社会不安、破坏社会和平。“曾格事件”被认为是美国新闻出版自由观念的滥觞，并且推动了英国本土争取新闻出版自由的斗争。

第二件是 1765—1766 年同仇敌忾抵制印花税和纸张税。1765 年 11 月，英国向北美殖民地报纸征收印花税。当时各报共同的主张是：“美洲所有英王陛下自由而忠诚国民的共同声音是：自由、财产和没有印花税。”[①]《印花税法案》实施后收不上税，维持不足半年于 1766 年 3 月被废除。1767 年，北美人民又坚决抵制了英国征收纸张税，1770 年 3 月这项征税被废除。

第三件是 1791 年通过美国宪法第一修正案。1791 年 12 月，美国国会通过包括第一修正案在内的 10 条宪法修正案。第一修正案的全文是：“国会不得通过建立尊奉某一宗教或禁止宗教自由之法律；不得废止言论与出版自由或限制人民集会、请愿、诉

---

① 李明水：《世界新闻传播发展史》，299 页，台湾，大华晚报社，1985。

1735 年“曾格案”审理现场

愿之自由。”

自此，美国的新闻出版自由从法律上得到了确立。

美国新闻出版自由的当代发展，主要表现在公众获知政府信息的知情权方面。1966 年和 1976 年，《信息自由法》、《政府阳光法》先后在议会通过。前者规定各级政府部门的记录，如无特殊情况，应向任何公民开放；公民可就不理会或拒绝查阅政府资料的事实向法院起诉。1996 年通过该法的修正案，规定适用于政府纸质文件的标准亦适用于电子档案。该修正案规定政府各部门属于讨论性质的会议须向社会公开，各部门首长确定不能公开的秘密会议要征得该部门首席法律官员的同意才具有法律效力；公民认为某秘密会议应当公开者，可提出申请。

到 2000 年，发达国家均通过了信息公开法律；进入 21 世纪后，很多发展中国家也通过了全国性的信息公开法律，如印度、巴拿马等。

（二）美国是从党报时期转变到商报时期的典型国家

1775 年独立战争爆发，围绕着对于宗主国的态度和建国后的治国方略，美国的报纸形成不同的政治立场，因而报业进入党报时期。

1872 年，《纽约论坛报》（原名《纽约每日论坛报》）的创办者霍拉斯·格里利（H. Greeley）发表《独立报业宣言》，他说：“自今以后，我将努力使本报成为一份完全独立的报纸。”这被认为是美国党报时期结束的标志。因为国家的政治体制问题已经基本确立，人们的热情开始由政治转向了经济。与欧洲一些国家党报与商报长期并存的局面不同，继 1833 年创刊的第一份美分报《太阳报》成功之后，美国廉价大众化报刊大发展，各党派的机关报均主动停刊。

（三）美国新闻传播业 20 世纪初起引领世界新潮流

19 世纪末，美国的报业发展已与英国比肩，位于世界前列。美国出现了可与《泰晤士报》匹敌的权威报纸《纽约时报》和与英国北岩报团匹敌的斯克利普斯报团。

19 世纪末，美国发生的黄色新闻潮对于世界新闻传播业形成了深远的影响，然而这股“潮”在美国不久就被遏制。

广播最早在美国诞生。由于当时技术原因，广播频道有限，于是美国 1934 年的《通信法案》规定：美国领空的所有频道永远属于全体国民；频道的使用首先考虑公共利益；频道使用权的授予，依便利与需要的原则；由政府、社会名流、传媒代表组成的联邦通信委员会（FCC），依法协调频道有限与新闻自由的矛盾。这一措施对于世界广播电视业的发展影响很大。20 世纪末，由于传播技术解决了频道有限的问题，1996 年美国通过了新法案《电信法案》以体现“放松管制”原则，又一次影响世界，一时间非传媒业的大型企业集团规模化地兼并著名的传媒，在当时成为全球的看点。

（四）美国与欧洲国家的不同点

美国的黄色新闻潮退去后，庸俗报纸的风格基本被摒弃，以《纽约时报》为代表的高级报纸风格主导传媒市场，拥有声誉并获得利润。因此，黄色新闻的出产地却很少能看到它的痕迹。然而，《纽约邮报》是个例外，这是由于近年来默多克接手后的改观，而非历史的延续。

美国报纸的风格不像一些欧洲国家那样呈现清晰的两级（高级报纸与大众报纸）格局。美国除了对外广播“美国之音”外，所有广播电视是清一色的民营体制；而欧洲广播电视则是公营、民营并行体制。

（五）美国媒体的三个历史特征

第一，美国新闻传播业始终是新闻自由最积极的争取者与捍卫者，新闻的通路与这个国家一道成长。

第二，19 世纪中叶以后，美国的新闻传播业始终坚持政治独立、经济自立、报道中立等原则。传媒不属于政党与政府，依靠商业经营的模式实现财政独立，由此逐渐提出客观、平衡、中立等报道理念，成为社会中一种较为独立的舆论力量。

第三，美国主流媒体坚持扮演“第四权力”的角色。在一个自治的民主社会里，重要的公共问题由公民自己决定，而理性的选择依赖于公民获得确凿真实的信息，依赖于公民就相关的问题进行自由而公开的讨论，信息与讨论的平台的提供者便是传媒。[①]

二、美国新闻传播业的发展历程

（一）美国早期的现代报刊业

1690 年 9 月，印刷商本杰明·哈里斯在波士顿创办《国内外公共事件》月报，这是北美殖民地第一份有期号的报纸，但只出版一期就被州总督以“未经许可不得发行”为由禁止。所以 1704 年 4 月 24 日创刊的周报《波士顿新闻信札》（*The Boston News-Letter*），被视为美国第一张报纸，创办人是该地邮局局长坎贝尔（J. Compbell）。该报内容和形式仿照《伦敦公报》。

PUBLICK OCCURRENCES

The Boston News-Letter.

Published by Authority.

《国内外公共事件》和《波士顿新闻信札》

30 多年之后，即 1741 年 1 月，美国才出现第一家杂志《美洲杂志》（*American Magazine*），副标题是“英国殖民地政治状况每月观察”。当时，美国人没有阅读杂志的习惯。

① 参见张金玺、赵刚：《法律维度下的新闻自由》，见［美］彭伯：《大众传媒法》，译序，8 页，北京，中国人民大学出版社，2005。

1783 年 5 月 30 日，原来三日刊的《宾夕法尼亚晚邮报》（*Pennsylvania Evening Post*）改为日报，是美国的第一家日报。

（二）美国的党报时期

1775 年美国独立战争爆发后，几乎所有报纸立即被划分为“爱国”与“效忠”两派。美国建国后面临着决定国家未来政治体制的诸多问题，争论中形成联邦派和民主共和派。激昂的政治热情使得美国报刊，包括商业报刊大多卷入了各种政治、社会问题的论战，形成新的报刊两大派别。两派的报纸编辑从政治论战发展到人身攻击，甚至街头对骂和殴斗，报道亦无真实性可言。19 世纪 30 年代形成民主党和共和党，两党各有机关报。但这种情况持续的时间不长，这些报纸均自动停刊，因为商业化的美分报兴起，党报没有读者了。

（三）商报刊期的传媒发展

19 世纪中叶起，美国各大港口和商业中心城市都有了日报。随着印刷技术的多次改进，印刷成本从 19 世纪 30 年代起大大下降。19 世纪 30 至 50 年代纽约四家成功的美分报的创办和竞争，是美国大众化报刊发展初期的主要事件。

1833 年 9 月 3 日，本杰明·戴（B. Day）创办的《太阳报》（*The Sun*）是首家成功的美分报。该报出版四个月就成为美国发行量最大的报纸。1835 年 5 月 6 日，贝奈特（J. Bennet）创办《纽约先驱报》（*The New York Herald*）。1846 年，《纽约先驱报》最先向欧洲发行海外版。1841 年 4 月 10 日，格里利创办《纽约每日论坛报》（*New York Daily Tribune*）。该报避免详尽报道犯罪新闻，拒绝登载不道德的广告，对社会下层表现出同情。马克思 1851—1862 年为该报撰稿 11 年，他和恩格斯（以马克思的名义）为该报写了 500 多篇通讯。1851 年 9 月 18 日，亨利·雷蒙德（H. Raymond）创办《纽约每日时报》（*The New York Daily Times*），1857 年《纽约每日论坛报》报名去掉“每日”（daily）一词。1864 年雷蒙德成为共和党领袖，但该报不属于政党报刊。

1890 年前后，爱德华·斯克利普斯（E. W. Scripps）通过收购报纸而形成美国第一个报团。

19 世纪 80 至 90 年代是美国日报数量增长最快的 10 年，日报约有 1 500 种，这是一个与当今美国日报总数持平的数字，但那时美国的人口总数仅为现在的 1/3。此时，一种带有创新性质的更加大众化的报纸出现了。

1883 年 5 月 10 日，约瑟夫·普利策（J. Pulitzer）将接手的纽约《世界报》（*The World*）改换面貌出版。由于他善于制造热点新闻，采用耸动的标题和较多的新闻图片，报纸发行量从 1.5 万份飙升至 6 万份。1884 年他创办《星期日世界报》，发行量 10 万份；

1887年再办《世界晚报》，发行量25万份。其中，《星期日世界报》彩色漫画专栏“木泥屋巷”的主人公——一个光头、无齿、穿着黄色睡衣的小男孩，一时家喻户晓。

普利策的竞争者威廉姆·赫斯特（W. Hearst）1895年购买的《纽约新闻报》（*N. Y. Journal*），借鉴《世界报》的经验，将该报的一些新闻手法进一步发挥（例如滥用图片甚至伪造图片；捏造新闻，侈谈科学以迷惑读者；对于被压迫者和弱者表示虚伪同情；等等），用重金挖走了《星期日世界报》的整个编辑部，黄孩子也被照搬到了《纽约新闻报》。普利策重新组织编辑部出版《星期日世界报》，并请另一位画家继续画黄孩子漫画。

黄色新闻潮的标识——黄孩子

当时的《太阳报》老板德纳引用旁人的话，称这两家报纸为“黄色报纸”。以后，它们所特有的那种煽情新闻，被称为“黄色新闻”。1896—1898年，美国与西班牙之间发生一系列冲突，最后爆发美西战争。一些新闻史学家认为，这场战争相当程度上是由《纽约新闻报》、《世界报》和其他黄色报纸一再鼓吹战争、制造一系列挑动美国人反西情绪的事件而引发的。

在对抗黄色新闻潮中，美国高级报纸的传统逐渐形成。1896年，阿道夫·奥克斯（Adolph Ochs）获得《纽约时报》的经营权。他针对黄色新闻潮，从1896年10月5日起，每天在报纸的左上角均刊登一句话：“本报所有新闻都是值得刊载的”（All the news that's fit to print）。报纸刊出广告词为：“本报不会玷污早饭的餐巾。”该报独家国际新闻较多，内容翔实可靠，受到各方面的信任。同时报纸多次拒绝接受政府和政党的赞助，树立了独立、公正的形象。1912年《纽约时报》在总编辑范·安达（Van Anda）的组织下，成功地连续报道了泰坦尼克号冰海沉船的新闻，为该报赢得

阿道夫·奥克斯

良好声誉。至今该报的走廊里还刻着当年奥克斯的报训："公正地报道新闻，不畏惧或不偏私，不卷入任何政党、派别和利益之中。"

1908 年 11 月 25 日，87 岁的玛丽·贝克·艾迪夫人（Mary Baker Eddy，1821—1910 年）在波士顿创办《基督教科学箴言报》（*The Christian Science Monitor*）。该报追随《纽约时报》开创的严肃报纸传统，每天在报纸左上角刊登一句话："不伤害人，而祝福全人类"（To injure no man，but to bless all mankind）。

1900 年，美联社（the Associated Press，AP）正式成立，此前这类通讯社美国各地有不少，大都叫"联合新闻社"。在各地的联合新闻社中，芝加哥的"西部联合新闻社"较有影响。1900 年经联邦最高法院判决，芝加哥的这个联合社迁往纽约，与那里的联合社改组为现在的美联社。

1923 年两位刚从耶鲁大学毕业的学生布里顿·哈登（B. Hadden）和亨利·卢斯（H. Luce）在纽约创办新闻周刊《时代》（*Time*）。该刊浓缩一周事件，以轻松自然的讲故事风格，满足了忙碌的人们对于新闻的需求。1933 年 2 月，一家同类的杂志《新闻周刊》（*Newsweek*）在纽约创刊。1948 年《美国新闻与世界报道》（*U. S News & World Report*）在华盛顿创刊。至此三大新闻周刊鼎立的局面形成。

（四）美国广播电视业的诞生与发展

在美国报刊业突飞猛进地发展之际，美国的广播业也迅速发展起来。1920 年 11 月 2 日播音的匹茨堡 KDKA 广播电台，被视为美国第一家电台，该台为美国西屋电器公司（Westinghouse Electric Corp.）所设，至今仍在播音。1926 年 11 月，戴维·萨诺夫（D. Sarnoff）在纽约创建美国全国广播公司（National Broadcasting Company，NBC），第二年建成以 WEAF 电台为旗舰的红色网和以 WJZ 电台为旗舰的蓝色网。1927 年 9 月，纽约 16 家电台建立联播网，第二年 9 月，在该网财政危机之时被威廉·佩利（W. Paley）接管，改名哥伦比亚广播公司（Columbia Broadcasting System，CBS）。根据《反托拉斯法案》，美国最高法院裁决 NBC 出售其两个广播网之一——蓝色广播网，诺布尔（E. Noble）以 800 万美元购得该网，于 1945 年 4 月建立美国广播公司（American Broadcasting Company，ABC）。

至此，美国广播业形成了 NBC、CBS 和 ABC 这三大广播公司鼎立的局面，直到 20 世纪 80 年代默多克新闻集团的 FOX 广播公司出现。

1934 年，美国议会通过了《通信法案》，依法成立联邦通信委员会。该委员以各方协商的方式颁发许可证，保证频道的使用符合公共利益。

美国 1930 年进行了成功的电视试验播出。1939 年 4 月 30 日，NBC 电视台转播了世界博览会的场面，并由此开始播出每日定时的电视节目。1941 年 5 月 2 日，FCC 向

10 家电视台颁发执照，美国电视业正式起步。

二战期间，美国开办了迄今唯一直接由政府控制的广播电台——美国之音（VOA），负责对外广播。在反法西斯的背景下，1942 年 2 月 24 日，美国之音以德语首次对外播音，后来陆续增加到 44 种语言（1996 年）。二战后的“冷战”期间，它曾是反共的主要宣传机构之一。VOA 现在由联邦政府国际广播局（Broadcasting Board of Governors）负责运营。

1967 年 11 月，美国《公共广播法》生效。第二年 3 月，根据这一法律建立公共广播公司（CPB），这是全国性非营利的民营公共广播电视管理机构。

1972 年 11 月，美国首家有线电视网“家庭影院网”（HBO）开播。1980 年 6 月 1 日泰德·特纳（Ted Turner）创办美国有线新闻网（Cable News Network，CNN），首创 24 小时滚动播出的电视新闻频道。对于 1990 年柏林墙倒塌事件和 1991 年第一次伊拉克战争，CNN 的连续直播使得它在国际上名声大振。

1996 年，微软与 NBC 合作开播新闻频道 MSNBC，FOX 电视网随后也推出 FOX 新闻频道，CNN 在新闻频道领域独家垄断的局面被打破。

随着传播新技术的发展，1934 年《通信法案》的一些限制已经不利于传播业整体的发展。1996 年美国议会通过了《1996 年联邦电信法》，废除一个公司对全国范围内广播电视所有权的限制，允许电话公司和有线电视台之间相互进入。但一家电视公司的全国电视受众覆盖率不得超过 35%（2003 年这个限额提升到不得超过 45%）。参众两院均以少有的绝对多数票通过该法案。新法案随即引发了对美国广播电视业前所未有的兼并浪潮。

2007 年，美国所有电视台完成了数字化转型。

三、美国新闻传播业目前的格局

（一）报纸

截至 2011 年，美国有日报 1 382 种，周报和其他专业性报纸近万种。美国是世界上报业最发达的国家之一。下面叙述的是不仅在美国而且在世界上较为闻名的美国报纸。

1.《纽约时报》

《纽约时报》（*The New York Times*）自 1896 年奥克斯主持工作以后成为美国第一大报。1935 年奥克斯逝世后，该报由奥克斯的女婿苏兹贝格（A. H. Suzberger）经营。目前时报公司的董事会主席是奥克斯的曾外孙小阿瑟·奥克斯·苏兹贝格。公司旗下有《纽约时报》、《国际先驱论坛报》、《波士顿环球报》等知名报纸。小阿瑟重视报纸的数字化发展，重视报网互动、网络信息付费、开发数字产品和利用社交网络为品牌服务。2011 年 3 月，纽约时报网站开始向用户收费，建立收费墙（paywall）制度。《纽约时报》的主要收入来源有史以来第一次从广告主变成订户。

The New York Times

Fearful of Restive Foreign Labor, Dubai Focuses on Reforms

More Home Foreclosures Loom As Owners Face Mortgage Maze

Ex-Home Depot Chief Taking Reins at Chrysler

USA TODAY

20 years later, Rose is seen in new light

Artist's portraits of a 'King'

Martha's Vineyard abuzz about Obamas

Newsline

Cash for clunkers to end Monday

Why Favre came back

Afghans' next test: Tallying votes

INSIDE: INAUGURATION GUIDE

THE WALL STREET JOURNAL.

Obama to Call for a New Era of Responsibility

Fiat Nears Stake in Chrysler That Could Lead to Takeover

U.K. Boosts Its Bailout As Bank Losses Rise

What's News

现在的《纽约时报》、《今日美国》和《华尔街日报》

2.《华盛顿邮报》

《华盛顿邮报》（*Washington Post*）是在美国首都发行的报纸，被视为美国第二大报，1877 年由哈钦斯（Stilson Hutchins）创办。1933 年，该报第四任老板迈耶（E. Meyer）接手时只有 5 万份发行量。1946 年，报纸由其女婿格雷厄姆（P. Graham）任发行人。1963 年格雷厄姆因精神分裂症自杀，其妻凯瑟琳（Katharine Graham）接手主持报纸工作。1972 年，该报的两名记者伍德沃德和伯恩斯坦追踪报道“水门事件”，最终导致总统尼克松的辞职。此事使该报名声大振。1979 年，唐纳德·格雷厄姆（Donald E. Graham）从母亲那里接手掌管报纸。2013 年 3 月，《华盛顿邮报》效仿《纽约时报》，建立网上阅读的“收费墙”。2013 年 8 月，网络购物公司亚马逊创始人杰夫·贝索斯以 2.5 亿美元现金收购《华盛顿邮报》。

3.《洛杉矶时报》

《洛杉矶时报》（*Los Angeles Times*）是美国西部的主要报纸。1881 年 12 月 4 日由托马斯·加德和内森·科尔创办，1882 年 8 月被转手给奥蒂斯（H. Otis）。1917 年奥蒂斯逝世后由他的女婿哈利·钱德勒（H. Chandler）接手该报。1922 年，该报首创报纸经营广播电台。1960 年，钱德勒三世使该报成为世界上“最胖”（指报纸的开本）“最重”（指报纸的版数）的报纸。2000 年 3 月，芝加哥的“论坛公司”以 81 亿美元并购该报的母公司时报镜报集团，新的老板对该报进行“瘦身”，但保持了美国西海岸的文化特色。

4.《今日美国》

1982 年 9 月 15 日，甘尼特报团（Gannett Co.，Inc.）第三任董事长艾尔·纽哈斯（Al. Neuharth）创办了这一唯一全国性发行的报纸。《今日美国》（*USA Today*）以天蓝为主色彩色印刷，以大图片加短文章向电视新闻靠拢，长期居美国报纸发行量首位（约 200 万份）。

5.《华尔街日报》

《华尔街日报》（*The Wall Street Journal*）是道琼斯公司创办的一份财经专业报刊，创刊于 1889 年。从 1940 年起，该报发展为以金融新闻为主的综合性报纸。2007 年，默多克以 56 亿美元收购道琼斯公司，从而将《华尔街日报》收入囊中。该报拥有全球最大也是最为成功的付费新闻网站。《华尔街日报》的发行量与《今日美国》相当，是美国发行量最大的报纸之一。

（二）杂志

美国的杂志约有 1 万种，各种类型中有代表性的杂志均对世界有较大的影响，这些杂志通常是媒介集团的旗帜。例如，萨缪尔·纽豪斯创建于 1922 年的前进出版集团（Advance Publications），其麾下的康泰纳仕出版公司在全球 25 个市场拥有 125 本杂志，《时尚》（*Vogue*）、《智族》（*GQ*）、《名利场》（*Vanity Fair*）、《纽约客》都在其名下。这里只叙述美国最重要的几家。

《时代》和《妇女日》杂志

1. 三大新闻周刊

在新闻周刊中，《时代》一直保持着声望和发行量美国及世界第一的地位，现发行量 300 多万份。1964 年卢斯退休（1967 年逝世）后，该刊换了两任老板。1989 年时代公司与洛杉矶的华纳兄弟公司合并为时代华纳公司。《新闻周刊》1933 年由托马斯·马丁创办，1961 年被华盛顿邮报公司收购后，发展成为美国第二大新闻周刊。2010 年 8 月 2 日，该刊以 1 美元（负债 4 700 万元）出售给音响业巨头西德尼·哈曼（Sidney Harman）。其家族从 2013 年起将该刊改为网络版。《美国新闻与世界报道》1948 年由戴维·劳伦斯将《美国新闻》与《世界报道》合并而成。1984 年该刊转手给 M．朱克曼。2010 年 10 月，该刊改为网络版。

三份周刊中，《新闻周刊》通常被视作观点立场比《时代》和《美国新闻和世界报道》更自由，而《美国新闻与世界报道》的观点立场则最为保守。

2.《读者文摘》

1922 年华莱士（Wallace）夫妇创办了这份文摘类的杂志，专门转载其他刊物上的文章，内容通俗而严肃。《读者文摘》（*Reader's Digest*）长期占据美国杂志付费发行量首位，最高发行量超过 3 000 万册。该刊用 21 种文字、50 个不同版本出版，覆盖 70 多个国家和地区。2008 年和 2013 年，该刊两度申请破产保护。

3.《国家地理杂志》

《国家地理杂志》（*National Geographic Magazine*）是美国和世界发行量最大的科学杂志，由美国国家地理学会主办，创刊于 1888 年。宗旨是“提升与传播地理知识，促进世界文化、历史与自然资源的保存”。最高发行量达到 1 000 万册，目前发行 445 万册。杂志的图文水平均为上乘，在全球有 30 种语言版本。

4.《纽约客》

《纽约客》（*The New Yorker*）是美国知识、文艺类综合杂志，1925 年 2 月由哈罗德·罗斯（Harold Ross）和他的妻子简·格兰特（Jane Grant）创办。现在每年出版 42 期周刊另加 5 个双周刊。该刊为有高等教育背景的人喜爱的通俗杂志。

5. 女性杂志

美国的女性杂志繁多，且发行量惊人。2011 年，美国发行量排名前十位的杂志中，女性杂志占四席，分别是《美好家园》（*Better Homes and Gardens*，发行量 765 万份）、《好管家》（*Good Housekeeping*，434 万份）、《妇女日》（*Woman's Day*，386 万份）、《家庭圈》（*Family Circle*，381 万份）。

6.《AARP》

该刊是美国和世界发行量最高的期刊，2002 年由《现代成熟》（*Modern Maturity*）与《我这一代人》（*My Generation*）杂志合并而来，美国退休人员协会（American Association of Retired Persons，AARP）主办，最高发行量达到 3 800 万册，目前发行量 2 239万。庞大的发行量很大程度上基于 AARP 的会员制，凡美国退休人员协会的会员都可以免费获寄该刊。

7.《花花公子》

1953 年，由休奇·赫夫纳（Hugh Hefner）创办的成人娱乐性新闻杂志。《花花公子》（*Playboy*）常以裸体女郎的彩色画页作为招徕，亦有一些严肃的政治经济新闻和评论文章。该刊的发行量最高达到 720 万册，目前 311 万册。以兔子形象为商标的各种“花花公子”品牌的产业随之在美国和世界其他地方发展起来。

（三）通讯社

1. 美联社

美联社正式建立以来，其影响力逐渐超过欧洲的老牌通讯社。该社是报联社体制，有 1 700 家报刊和 5 000 家广播电视台入股，国内外订户 1.5 万户，全球有分社 300 多个。该社总社使用英语、德语、法语、荷兰语、西班牙语（主要对拉丁美洲）发稿，分社则译成当地文字，总的来说使用语言达 100 多种。

美联社华盛顿总部大门

2. 合众国际社

1958 年，斯克利普斯报团的合众社和赫斯特报团的国际新闻社合并，形成美国第二大通讯社——合众国际社（United Press International，UPI）。两社合并后，受斯克利普斯—霍华德报团控制。1982 年，斯克利普斯—霍华德报团将其出售后，该社所有权几度易主，2000 年起产权为新世界通信公司（New World Communication）所有。该社国内外分社共有 200 多个，国外订户 6 400 家，使用语言 48 种。

3. 彭博社

这是一家新型的信息公司，1981 年由纽约前市长迈克尔·彭博（Michael Bloomberg）创办。彭博社（Bloomberg L. P.）主要提供金融信息，为全球各地的公司、新闻机构、金融和法律专业人士提供有关时事行情，金融市场历史数据、价格、交易信息等的新闻和通讯。该社在世界各地有 192 个办事处、超过 1.5 万员工，拥有 130 个新闻分社和 2 000 名新闻人员，还拥有彭博电视台（10 个财经频道）、广播电台和《彭博市场》杂志。

（四）广播电视

美国的广播电台约有 9 000 家，电视台 1 500 家。有影响的广播电视台一般属于更大的广播电视系统或公司。尽管传播技术发展迅速，但目前影响力最大的是四大无线广播网（NBC、CBS、ABC 和 FOX），以及 CNN 和卫星电视网。这些广播电视网的所有者在不断的兼并中常有变更，但节目的运行基本不受影响。

1. NBC

这是四大广播网中资格最老的，1986 年起为通用电气公司所有。NBC 拥有 10 家直属电视台和近 200 家附属电视台（附属台是指签订合同入网的台）。

在埃及播出的 NBC 电视新闻画面（2010 年）

2. CBS

CBS 1955 年超出 NBC 成为美国第一大广播公司。1999 年起为维阿康姆公司所有。它拥有 14 家直属电视台，近 200 家附属电视台。2006 年，与华纳兄弟公司合作创办了美国第五大电视网——CW。

3. ABC

ABC 拥有 8 家直属电视台，近 200 家附属电视台。1995 年被迪士尼公司（The

Walt Disney Company）收购后，其优势主要体现在娱乐领域。

4. FOX

FOX 建立于 1987 年，为默多克的新闻集团所有。在 2003 年第二次伊拉克战争的报道中独占鳌头，名声从国内扩展到国际，因而被视为美国第四大广播公司。目前拥有 25 家直属电视台和 175 家附属电视台。

（五）综合性媒介集团

美国的媒介集团最初是报团，现存的老牌报团大多已变为以报刊为主业的包括其他新型媒介形态的综合性集团。例如，1906 年形成的甘尼特报团拥有 82 份日报和其他 600 种印刷刊期、23 家电视台。

以下是较新的有代表性的综合性媒介集团：

1. 时代华纳公司

该集团由四大部分组成：时代公司、华纳兄弟公司、特纳广播公司（CNN 在其麾下）、美国在线公司。前两者 1989 年 3 月合并为时代华纳公司（Time-Warner Inc.），1995 年再与特纳广播公司合并，2000 年再与美国在线合并，成为当时美国和世界第一大媒介集团。

时代华纳公司总部（纽约）

2. 迪士尼公司

迪士尼公司起家于1923年的“迪士尼兄弟动画工作室”，1928年凭借“米老鼠”打开市场。1995年，迪士尼公司收购ABC。该公司除了几家著名的动画制作公司外，因为收购了ABC而一共拥有11家直属电视台和228家附属电视台。

3. 新闻集团

默多克的美国新闻集团（News Group）拥有FOX公司、哈珀-柯林斯公司、三角出版公司、直播电视公司、《纽约邮报》和《华尔街日报》等重要传媒和传播公司，以及其他一些电影公司、电视台、报刊、出版公司和音乐公司。

4. 维亚康姆公司

萨默·雷石东（Sumner Redstone）拥有的这个公司主要经营MTV和一个儿童频道。1994年，维亚康姆公司（Viacom）收购派拉蒙电影制作公司；1999年，收购CBS。2005年，该公司拆分为两家上市公司：维亚康姆公司和CBS公司，后者主要经营广播电视业。

【思考题】

1. 简述美国新闻出版自由政策形成的大体过程。

2. 简述美国媒体的三个历史特征。

3. 简述1934年美国的《通信法案》和1996年美国的《电信法案》对世界传媒业的影响。

4. 识记美国三大报纸、四大广播公司、三大新闻周刊、四大综合性媒介集团和两大世界性通讯社。

第八章

加拿大新闻传播史

加拿大为世界上面积第二大的国家，998 万平方公里，人口约 3 600 万。这里原是印第安人和爱斯基摩人的散居地。1608 年，法国人在加拿大建立了第一个定居点魁北克，仅有 28 个人。从 1628 年起，英、法为争夺现在加拿大的东南部，相互对峙了 140 年。1756—1763 年的两国“七年战争”，最终确定了英国对加拿大的统治。

1867 年，加拿大成为自治领——加拿大联邦，当时只有安大略、魁北克、新斯科舍、新不伦瑞克四个省，人口 125 万。其他省区是后来逐步加入的。1931 年，加拿大的内政外交正式脱离对英国的从属关系，得到了完全的自治权，成为英联邦成员国。1949 年，纽芬兰省最后一个加入加拿大，从而形成现在的加拿大。1982 年，加拿大拥有独立宪法权。

1872—1881 年修建的横贯大陆的加拿大太平洋铁路，促进了加拿大的统一和经济发展。1858 年在弗雷泽河沿岸和 1896 年在育空河支流克朗代克沿岸发现黄金，促进了移民的集中。

加拿大经历了 20 世纪的两次世界大战，一次大战死伤 23 万军人，二次大战死伤 10 万军人，每次动员了全国十分之一的人口参战。如今，首都渥太华市中心高耸的战争纪念碑，凝聚着加拿大的民族意识。

一、加拿大二战前新闻传播业的发展

（一）英国殖民时期加拿大的新闻传播业

法国人在加拿大殖民时期，因小农的生产模式和人口极为分散，而没有新闻需求。以现在加拿大的领土为界，加拿大最早的现代新闻传播业，开始于 1752 年 3 月 23 日出版的《哈利法克斯公报》（*Halifax Gazette*）。这是由英国殖民当局出版的官报，存在了 100 多年，内容只有当地的商业和官方信息，不承担报道外部世界的职责。加拿大第一家杂志也是在这个地方出版的，即约翰·豪 1789 年创办的《新科斯舍杂志与文学、政治、新闻综合评论》（*Nova Scotia Magazine and Comprehensive Review of Literature, Political and News*），只存在了三年。

英国最初统治的加拿大，仅指现在加拿大的东部和东南部几个互不相干的殖民省，每个省有一二家规模很小的报纸。其中，较重要的是当时最大的城市蒙特利尔出版的英、法文《商业与文学公报》，1778 年由弗·梅普莱创办，其英文版出版至今。1813 年，加拿大有报纸 20 家；1857 年，发展到 291 家（大多数是周报）。

1817 年起，加拿大的报纸得以报道议会新闻。1835 年，记者约瑟夫·豪（后来成为政治家）在新科斯舍省的报纸上发表了一封批评某官员的信而以诽谤罪受到审判，但打赢了官司。此案例开创了加拿大新闻自由的传统。加拿大报纸在政治上的表现一般并不激烈，政府对此的干预也有限。

1844 年，乔治·布朗（后来的自由党领袖）在多伦多创办英文《环球报》（*The Globe*）。该报创办仅两个月，便购进加拿大第一台滚动印刷机，并于 1853 年使用新式轮转印刷机。1858 年，在尚未与东部贯通的西部，温哥华岛的维多利亚出版了英属不列颠哥伦比亚地区最早的报纸《维多利亚报与英属美洲》。

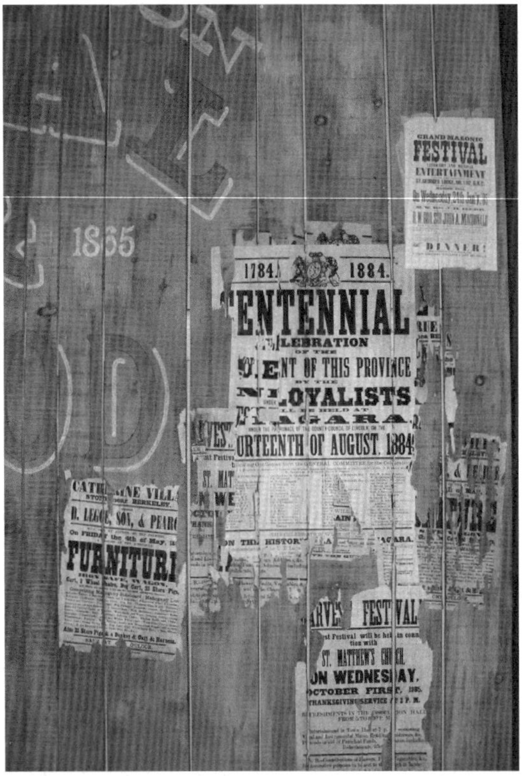

渥太华博物馆中贴在板墙上的 19 世纪加拿大旧报纸（陈力丹摄）

（二）1867—1945年：历经萧条与繁荣的加拿大新闻传播业

随着加拿大太平洋铁路从东部向中部、西部的延伸，沿线出现一系列新兴城市，同时也就出现了城市的报纸。例如：在温尼伯，1872年创刊《马尼托巴自由新闻报》（后改名《温尼伯自由新闻报》）；在埃德蒙顿，1880年创刊《埃德蒙顿公报》；在铁路的西部终点城市温哥华，1886年创刊《新闻—广告报》（现在《温哥华太阳报》的前身），该报第一个在西部使用轮转印刷机。靠近北极圈、人烟稀少的育空地区，也在这一时期出现了第一家报纸《育空河午夜太阳报》。1871年，《加拿大图片新闻》第一次刊登新闻照片，图为蒙特利尔新海关。

第一家成功的大众日报是1869年在蒙特利尔创刊的《明星报》（*Star*）。加拿大的第一家日报《广告者日报》创刊于1833年，但日报的普及则在半个世纪之后。第一次世界大战前，从美国和欧洲来加拿大的移民约300万，加拿大人口达到800万，成为世界上经济发展速度最快的国家之一。在这种情况下，大部分周报变成日报，完全商业化经营，并且几乎所有报纸的发行量都在增长。1900年，蒙特利尔的法文大众报纸《新闻报》成为加拿大发行量最大的报纸（6.7万份）。1911年，加拿大的日报种数达到历史最高纪录，即143种。

1895年，多伦多的《邮报》与《帝国报》合并为《帝国邮报》，1936年该报又与《环球报》合并为《环球邮报》（*The Globe and Mail*）。1899年约瑟夫·阿特金森在一家破产报纸的基础上创办了《多伦多明星报》（*Toronto Star*）。

加拿大的报刊业走内向型发展的道路，某一地方出现某几家报刊，只要经营有方，占领了市场，就会长期存在和发展下去，报刊的分布大体尘埃落定。新的竞争主要表现在报刊所有权的转移和集中方面。

1904年，在安大略省伦敦市起家、经营了二十几年报业的威廉·索瑟姆（W. Southam），成为加拿大第一个报团的业主，拥有两家日报以及一些小报刊。1944年，索瑟姆报业公司的股票上市之时拥有7家日报和许多小报刊。

另一位加拿大人罗伊·汤姆森（R. H. Thomson），20世纪30年代初在安大略省偏僻的乡镇默默无闻地经营一家小电台和一家乡镇报纸。但到1953年，他已拥有约30家地方性报刊。20世纪70年代，汤姆森报业公司发展成为跨国大报团。

（三）广播电台在加拿大的创立

1920年年底，蒙特利尔的XWA电台开始每天定时播出节目。到1927年，加拿大全国已有广播电台75座，遍布各省。到20世纪50年代初，几乎所有家庭拥有收音机。

1932年，加拿大成立了无线电广播委员会，它既是广播电台的管理机构，同时又借助民营广播转播台作为覆盖方式，播出全国性节目。这是一种独特的公私结合、公营主导的单一广播模式。1936 年 11 月，公营加拿大广播公司（CBC）建立，继续通过民营广播转播台来覆盖全国。

二战前，加拿大没有电视台，但在 1949 年，加拿大人已拥有了 3 600 台电视机，美国的电视节目越过边界被加拿大人免费接收。

二、加拿大二战后新闻传播业的发展和特点

（一）加拿大报业的垄断

加拿大二战后的新闻传播业走向垄断。1930 年，99 位报业主拥有 116 家日报；到 20 世纪 90 年代，索瑟姆报业公司和汤姆森报业公司，控制着加拿大七成以上的日报和大量期刊。

二战后，加拿大陆续出现了十几个报团。1993 年，后起的霍林格公司（Hollinger Inc.，老板康拉德·布莱克）成为历经五代的索瑟姆报团的最大股东。1995 年，该公司从汤姆森报团手中买下加拿大的 19 家地方性日报。1998 年，布莱克在多伦多创办新报纸《全国邮报》（*National Post*）。

2000 年，霍林格公司将其麾下的大多数报纸，包括《全国邮报》卖给加西环球传播公司（CanWest Global Communications Co.）。2007 年，霍林格公司在董事长布莱克入狱后，宣布破产。2010 年加西环球传播公司也申请破产保护，并将其电视业务卖给了电信传媒公司肖传公司（Shaw Communications），报纸业务卖给了格弗雷（Paul Godfrey）的邮报媒体网络公司（Postmedia Network Canada Corp.）。

混乱之中，老牌的加拿大贝尔公司（Bell Canada）一揽子拥有了加拿大最大的民营电视公司（CTV）、最大的全国性报纸《环球邮报》、主要网站 Sympatico-Lycos 和多伦多的数字卫星台 Express Vu。

加拿大报刊业的垄断程度，达到 80%，仅次于澳大利亚，在发达国家居第二位。

（二）广电业实行公营、民营并行体制

1958 年，加拿大成立管理民营广电的广播理事会（BBG），这意味着加拿大实行公营、民营并行的广电体制。1961 年 10 月，民营的加拿大电视网有限公司（CTV）获得批准，两年后在加拿大全国实现直播联网，打破了 CBC 的垄断地位。1968 年，加拿大广播电视委员会（CRTC）替代了 BBG，同时管理各民营台和 CBC。

（三）加拿大与美国的文化冲突

早在20世纪20年代，就有人在杂志上发表文章，谈到美国文化对加拿大的“入侵”。1960年，加拿大首次规定广电节目中加拿大内容的比例为55%。1976年，著名的《C-58法》，加重了从美国向加拿大播放广告的税收，从而使流向美国的广告转向国内，引发美制定对策性法律。这场斗争持续了10年，最后似乎加拿大方面略胜一筹。

在加拿大国内，英语居民与法语居民从建国时起就存在文化冲突，因而政府规定英语和法语同为国语。广电媒介主要使用这两种语言，并同等看待。在报刊方面，法语报刊也有相当重要的地位。加拿大有100多个民族（现代民族70多个，土著民族20多个），几个人口超过1%的少数民族，例如讲意大利语、德语、汉语的加拿大人，出版了自己语言的报刊。

（四）加拿大新闻传播业的特点

加拿大的报纸不像美国那样经历了明显的党报时期，报纸的党派色彩没有美国那样强烈。加拿大历史上多次大规模的移民，构成加拿大新闻传媒业多民族和多文化的特征；报业内向型发展，垄断程度仅次于澳大利亚；面对美国强大的文化渗透，加拿大既希望保持本民族的特征，又无法违背民主开放的传播方针，因而与美国形成了一种同中求异、接受中有抗拒的微妙的传播关系。

加拿大的新闻政策长期参照英国，同时一定程度受到美国的影响，基本上属于自由主义体制，但有自己的一些特点。1982年的加拿大宪法《加拿大权利和自由宪章》保障公民享有信仰、思想、言论、出版、集会、结社等项自由，以及独特的选择语言的自由。

加拿大从殖民地走向自治和独立，在某种程度上如一位加拿大新闻学者所言，更多的是英国人推给（thrust us）他们的而不是自己争取的①。其新闻传播业的发展，主要驱动力是国家的经济发展，报刊自然而然地随着交通线的推进、人口的流动与集中，而较为均匀地分布于全国。加拿大的社会发展呈典型的渐进模式，没有发生过革命和国内战争，政治上从殖民统治向民主代议制的过渡相当缓慢，但持续稳定地渐变。这种情况也影响到加拿大的新闻传播业，其发展的特点也是稳步发展，故而新闻体制方面的变化难以找出年代变化的明显界线。

---

① See M. Vipond, *The Mass Media in Canada*, James Lorimer&Company Ltd., 1992.

三、加拿大新闻传播业目前的格局

（一）媒介集团

总部在蒙特利尔的加拿大贝尔公司起家于19世纪，是著名的电信公司，拥有一系列网络移动、卫星电视、媒体、电信、体育、娱乐公司。贝尔公司通过其子公司和孙公司，控制着加拿大最大的民营电视台、最大的报纸和网站。

罗杰斯传播公司（Rogers Communications Inc.，RCI）是加拿大的有线电视公司，贝尔公司的竞争对手之一。它在收购了加拿大最大的新闻周刊《麦克莱恩斯》（*Maclean's*）后，成为加拿大一个较大的综合性媒介集团。

罗杰斯传播公司大厦（多伦多）

肖传公司，加拿大最大的电信传媒公司，业务范围包括电话、互联网、大众传媒等。

魁北克尔公司（Quebecor Inc.），2001年将魁北克电视网（TVA）并入后，成为加拿大法语区最大的综合性媒介集团。

（二）报纸

加拿大的报纸绝大多数是地方性的，全国性报纸只有《环球邮报》和《全国邮报》两家。目前，加拿大全国有 110 家日报，分散在 90 多个城市。作为一个“小政府大社会”的国家，加拿大拥有世界上较为发达的社区报体系。加拿大社区报纸协会（CCNA）的社区报纸，九成为免费发行，每周总发行量 1 100 万份。邮发费用由加拿大政府承担。

现在的《环球邮报》和《全国邮报》

下面是几家主要日报的情况：

1.《环球邮报》

加拿大原来唯一的全国性综合日报，英文。该报的产权几经易手，现在属贝尔公司。该报的读者主要是社会上层，如政府官员、商界人士、知识分子和驻加外交人员。2010 年该报实行改革，在内容、版式和网站上多有创新。

2.《全国邮报》

全国性综合日报，1998 年 10 月由布莱克创办，总部在多伦多。创刊号发行量达到创纪录的 50 万份，但由于投入资金过大，在 21 个月内损失 9 000 多万美元。2000 年，它被卖给加西环球传播公司；2010 年，加西环球传播公司破产，该报为邮报媒体网络公司所有。

3.《多伦多明星报》

加拿大发行量最大的日报，平日版达 45 万份。该报比较适合市民的口味，消息丰富多样，较为活泼。现在属于历史较为悠久的托尔斯塔公司。

4.《蒙特利尔日报》和《新闻报》

《蒙特利尔日报》(*Le Jourlal de Montréal*) 1964 年创刊，是加拿大最大的法文报纸，小型报，发行量平日版 30 万份，属于魁北克尔公司。《新闻报》(*La Presse*) 1884 年创刊于蒙特利尔，是加拿大历史最悠久的法文日报，现在该报平日版发行量 20 万份，属于强力公司。

(三) 杂志

加拿大目前有杂志约 1 300 种，年发行量 4.2 亿册，有代表性的主要是以下几家：

1.《麦克莱恩斯》

《麦克莱恩斯》1896 年创刊，1911 年更名为《忙人杂志》(*Busy Man's Magazine*)。它是加拿大历史最悠久的英文新闻周刊，总部设在多伦多，发行量约 65 万份。该刊定位为报道“关乎加拿大人的一切”，内容和版面很像美国的新闻周刊。1994 年，罗杰斯传播公司收购了出版该刊的麦克莱恩—亨特公司。1995 年，《麦克莱恩斯》发行中文版。

2.《星期六之夜》

《星期六之夜》(*Saturday Night*) 是加拿大历史最悠久的文学与政治月刊，1887 年创刊。该刊是加拿大获文学奖最多的英文杂志，总部设在多伦多。1987 年，霍林格公司将其买下；2003 年 11 月，转为多景出版公司 (Multi-Vision Publishing Inc.) 所有。

3.《主妇》

《主妇》(*Chatelaine*) 是加拿大著名女性月刊，1928 年创刊，有英文和法文两种版本，英文版发行 68 万份，法文版发行 19 万份，总部设在多伦多。该刊现在属于罗杰斯传播公司。

(四) 广播电视

加拿大有广播电台 676 家，其中公营台 78 家，商业台 487 家，其余的是大学台、社区台和多元文化台。加拿大有电视台 130 家。民营广电的总实力超出 CBC，但较为分散；公营 CBC 在传统和形式上依然居主导地位。除了 CBC 外，主要的民营电视台有四家，分别是：英语的加拿大电视网有限公司和环球广播公司 (Global

Broadcast)、法语的魁北克电视网和V广播公司。

CBC多伦多总部（陈力丹摄）

加拿大主要广播电视公司的情况如下：

1. 加拿大广播公司

加拿大广播公司（英文缩写CBC，法文缩写MRC）拥有四个全国性无线电广播网（英语和法语各两个）、两个电视网（英语和法语各一个）以及四个地方教育电视网和面对土著居民的加拿大北方网。公司领导机构设在渥太华，英语广播总部设在多伦多，法语广播总部设在蒙特利尔。该公司联合公营和民营的975家广播转播台和1 296家电视转播台，使自己的广播、电视对全国的覆盖率几乎达到100%。

2. 加拿大电视网有限公司

加拿大电视网有限公司是加拿大第一家也是加拿大最大的民营电视公司，覆盖加拿大99%的人口，由25家民营电视台联合投资组建，总部设在多伦多，现在属于贝尔公司。

3. 魁北克电视网

魁北克电视网是北美地区最大的法语电视网，1971年9月成立，由10家民营地方电视台联合组建，主要为讲法语的加拿大人提供节目，总部设在蒙特利尔。2001年9月，魁北克电视网并入魁北克尔公司。

（五）通讯社

加拿大的通讯社多数很小，唯一的大通讯社即加拿大通讯社（CP）。加拿大通讯社于1917年9月1日组建，原名加拿大联合通讯社，1923年改为现名。该社最初得到政府的一定资助，1925 年后经济上完全独立。现在有 300 余名记者，在国内各地有 13 个分社。该社用英、法两种文字为国内 98 家日报、500 多家广播电台和电视台提供新闻稿。

【思考题】

1. 简述加拿大新闻传播业的特点。

2. 识记加拿大两大全国性报纸、一个最大的传媒集团、公营和民营最大的电视公司。

第九章

墨西哥新闻传播史

墨西哥是拉美西班牙语代表国家，面积约 196 万平方公里，人口约 1.2 亿。

16 世纪前，在美洲的印第安部落已形成两大文明的核心地带：一是现墨西哥城一带（包括尤卡坦半岛）的托尔蒂克—阿兹特克文明和玛雅文明，一是秘鲁一带的印加文明。

1521 年，阿兹特克人的都城铁诺支第特兰被西班牙人攻陷，改名墨西哥城，成为西班牙统治区“新西班牙总督区”的首府。此后，西班牙人统治墨西哥近 300 年。

1810 年 9 月，墨西哥爆发独立战争，1813 年宣布独立。1824 年和 1857 年，墨西哥两次颁布宪法，都规定了言论出版自由的内容。由于近 300 年来西班牙封闭式的殖民统治，这个国家缺乏实行民主制度的政治经验和市场化的经济基础以及必要的实行民主制的公众的文化素养，国家陷入了长期的混乱之中。独立后的 100 年内，发生 200 多次叛乱或军事政变，总统换了 86 位。1846—1848 年美墨战争后，墨西哥丧失了北部 235 万平方公里的国土。

1910 年墨西哥爆发民主革命，1917 年新宪法颁布，规定了公民的言论和出版自由，形式上延续了墨西哥自由主义的新闻政策，但此后墨西哥的新闻传播业长期处于各种强权的控制下。1929—2000 年独裁的“组织革命党”通过控制纸张、政府广告和支付对政府的采访费等软硬兼施的方法控制传媒，长达 71 年之久。

在 2000 年的墨西哥大选中，国家行动党候选人福克斯当选为总统，结束了组织革命党一党执政的局面，墨西哥基本走上了民主化的道路。

一、墨西哥新闻传播业的发展

（一）西班牙殖民时期的新闻传播业

在西班牙人未进入墨西哥之前，阿兹特克人和玛雅人使用图画文字和象形文字已经有几百年了，一代代的祭司们在榕皮纸和兽皮上记载着本部落的传说和发生的大事件，数千本这样的“书”，现存放在墨西哥城巨大的图书馆中。当然，那时的历史记载和新闻传播尚难以区分。

1539 年，胡安·帕布罗斯（Juan Pablos）将首台印刷机运到墨西哥，它主要用于印一些传教的小册子。1541 年 9 月 10 日，在墨西哥被西班牙人征服 20 年后，墨西哥城诞生了美洲第一张印刷新闻纸，内容是报道危地马拉地震情况，共 4 页。此后这类印刷新闻纸在墨西哥流行了大约 200 年，内容大都是某条社会新闻、商情、船期、灾害等的报道，也有西班牙王室的动态，墨西哥总督的公告、训令等，被称为“社交动态”或“新闻纸”。

当时多少带有新闻性的书籍，最早的是探险队最高指挥官科尔特斯于 1520 年写的《上查理五世书》，它“保留了对其正在倾覆的那种文明的理解和透彻的记载”①。该探险队的士兵贝尔纳尔·迪亚斯（Bernal Diaz），被称为“西班牙最有魅力的纪事者”②。他一边参战一边写下了《新西班牙征服信史》（写于 16 世纪末，最早的版本为 1632 年版），这本新闻书流传数百年，影响颇大。

1722 年 1 月 10 日，在尤卡坦半岛的城市梅里达，主教胡安·伊格纳西奥创办了第一家定期报纸《墨西哥和新西班牙消息报》，报纸两易其名，只存在了半年，影响不大。同年，在墨西哥城由神父卡斯多莱纳创办的《墨西哥公报》（La Gaceta de Mexico），经由总督批准，作为官报得以持续出版。该报每五天出版一期，每月六刊。《墨西哥公报》一般被视为墨西哥最早的报纸。

Num. 1

GACETA DE MEXICO,
Y noticias de Nueva-España, que se imprimirán cada mes, y comiençan desde primero de Henero de 1722.

LA Nobilissima Mexico, cabeza de la Nueva-España, y corazon de la America, celebro los dos Siglos cumplidos de su Conquista el dia de el glorioso Martyr S. Hypolito su Patron à 13. de Agosto de el año passado, con festivas demonstraciones de luminarias, mascaras, y colgaduras, y con passeo la vispera, y dia, montados à cavallo, el Exc. Señor Virrey, Real Audiencia, Tribunales, Ciudad, y Cavalleria: Sacó el Estandarte Real el Conde de el Valle de Orizaba su Regidor, se solemnizo por tres dias, y el dia 15. de la Assumpcion de N. Señora Titular de esta Santa Iglesia Metropolitana, q̃ corono su hermoso Templo de Gallardetes, luzes, y con los más ricos Ornamentos colocó en su Altar Mayor la Bellissima Imagen de Oro de la Reyna de los Angeles, Predicó de Pontifical vna Eloquentissima Oracion Panegyrica Moral, el Illmo. y Rmo. Señor M. D. Fr. Joseph Lanciego, y Eguilaz su Arçobispo. La feliz duracion de esta Corte estrena su tercer Siglo, con el qual comiença à dar à las prensas sus memorias dignas de mayor manifestacion, apuntadas en estas *Gazetas* pues imprimirlas es politica tan racional, como authorizada de todas las Cortes de la Europa, dando à la Estampa las noticias que ocurren en el breve tiempo de siete dias, por el distrito capaz de sus dominios. Difusa esta costumbre ha llegado hasta la Imperial Lima, Corte celebre del Perú, y practicando esta plausible diligencia, imprime cada mes sus acaecimientos, y no siendo menos la Muy Illustre Mexico, Corona de estos Reynos, comiença à planteat esta politica con las licencias de el Exmo. Señor Marquès de Valero, haziendo con esto mas memorables los aciertos de su govierno, è introduciendo para lo venidero este vrbano estylo, que hechavan menos los Curiales de Mexico, para mayor authoridad de su Ciudad, y conocimiento de su grandeza. No carece de vtilidad, pues à mas de el general motivo de las Gacetas, siendo estas vna fidelissima Relacion de lo que acaece en estas dilatadas Regiones, puede sin trabajo qualquier discreto, con la diligencia de juntarlas, formar vnos Anales en lo futuro, en que tin el cuydado de examinarlos, logre el aplauso de escrivirlos, y los correspondientes, el de complacer à los que de la Europa piden noticias de la America, para enriquezer con novedad sus Historias. No tengo escrupulo de que se me fiscalizen algunas individualidades, que si por vistas en esta Ciudad continuamente, no son novedad à los presentes, seran admiracion à los que las oyen distantes, y credito de Mexico en todo el Vniverso.

Es costumbre de Madrid poner cada Corte separada, y por esso se pone aqui cada Ciudad dividida, en las que son Capitales de Obispados, Provincias, y Puertos, para q̃ con esta distincion se lean, con mayor commodidad.

Mexico Henero de 1722.

EL dia primero, assistiò su Exc. à la Cassa Professa de la Sagrada Compañia de JESVS, donde en memoria de su nombre, celebra la de la Circumcision. El Ayuntamiento

《墨西哥公报》

① ［美］艾·巴·托马斯：《拉丁美洲史》，第一册，111 页，北京，商务印书馆，1973。

② 同上书，254 页。

由于西班牙把美洲的领地只看作资源基地，而不以“殖民”为主，它在统治墨西哥的300年里，阻挠西班牙本土的农民、手工业者、小商贩等迁到“新西班牙”。因此在新西班牙总督区，在西班牙人数量最多的1646年，也不过1.38万人。不同于到英属北美殖民地的欧洲移民，墨西哥殖民者缺乏创业精神，对于新闻的需要量始终不大。加上西班牙对美洲殖民地实行书报检查制度，这使得墨西哥在西班牙统治下的前200年，没有定期新闻刊物。而西班牙统治的后100年，虽然出现了定期报刊，但基本上是欧洲封建王权官报的翻版。

进入19世纪后，尽管西班牙当局竭力查禁法国大革命的文献，但还是有许多报刊书籍通过走私进入墨西哥，影响着少数在墨西哥的西班牙人和土生西班牙知识分子；同时，墨西哥经济也开始有所发展，出现了对于经济信息的需求。于是，多少带有新思想的报刊出现了。这里首推布斯塔曼特（Carlos Maria Bustamante）于1805年创办的墨西哥第一家日报《墨西哥经济、思想日报》，简称《墨西哥日报》(Diari de Mexico)。它打破了官方公报的一统天下，该报创刊号宣称，其目的是“取代迄今为止五天一期的可怜的《公报》，俾公众对日常生活中发生的一切，从欧洲政治到市场价格，有更及时的了解”。

（二）动荡的墨西哥党报时期

1810年9月，墨西哥独立战争爆发。战争前期的领导人、一位南部印第安村庄的神父伊达尔戈（Miguel Hidalgo），于当年12月20日创办《美洲觉醒者报》（El Despertador Americano），这是墨西哥第一张具有革命思想的政党报纸，虽然只存在了两个月的时间，但2 000份的发行量在当时相当可观。

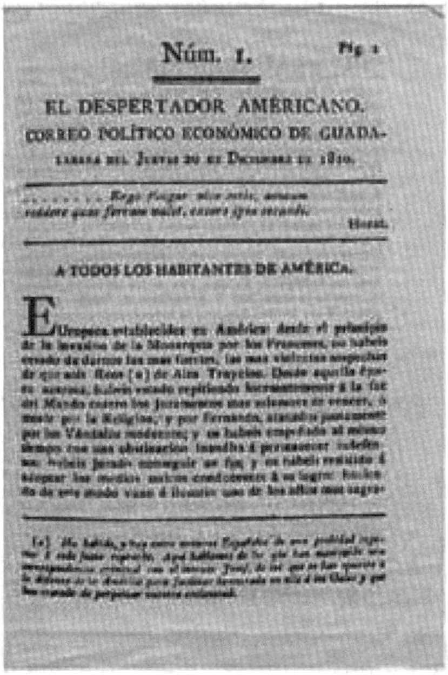
Núm. 1.

EL DESPERTADOR AMÉRICANO.

CORREO POLÍTICO ECONÓMICO DE GUADALAXARA

A TODOS LOS HABITANTES DE AMÉRICA.

1810年《美洲觉醒报》创刊号

1813 年，墨西哥宣布独立。1824 年，墨西哥确立为联邦共和国。面临未来国家道路的抉择，各派政治力量展开了复杂的政治、军事斗争，并形成自由派和保守派两大派别。在混乱的党派斗争中，报纸随之进入党报时期。存在时间较长而且较为著名的自由派报纸是《十九世纪报》（1841 年创办）和《共和国箴言报》（1850 年创办）。保守派的报纸以《墨西哥政府报》为代表，另外还有《秩序报》、《国民思想报》等。政治论战是这些报纸的主要内容。

1857 年，在自由派老战士、印第安人贝托尼·胡亚雷斯总统主持下制定了一部更为民主的宪法，这部宪法专门规定设立一项“权利法案”，以保障公民的言论和出版自由以及其他各项自由的权利。该宪法还有一个特别的第 128 条，申言如果这一宪法遭到废弃，那么当其恢复之时，凡是犯有废弃宪法罪行的人，都将依照宪法条款予以审讯。在这部宪法下，言论性的期刊短时期内得到了发展。

1876 年，印第安人波菲里奥·迪亚斯（Porfirio Díaz）靠武力当上了总统。国家经济在迪亚斯的领导下确实取得了很大的发展，但政治民主进程却被迫中断。迪亚斯统治时期整个国家变成一部服从于他的政治机器，从上到下造就了一小撮形同僵尸的官僚、一群依附于官方的学者、一个被收买而保持沉默的新闻界。[①] 他强行修改宪法，使自己得以连选连任六届总统。当报刊批评他的政策时，他便中止 1857 年宪法认可的言论出版自由。1896 年，他仿照美国报纸风格创办了官方的综合性报纸《公正日报》，而自由派的主要报纸《十九世纪报》和《共和国箴言报》在同一年被迫停刊。就连生活类的《家庭日报》，也因批评迪亚斯的独裁，以致其负责人被抓进监狱。

经济改革与政治僵化二者的绝对失衡，终于导致 1910 年爆发了旨在政治改革的全国性民主革命。革命中，“有效选举，不得连任”替代了当时所有官方信函结尾处“您忠实的”字样，可见人们对于这种政治独裁的痛恨。革命爆发后，涌现出一批新的报纸，其中至今仍在出版的报纸有 1916 年 10 月由革命参加者巴拉维西（Felix Palavicini）创办的《宇宙报》（El Universal）、1917 年由阿尔杜辛（Rafael Alducin）创办的《至上报》（Excelsior）。现在墨西哥的报纸，只能追溯到 1910—1917 年民主革命时期。

（三）走向市场的墨西哥新闻传播业

随着民主政体的确立，墨西哥的报业开始逐渐进入商报时期，报刊的党派色彩渐渐淡化，商业色彩显现。这个转折点可以 1928 年由巴勃罗·朗卡利卡创办的小型报纸《新闻报》（La Prensa）为标志。该报为私人所有，沿袭美国美分报的传统，文字通俗

① 参见［美］霍·弗·克莱因：《墨西哥现代史》，41 页，天津，天津人民出版社，1978。

易懂，以社会新闻为主，当时就达到每期 52 版，很快吸引了大量市民读者。

经过几任政府扫除文盲的努力，20 世纪 30 年代墨西哥的识字人口达半数，这给报业带来了发展机遇。在这种新的环境下，又有一些较重要的报纸诞生，其中有代表性的是 1936 年创刊的《消息报》（Novedades）和 1947 年创刊的《欢呼报》（Ovaciones）。前者适应经济建设的新形势，以报道商业新闻为主，并首先打破了传统的八栏排版法，将新闻照片放到了头版；后者是小型体育日报，在和平时期拥有了众多的读者。

与此同时，墨西哥的广播电台于 1921 年试验播出，1923 年政府批准开办民营商业台。墨西哥广播电台大都为民营，公营台最早建于 1924 年，主要是教育台。初期的广播电台中，埃米尔·阿斯卡拉卡于 1930 年创办的“拉丁美洲之声”（XEW）电台最为著名。

1935 年，美洲通讯社（Agencia Noticiosa Telegráfica Americana）诞生，这是墨西哥的第一家通讯社。该社存续到 1943 年。

随着墨西哥新闻媒介的市场化，媒介的垄断集团开始出现。较早的报团是 20 世纪 40 年代由预备役上校加西亚·巴尔塞卡（Garcia Valsaca）组建的“墨西哥出版组织”，该报团拥有 36 家地方性日报，以及体育报《此地》（Esto）。

墨西哥电视首次较大规模的试验播出，是 1946 年转播米格尔·阿莱曼（M. Aleman）的总统就职实况，当时颇为轰动。1950 年，“拉丁美洲之声”的创办者阿斯卡拉卡首先在墨西哥城创办了电视四台，开始播出常规性的电视节目。

1955 年，墨西哥电视二台、四台和五台联合组建为墨西哥电视网（Telesystema）。这个电视网的实际控制者是 1946—1952 年在位的总统阿莱曼所控制的财团。阿莱曼是促进墨西哥民营电视业发展的主要人物，因而他的财团也就成为控制墨西哥电视业的最大财团。1968 年，墨西哥的蒙特雷财团创办独立电视台，这就与阿莱曼财团的墨西哥电视网发生了利益冲突。1973 年 1 月，在政府的调解下，双方合并为墨西哥电视公司（也译为特莱维萨公司）。该公司在其后的发展中，成为墨西哥也是西班牙语世界最大的媒介集团。

1974 年，由于巴尔塞卡拖欠政府纸张贷款，在政府的干预下，“墨西哥出版组织”进行了改组，从而为后来阿拉尔贡家族控制墨西哥出版组织铺平了道路。在以后的竞争中，阿拉尔贡家族通过购买许多报纸的部分股份，实际上控制着墨西哥三分之一的报纸，从而形成墨西哥最大的报团。它在 20 世纪 80 年代一度还拥有美国的合众国际社。

20 世纪 80 年代起，有线电视进入墨西哥。其中，最大的是墨西哥电视公司的“有线电视网”（Cablevision），居第二位的是“多视像电视网”（Multivision）。1993 年，经营连锁店的阿兹特卡公司（Azteca）拥有了电视七台和十三台。它的加盟，打破了墨西哥电视公司的绝对垄断，1998 年该公司的观众市场下降到 70%。

1993 年，以报业为主的墨西哥改革报业集团（Reforma）兴起。在总裁兼首席执行官德拉维加（Alejandro Junco de la Vega）的带领下，该集团从北方的省城蒙特雷排名第二的报纸《北方报》（El Norte）做起，进而进军墨西哥城。1993 年创办《改革报》(Reforma)，该报一跃成为墨西哥全国名列前茅的大报之一。

墨西哥的主要报纸中，有几家采用了较为独特的“合作所有制”，即报社全体职工参与投资和分红，享有平等的权利，不以追求利润为目的。根据墨西哥《合作企业法》,《至上报》、《新闻报》、《一加一报》等，都先后改为合作所有制。

（四）墨西哥新闻传播业的发展特点

墨西哥的新闻传播史十分悠久，但由于宗主国西班牙向来只把这块土地作为可供掠夺的资源产地而不是作为工业建设的基地并且长期实行专制制度，从而使得墨西哥新闻传播业走向现代化的道路相当漫长。在不断的战争、革命、政变以及和平时期民主与专制的斗争中，墨西哥的新闻传播业历经磨难。新闻传播业内人员素质、职业规范，以及受众的文化和接受层次都只能十分缓慢地发展。直到 20 世纪 80 至 90 年代，墨西哥的新闻传播业才不知不觉地一定程度上实现了现代化，成为拉丁美洲西班牙语国家中新闻传播业发展最成熟的国家。

二、墨西哥新闻传播业目前的格局

（一）广播电视

截至 2006 年，墨西哥有 1 410 家广播电台、236 家电视台和 906 家地方电视转播台。其中，在广播电视业值得一提的是墨西哥电视公司。

墨西哥电视公司是墨西哥最大的媒介集团，以电视业为主，兼顾其他新闻媒介和体育、娱乐产业，它也是西班牙语世界最大的传媒公司。该公司拥有四家无线电视台（二、四、五、九台）和 298 家地方电视转播台、一个有线电视网和一个卫星数字电视网、17 家广播电台、几十家报刊（主要是杂志)、三家唱片公司，以及大型体育场、斗牛场、广告公司、广播艺校、足球队等，触角伸向社会生活的各个领域。1988 年起，该公司建立滚动播出的有线电视新闻频道 ECO，它相当于西班牙语世界的 CNN。该公司一年制作 5 万小时的节目，使用 40 种语言，产品销售到世界上百个国家和地区。该公司节目的出口量，有时甚至大于美国 CBS、ABC 和 NBC 出口节目量的总和。

墨西哥电视公司的台标和位于查普尔特佩克的公司电视摄制城

（二）报纸

墨西哥有日报约 300 家，最大的以报刊业为主的集团是阿拉尔贡集团，同时它也兼顾广电传媒。

墨西哥拥有一个影响西班牙语世界的报纸群，其中有代表性的如下：

《至上报》，墨西哥影响最大的报纸，墨西哥历史悠久的报纸之一。原为私营，后改为合作经营，每日出版三次（晨报、午报和晚报），发行量 20 多万份。该报与新华

EXCELSIOR

EL PERIÓDICO DE LA VIDA NACIONAL

¡POR TI, CHAVA!

súper adrenalina

COMANDO ASESINA A 14 EN FIESTA, LA MAYORÍA JÓVENES

Masacre en Juárez

Balaceras en bares de Torreón; 10 muertos

ARRASA BEYONCÉ, PERO...

VUELO A LA ETERNIDAD

Prevén reforma política light

TACAÑOS CON SUS PARTIDOS

现在的《至上报》

社签有供稿协议，是新华社在墨西哥的主要用户之一。

《改革报》，隶属于改革报业集团，1993 年创办，发行量 15.5 万份。报纸内容突出读者的兴趣爱好，广告和编辑并重。同时，该报禁止墨西哥新闻界由来已久的贿赂及送礼的业内恶习。该报注重读者的参与，让读者监督报纸内部的编辑过程。

《宇宙报》，现存墨西哥历史最悠久的在首都出版的日报，发行量约 18 万份，由墨西哥全国报业公司经营。

《墨西哥先驱报》（El Heraldo de México），属于阿拉尔贡集团。该报由于资本雄厚，与大财团联系密切，因而成为一份很有影响力的报纸，每天几十个版，发行量 20 多万份。

《新闻报》，最早的大众报纸，以市民为主要读者对象。现为合作经营性质，发行量 24.4 万份。

《墨西哥太阳报》(El Sol de México)，属于阿拉尔贡集团。该报属于新一轮大众报纸的代表，每天出版晨报和午报，发行量 20 多万份。

《消息报》，侧重经济新闻的综合性报纸，发行量 20 多万份。该报创办者是罗密欧·欧弗瑞（Rómulo O'Farril）。现在以该报为核心，已形成报业集团。该集团另出版一份晚报、一份英文《消息报》(*The News*，也是墨西哥唯一的英文报纸)，在地方上还拥有 6 家报纸和 18 家杂志。

《欢呼报》，侧重体育新闻的综合性报纸，畅销全国，发行量早刊 20 万份、晚刊 30 万份，由墨西哥出版印刷股份公司经营。

（三）通讯社

墨西哥曾经长期无较大的通讯社。直到 20 世纪 80 年代，墨西哥通讯社（NOTIMEX，1968 年建立）逐渐在众多小通讯社中脱颖而出，成为墨西哥最大的通讯社。

【思考题】

1. 简述墨西哥新闻传播业的发展特点。
2. 识记《墨西哥公报》、《美洲觉醒报》、《至上报》、墨西哥电视公司（特莱维萨公司）。

第十章

巴西新闻传播史

1500 年 3 月 9 日，葡萄牙探险家卡布拉尔（P. A. Cabral）率领一只船队想东去印度，却无意中在 40 天后，发现了巴西这块大陆。此时的巴西，散居着一些印第安部落，尚处于原始社会阶段。

葡萄牙当时掌握着东方的广大领地，当权者既没有余力，也不愿认真开发巴西。直到 1549 年，葡萄牙才派出第一任总督。至 1615 年，在巴西数千公里的沿海居民点，总共只有 3 000 名葡萄牙人。

1750 年后的若干年内，葡萄牙国王若泽一世派庞巴尔侯爵（Pombal）在巴西实行新政，初步建立了现代商业体系，给予印第安人平等权利。这次印第安人的解放以及后来黑人奴隶的解放，造就了巴西民族同化的意识。因此，巴西后来的新闻传播业，很少存在长期困扰其他国家的种族歧视问题。巴西文化是印第安文化、撒哈拉沙漠以南非洲文化和欧洲文化和平融合的少有的典型。

1822 年，葡萄牙王子佩德罗宣布巴西脱离葡萄牙，建立巴西帝国，是为佩德罗一世（Pedro Ⅰ）。1888 年，佩德罗二世废除黑奴制度，无形中损毁了帝国存在的基础。1889 年 11 月，一场不流血的军事政变悄然结束了帝国的历史，巴西进入共和国时期（当时叫巴西合众国，1964 年改名巴西联邦共和国）。

巴西是最大的葡萄牙语国家，面积约 851 万平方公里，人口约 2 亿。

一、巴西新闻传播业的发展

（一）葡萄牙统治时期的新闻传播

葡萄牙殖民者虽然在 16 世纪初就踏上了巴西大陆，但此后整整 300 年，巴西一直没有出现报刊这种现代传媒。

1807 年 11 月，拿破仑军队占领葡萄牙。在英国舰队的护卫下，葡萄牙国王诺奥六世于 1808 年 1 月转移到巴西南部的沿海城市里约热内卢。1808 年 9 月 10 日，葡萄牙王室用随船带到巴西的第一部印刷机，出版了巴西第一家报纸《里约热内卢公报》(Gazeta do Rio de Janeiro)，这是王室的官报。巴西的新闻传播业没有经过漫长的发展过程，从零开始，一下子拥有了相当现代化的报纸。

同年，居住在伦敦的巴西商人、共和主义者何塞·马丁在伦敦创办了政治性的《巴西邮报》(Correio Braziliense) 和文学性的《文学艺术报》，秘密运回巴西国内散发。《巴西邮报》1822 年转到国内出版。

作为对英国的答谢，葡萄牙开放了巴西的口岸。这对于巴西迅速融入世界交往体系，以及巴西新闻传播业的发展，具有重要意义。

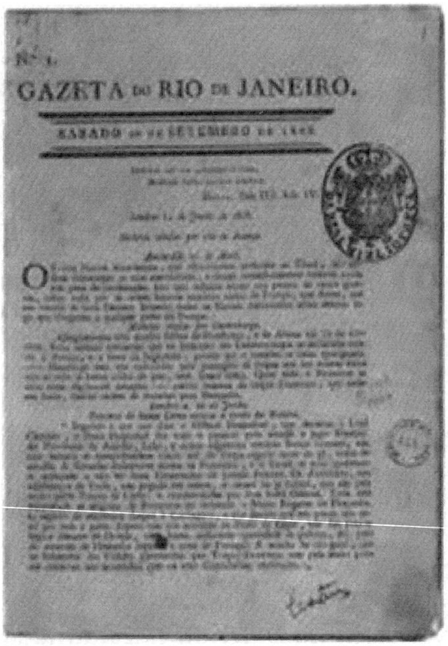
N° 1.
GAZETA DO RIO DE JANEIRO.

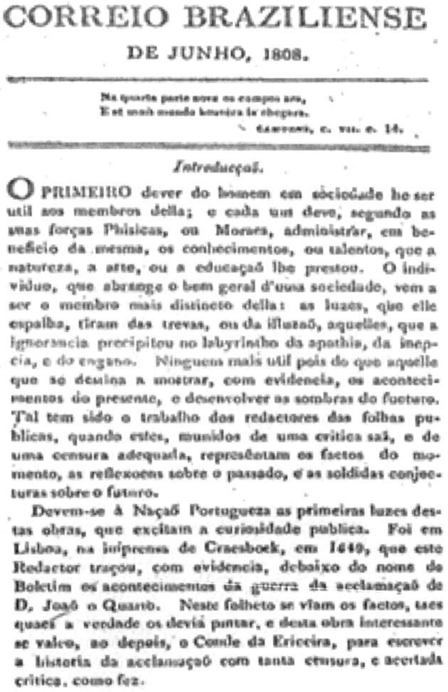
CORREIO BRAZILIENSE

DE JUNHO, 1808.

Introducçaõ.

O PRIMEIRO dever do homem em sociedade he ser util aos membros della; e cada um deve, segundo as suas forças Phisicas, ou Moraes, administrar, em beneficio da mesma, os conhecimentos, ou talentos, que a natureza, a arte, ou a educaçaõ lhe prestou. O individuo, que abrange o bem geral d'uma sociedade, vem a ser o membro mais distincto della: as luzes, que elle espalha, tiram das trevas, ou da illusaõ, aquelles, que a ignorancia precipitou no labyrintho da apathia, da inepcia, e do engano. Ninguem mais util pois do que aquelle que se destina a mostrar, com evidencia, os acontecimentos do presente, e desenvolver as sombras do futuro. Tal tem sido o trabalho dos redactores das folhas publicas, quando estes, munidos de uma critica saã, e de uma censura adequada, representam os factos do momento, as reflexoens sobre o passado, e as solidas conjecturas sobre o futuro.

Devem-se à Naçaõ Portugueza as primeiras luzes destas obras, que excitam a curiosidade publica. Foi em Lisboa, na imprensa de Craesbeck, em 1649, que este Redactor traçou, com evidencia, debaixo do nome de Boletim os acontecimentos da guerra da acclamaçaõ de D. Joaõ o Quarto. Neste folheto se viam os factos, taes quaes a verdade os devia pintar, e desta obra interessante se valeo, ao depois, o Conde da Ericeira, para escrever a historia da acclamaçaõ com tanta censura, e acertada critica, como fez.

《里约热内卢公报》和在伦敦出版的《巴西邮报》

(二) 巴西的党报时期 (1822—1922 年)

由于佩德罗一世是在巴西资产阶级和知识界的拥戴下登基的，因而 1824 年制定的帝国宪法，在较大的幅度上允许了言论和出版自由。1827 年，他下令废除新闻检查制度。这种相对宽松的政治环境，无形中形成了巴西人自由阅读和思想的传统。同时，由于巴西长期没有现代新闻传播，多数人是文盲，缺乏对民主的认识和实践，总体的国民素质较差，新闻出版自由在较长的时期内并没有给国家的发展带来多少明显的推动，甚至有时新闻界因短视而阻挠公益事业。例如，阿尔维斯总统 (1902—1906 年在任) 改造首都的工程建设，“每逢进行大规模工程时，公众舆论差不多总要普遍地起来反对他。……主要的反对意见来自商人，他们几乎都是粗俗和顽固的葡萄牙人。他们得到了报界的支持，因为报界渴望他们登广告。……新闻工作者和作家们，天天都在嘲笑他”。然而，当街区焕然一新的事实摆在面前时，报纸又转变态度，称赞“里约变文明了”①。

读报纸的巴西人

巴西帝国建立后，国内最初的政治派别分为保守、自由两派。皇帝作为“家长”，平衡着国内政治方面的保守、自由两派。这两派都有自己的报纸，在维护君主制的前提下经常发生着琐碎的争论，这便是巴西党报时期的特征。由于文化方面的落后，“甚至是最有名气和最为生动活泼的报纸，按照今天的标准来衡量，也要显得枯燥无味，版式拙劣”②。反映那个时期的巴西电视剧《女奴》中有一段情节：通缉女奴伊佐拉的布告刊登在报纸上后，她的朋友将当地小城市订阅的三份报纸扣下来，就封锁了消息。这个故事真实地反映了巴西帝国早期新闻传播的落后状况。

巴西帝国后期，报刊发展较快，除了政治思想传播的刺激外，当时已经相对发展了的交通和通信也为其提供了物质基础。这一时期，巴西的铁路总长 9 700 公里，电报线路 1.2 万公里，修通了若干条运河，创立瓦斯照明体系。同时，邮政系统从 1880 年处理 5 000 万信件增加到 1889 年处理 2 亿信件，1872 年开辟了通往欧洲的海底电报线路。另外，1860 年巴西有公立学校 3 000 所，1888 年增加到 6 000 所，这也为形成起码的报刊读者群奠定了基础。

1870 年，在巴西保守派和自由派之外，出现了第三个党派——共和派。第一张共和派机关报《祖国报》这一年在圣保罗创刊。随后，共和派报刊渐多，影响增大。1875 年 1 月 4 日，17 位主张共和的人士共同创办了《圣保罗州报》（O Estado de S.

① ［巴西］若·马·贝洛：《巴西近代史》，下册，373～382 页，沈阳，辽宁人民出版社，1975。
② ［巴西］若·马·贝洛：《巴西近代史》，上册，9～10 页，沈阳，辽宁人民出版社，1975。

Paulo)。到1889年，全国共和派报纸达到72家，相当可观。

巴西共和国时期，报刊对当权者逐渐形成监督态势。例如，1891年，《巴西日报》(Jornal do Brasil) 创刊，由曾任财政部部长的共和派政治家鲁伊·巴尔博扎主管经营。该报成为巴尔博扎批评政府、宣传文官主义的重要媒介。

(三) 在政治混乱和经济建设中顽强发展的巴西新闻传播业

巴西的整体历史发展平稳，但也发生过军事政变，这与政治家、民众、军队缺乏民主政治的素养有关，其中也不乏媒体盲目煽动鼓噪。一旦形成专制独裁的局面，新闻界又首当其冲地受到各种压迫。历史上，巴西有过两次较大的对新闻自由的限制，一次是1930—1945年和1950—1954年的所谓“瓦加斯独裁”时期，另一次是1964—1984年的军人政权时期。在这两个时期，巴西的新闻传播业经历了较多的磨难，但由于历史上形成的新闻出版自由的传统，即使是最集权的政府，也没有做到绝对地限制新闻自由，限制最多的是对政府及高官的批评，一定程度地谈论政治还是允许的。另外，媒体作为经营的企业，在经济上受到的限制相对少些。因而，巴西新闻传播业还是在稳步发展的。

20世纪初的几位文官总统着眼于经济建设，刺激了巴西经济的发展，商业报刊随之兴起。一些新报纸出现，如《圣保罗报》(晨报) 和《晚报》(1921年创刊)、《环球报》(1925年创办)、《米纳斯州报》(1928年创办)、《莱维商报》(1929年创办)、《首都人报》(1928年创办) 等等。

1922年，由政府出面建立了第一家试验性广播电台，第二年该台命名为“索谢达广播电台”，经费来自文化娱乐团体的捐款和小量广告收入。至1930年，巴西已有广播电台18家，多数为民营台。政府台，即1936年由索谢达台改组而成的“梅克—PRA—2台”，属教育文化部。由于巴西形成了基于黑人文化的传统的狂欢节，从1930年起，广播开始服务于狂欢节，获得很大收益。这一点大大刺激了广播业的发展。以后出现的电视业，其发展速度较为迅速，也与转播狂欢节以及转播足球赛有关。

随着新闻传播业的发展，巴西于1931年首次出现通讯社。这是由29家报纸和18家广播电台联合建立的南方通讯社。后来，在这个通讯社的基础上形成一个新闻传播业的联合社团——联合日报集团。1942—1951年，巴西的南美洲通讯社（阿萨社）因为在二战中发挥了重要的通信作用，在国际上一度颇有影响。

1950年9月，巴西首家电视台——图皮电视台（Tupi）在圣保罗开播。该台是由报人阿希思·沙托布里安创办的。巴西的电视台多数为民营，到20世纪60年代形成环球电视台、图皮电视台、标题电视台（Manchete）、旗手电视台（Bandeirantes，音译班德兰特斯）四大民营电视网。竞争中，图皮电视台于1980年倒闭。

在诸多传播媒介的竞争中，环球集团公司在20世纪70年代以后逐渐成为巴西最大的媒介集团。它最早起家于伊里内乌·马里尼奥（Irineu Marinho）1925年创办的《环球报》（O Globo）以及1945年创办的环球广播电台。1965年马氏家族再建环球电视台后，逐渐形成一个强大的综合性媒介集团。有意思的是，20世纪80年代该集团的总经理为中国荣氏家族成员。目前环球集团公司是南美洲最大的媒介集团，还跨界经营食品、房地产、金融市场等领域。目前的总裁是罗贝托·马里尼奥（Roberto Irineu Marinho），巴西三大富翁之一。

罗贝托·马里尼奥和他领导的巴西环球集团公司主要传媒的标识

1989年，巴西第一个有线电视网"四月电视网"（TVA）开播。紧接着，环球集团公司也开发了有线电视和卫星数字电视，至20世纪90年代末，该集团占有巴西有线电视和数字卫星电视市场四分之三的份额。

2001年，旗手电视台创办巴西第一个24小时播出的新闻频道。

（四）巴西新闻传播业的特点

巴西不同于拉丁美洲的墨西哥或秘鲁，那里在欧洲人到来之前就已经存在较高级形态的印第安文明。巴西这块辽阔的土地上，散居着的印第安人部落当时处于原始状态，我们只能猜测可能会有原始的新闻传播，故而其现代新闻传播业的起点很低。

巴西在帝国时期就宣布了言论与出版自由，尽管不彻底，但这给巴西新闻传播业提供了较好的发展基础。葡萄牙统治时期，对巴西的新闻传播业并不重视，管制较为松散。巴西帝国建立后，新闻出版自由是由皇帝恩赐的。如前所述，虽然巴西的新闻传播业经历了较多的磨难，但由于历史上形成的新闻自由的传统，即使是最集权的政府，也没有做到绝对地限制新闻自由，一定程度地谈论政治还是允许的。另外，媒介作为经营的企业，在经济上受到的限制相对少些。同时，历经几次国内政局的变化后，新闻界总体上保持了相对的独立性。总体而言，巴西的新闻传播业处于稳步发展态势。

二、巴西新闻传媒业目前的格局

巴西 20 世纪末和 21 世纪初的经济发展速度在全球居于前列，它的新闻传播业也因此获得较快的发展。巴西人传统的信息接收习惯以音像为主，尽管现代人的文化水平已经大大提高，但是阅读印刷媒介依然有限，而电子媒介，特别是电视，却拥有最广泛的受众。因此，现在巴西媒介中得到最大发展的是电视业。

（一）广播电台、电视台（网）和网络

巴西现有全国性电视台网 5 个，商业电视台 227 家，教育电视台 20 家。巴西的广播电视多属民营。政府的巴西广播公司只拥有一家广播电台和一家商业电视台以及一家教育电视台。国营电视台的功能是通过各州的教育台和商业台，组成覆盖全国的网络。其播出的节目，主要是新闻和教育节目，也有一些电视剧和电影，影响力不大。

巴西现有的五大私人全国性电视网，按美国模式运作，它们是：（1）环球电视网（Rede Globo），隶属于环球电视公司，从 20 世纪 90 年代初起成为世界第四大电视网；（2）巴西电视公司（SBT）；（3）记录电视网（Rede Record）；（4）班德兰特斯电视网（Rede Bandeirantes）；（5）标题电视网（Rede Manchete）。

巴西最大的电视台（也是电视网）是环球台，每天 24 个小时向全国广播，覆盖率接近 100%。该台历史上政治观点随风倒。20 世纪 60 至 70 年代，该台迎合政变军人政府，然而在军人独裁统治的最后阶段，又一反“政府附庸”的形象，号召直选总统，结束军人专制，充当了 20 世纪 80 年代的“政治公开化”运动的开路先锋，影响了巴西的政治进程。

在卫星和有线电视领域，巴西最大的有线电视系统是环球集团公司所属的“巴西电视网”（Net Brazil）。居第二位的是阿布里尔出版集团所属的“四月电视网”。它们都通过卫星并经由电缆将节目传送到用户家中。

（二）通讯社

巴西有几十家通讯社，但规模都较小。目前勉强能够作为巴西通讯社代表的，只有官方的巴西通讯社（ABR）。该社每天多次播发供电台和电视台使用的简明新闻，大报纸有自己的通讯社，采用巴西通讯社的新闻稿较少。

（三）报刊

巴西的日报共465份（另外还有2 020家非日报），总发行量约700万份，9种报纸的发行量超过10万份，大都集中在圣保罗—里约地区，平均每千人的日报拥有量为61份。巴西报纸绝大部分为私营，只有极少数公报性刊物为国营。圣保罗、里约热内卢以及新首都巴西利亚为三大报业中心。

巴西的主要报纸有：

《圣保罗州报》（O Estado de São Paulo），是公认的位居巴西首位的综合性日报，也是拉美地区资格最老的报纸，已有130多年的历史。该报曾是南美洲发行量最大的报纸，立场较为保守、传统，目前发行量为23.6万份。此外，报社还拥有一家《圣保罗晚报》、一家电台和一个每天都会对外播发新闻的通讯社。

《圣保罗之页报》（Folha de São Paulo），是目前巴西发行量最大的报纸。它是由1921年创刊的晨报《圣保罗报》和《晚报》合并而来的一家综合性大报，迎合市民心理，立场较为激进，标题醒目，有较多的连续报道，一度发行量达到100万份，目前发行量30万份。

《环球报》，是环球集团公司中最知名的印刷媒体，立场保守，报道翔实。该报每天刊登漫画家契克的漫画，专栏《斯旺》所登载的新闻经常能引起轰动。就发行量而言，该报居巴西报纸的第三位。

O ESTADO DE S. PAULO

Tropas tomam posição de ataque

À tarde, aviões americanos e britânicos intensificaram bombardeios na zona de exclusão

Casa Branca alerta para a "perda de vidas"

Powell apela à Turquia pelo uso do espaço aéreo

BC mantém juro básico em 26,5%, com viés de alta

Lula à equipe: façam mais e falem menos

Gegê, do PCC, confessa que é autor do bilhete

INFLAÇÃO EM SP FICA ABAIXO DE 1% PELA PRIMEIRA VEZ EM 5 MESES • PÁGINA 21

O GLOBO

aguerradebush

CIA falha e Saddam escapa dos bombardeios a Bagdá

Tropas americanas invadem o Iraque por terra e tomam cidade; mísseis atingem ministérios

现在的《圣保罗州报》和《环球报》

《商报》(Gazeta Mercantil)，巴西最大的经济信息报纸，在圣保罗出版。该报可以追溯到莱维（Levy）兄弟1920年在圣保罗创刊的反映商品行情的小报《工商报》。1929年，他们在此基础上改组为《莱维商报》。1931年，他们将所属的其他几家经济类杂志与该报再合并，即为现在的《商报》。《商报》每天60版，发行量10.4万份。

《阅读》(Veja)，是世界第五大、巴西第一大新闻周刊，发行量110万份，1968年创刊，隶属于巴西第二大出版集团Abril。该刊以专题报道为主，图文并茂，评点入理，很快压倒了老一代的杂志。

【思考题】

1. 简述巴西新闻传播业的特点。
2. 识记《里约热内卢公报》、《圣保罗州报》、巴西环球集团公司。

第十一章
阿根廷新闻传播史

阿根廷共和国面积约 278 万平方公里（不含马尔维纳斯群岛和阿主张的南极领土），人口约 4 011 万，其经济规模在南美排名第三，仅次于巴西和墨西哥。1527 年，西班牙人开始在阿根廷殖民；1580 年，建立永久殖民地。1776 年，西班牙设置以布宜诺斯艾利斯为首府的拉普拉塔总督区。16 世纪起，西班牙殖民者便与当地的 90 万印第安人通婚、混居。1806—1807 年，英国人的入侵遭到成功的抵抗。1810 年 5 月土生白人发动"五月革命"成功，建立独立的拉普拉塔联合省。几经民主与专制的斗争，1853 年通过宪法，建立阿根廷联邦共和国。

二战之后，阿根廷出现过三次军人通过政变实行统治的情形（1955—1958 年、1962—1973 年、1976—1983 年）。战后对阿根廷产生较大影响的人物是担任过三届总统的庇隆（J. D. Perón，1946—1955 年、1973—1974 年在任）。前两届总统任中，他对内实行一党专政，将部分外资企业收归国有，对外奉行与美国和苏联均保持等距离的所谓第三立场。第三届只担任了一年即病逝，总统职位由庇隆夫人接任。

19 世纪 80 年代大批南欧移民涌入，进一步"漂白"了阿根廷。现在，阿根廷白人占 97%，印第安人与其他人种占 3%，西班牙语是官方语言。阿根廷的新闻传播业中心是首都布宜诺斯艾利斯及其周边的大都会区。殖民时代至独立和建国，这里一直是阿根廷全国唯一的港口和政治、经济、文化中心。阿根廷 46%以上的人口居住在布宜诺斯艾利斯大都会区。

一、争取新闻出版自由的斗争历程

殖民时代的阿根廷出版业受到殖民政府和教会的管制，当局禁止民间开办图书馆和书店。1556 年、1560 年，西班牙国王菲利普二世两次下令查禁与南美洲有关的违禁书籍；教会则负责审查合法出版物。[①] 但到 18 世纪末，启蒙思想家的著作和报告法国

① See S. N. Vittadini-Andres, "First Amendment Influence in Argentine Republic Law and Jurisprudence," *Communication Law and Policy* 4 (1999): 150.

大革命的书信广为传播。1799 年 8 月 17 日，总督曾下令追查来自欧洲和北美的有关革命的报道和攻击西班牙帝国的“虚假新闻”。[1]

阿根廷独立和建国后，新闻自由成为宪法原则。1853 年《宪法》第 32 条规定：“联邦国会不得颁布法律限制新闻出版自由，也不得授权联邦政府干预新闻出版自由。”但 1865 年最高法院采纳“事实政府理论”（de facto functionaries），承认政变上台的政府合法，并允许其利用《宪法》第 23 条宣布戒严。[2]

此后 100 多年，经济危机不断导致军事政变和独裁统治，新闻出版自由经常受到践踏。庇隆政府时期，实行记者登记制，控制新闻纸销售，限制报纸页数，关闭或买下地区报纸和印刷厂，将广播电视和很多报纸国有化。1974—1976 年，《国家安全法》第 3 条规定对威胁宪政与社会稳定的记者、发行人处以 2～5 年监禁。1977 年，《观点报》（La Opinión）记者哈科沃·蒂默曼（Jacobo Timerman）因发表《政治家的沉默》一文而被捕，关押 40 个月后被剥夺一切财产和公民权，驱逐出境。20 世纪 70 年代军人执政时期，导致 84 名记者成为“失踪人口”。

1981 年阿根廷记者哈科沃·蒂默曼被驱除出境

20 世纪 80 年代民选政府上台，阿根廷社会从此走向开放，媒体重获自由。1989 年，阿根廷《国家改革法》（State Reform Law）限制媒体中的国有股份，开放跨媒体合并，允许平面媒体投资广电，允许传媒吸收外资和金融资本，法律保护媒体免于破

---

① 参见［苏联］叶尔莫拉耶夫：《阿根廷史纲》，20 页，北京，三联书店，1972。

② See S. N. Vittadini-Andres, “First Amendment Influence in Argentine Republic Law and Jurisprudence,” *Communication Law and Policy* 4 (1999): 156-164.

产，并对媒体减税。①

但由于长期的专制统治，司法的孱弱导致不少刑法、民法中的罪名，都被用于迫害记者，诸如侮辱、诽谤、出版色情作品、以不当方式公布信件、煽动犯罪、为罪行辩护等。1991 年，《12 页报》（Página/12，1987 年创刊）专栏作家韦贝斯基（Horacio Verbitsky）因对最高法院院长“不敬”而被定罪，仅仅因为他 1988 年在该报发表的一篇文章中提及最高法院院长奥古斯托·贝卢西奥的一次访谈时使用了“asqueroso”（有“令人厌恶”和“对……感到厌恶”两个意思）一词。最终，韦贝斯基被迫逃亡美国。

经韦贝斯基向美洲人权委员会投诉，1994 年“不敬罪”在阿根廷国会以全票的表决结果予以废除。同年，修订后的阿根廷《宪法》宣布“事实政府”违宪。同年，阿根廷加入《美洲人权公约》。1999 年，美洲人权委员会根据《美洲人权公约》条款敦促梅内姆总统（C. S. Menem）起诉记者的多个诉讼案件达成庭外和解。

但是，新的问题随之显现，即阿根廷的银行业、采矿业和农业的民营资本垄断了阿根廷媒体。2008 年，政府从公共利益角度考虑增收农业税，遭到各大媒体的批评，民营媒体中只有《12 页报》等少数媒体支持政府。②

二、阿根廷新闻传播业的发展

（一）报刊

阿根廷历史上第一份印刷报纸是 1801 年 4 月 1 日在布宜诺斯艾利斯出版的西班牙文《商业邮报》（全称《拉普拉塔河乡村、政治、经济与历史商业邮报》，Telégrafo Mercantil，Rural，Político，Económico e Historiográfico del Río de la Plata）。该报的出版商卡贝友（F. Cabello y Mesa）和贝尔格兰诺（M. Belgrano）从总督那里获得了出版特许状。

殖民时代末期，伏尔泰、孟德斯鸠和卢梭等人的著作和关于法国大革命的私人书信等，纷纷从布宜诺斯艾利斯港口流入，地下出版物增多。1810 年年初，《商业邮报》编辑曼·贝尔格以商讨报纸出版事宜为由，组建了领导革命运动的委员会，其成员后来大都参加了这年的“五月革命”。

1810—1860 年为阿根廷的党报时期。1810 年“五月革命”中，革命领导人之一莫雷诺（Mariano Moreno）于 6 月 7 日创办了每周出版的临时政府机关报，是为阿根廷

---

① See M. A. Becerra & G. Mastrini，“Crisis. What Crisis? Argentine Media in View of the 2008 International Financial Crisis，” *International Journal of Communication* 4（2010）：616.

② See S. Waisbord，“Between Support and Confrontation：Civic Society，Media Reform，and Populism in Latin America，” *Communication，Culture & Critique* 1（2011）：101，104.

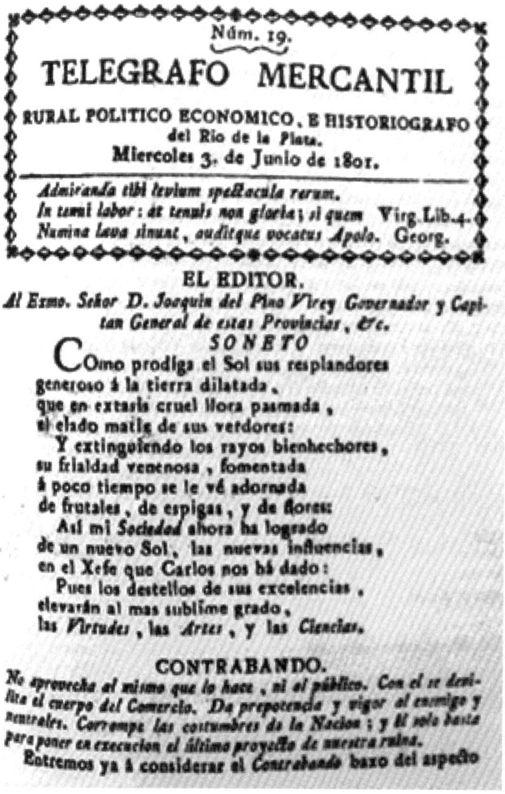
Núm. 19.

TELEGRAFO MERCANTIL

RURAL POLITICO ECONOMICO, E HISTORIOGRAFO
del Rio de la Plata.
Miercoles 3. de Junio de 1801.

Admiranda tibi levium spectacula rerum.
In tenui labor: at tenuis non gloria; si quem Virg. Lib. 4.
Numina laeva sinunt, auditque vocatus Apolo. Georg.

EL EDITOR.

Al Exmo. Señor D. Joaquin del Pino Virey Governador y Capitan General de estas Provincias, &c.

SONETO

Como prodiga el Sol sus resplandores
generoso á la tierra dilatada,
que en extasis cruel llora pasmada,
el elado matiz de sus verdores:
Y extinguiendo los rayos bienhechores,
su frialdad venenosa, fomentada
á poco tiempo se le vé adornada
de frutales, de espigas, y de flores:
Asi mi *Sociedad* ahora ha logrado
de un nuevo Sol, las nuevas influencias,
en el Xefe que Carlos nos há dado:
Pues los destellos de sus excelencias,
elevarán al mas sublime grado,
las *Virtudes*, las *Artes*, y las *Ciencias*.

CONTRABANDO.

No aprovecha al mismo que lo hace, ni al público. Con el se debilita el cuerpo del Comercio. Da prepotencia y vigor al enemigo y neutrales. Corrompe las costumbres de la Nacion; y él solo basta para poner en execucion el último proyecto de nuestra ruina.

Entremos ya á considerar el *Contrabando* baxo del aspecto

《商业邮报》头版样式

第一份现代报纸，6 月 7 日也因此成为阿根廷记者节。莫雷诺在创刊号上写道：“人民有权知道人民代表的所作所为，而代表们却乐于凭借他们手中那些用于掩盖罪恶的权力来捏造‘圣体’、‘神迹’，使民战栗。人民不应只满足于领导们治国得当，更应期待领导们绝不作恶。为了实现这些如此正当的要求，我们成立了委员会，委员会又创办了这份周报，名为《布宜诺斯艾利斯公报》（Gazeta de Buenos-Ayres）。”

19 世纪 20 年代，地方报纸纷纷出现，如《图库曼公正报》（El Tucumano Imparcial）、《门多萨公报》（La Gaceta de Mendoza）、《今日寒暑报》（El Termometro del Dia）等。

这个时期的报刊大多具有鲜明立场，例如 1838 年 11 月创办的《现代》（Moderno）周刊猛烈抨击罗萨斯总统（Juan Manuel de Rosas，1829—1852 年在任）独裁。罗萨斯垮台后，联邦派与地方派论战，自由派的《民族报》（非后来的同名报纸）主张全国统一，联邦派的《进步报》则强调地方力量，中间派的《巴拉那报》也参与其中。

阿根廷党报时期向商报时期过渡经历了百年（1860—1960 年）。19 世纪末，发行量较大的商业报纸开始出现。1869 年 10 月 18 日，何塞·帕斯博士（José Paz）创办《新闻报》（La Prensa）。该报中立、保守，以新闻为重，公信力强。其子伊齐基尔

GAZETA DE BUENOS-AYRES.

VIERNES 6 DE DICIEMBRE DE 1811.

EXCMO. SEÑOR.

ESPAÑA.

《布宜诺斯艾利斯公报》

（Ezequiel Paz）接管后效仿美式报纸，向公众提供免费医疗，还建立了大型公共图书馆。1870年1月4日，前总统米特雷（Bartolomé Mitre）创办了《民族报》（La Nación）。创刊号上自诩本报是“理论讲坛”，每天均发表社论。该报持中立保守立场，发行量一度达35万份，1930年前一直是全国第一大报。

1876年9月15日，苏格兰移民威廉·卡斯卡特（William Cathcart）创办英文《布宜诺斯艾利斯先驱报》，初为周刊，次年易主后改为日报。1976—1983年军人政府期间，该报与《观点报》是少数敢于揭露当局罪行的媒体，主编罗伯特·考克斯（Robert Cox）因此被迫逃亡到美国南卡罗来纳州。2010年，考克斯被授予布宜诺斯艾利斯杰出公民的荣誉称号。

20世纪20年代，阿根廷的新闻传播业开始走向专业化。阿根廷最早的新闻协会（Circulo de la Prensa）成立于1891年。1908年，布宜诺斯艾利斯记者协会（Circulo de Periodistas de la Provincia de Buenos Aies）建立。1935年，拉普拉塔建立新闻学研究生院（Escuela Superior de Periodismo），这是阿根廷第一个新闻院校。①

但在这个时期，党派、工会、私人资本依然赞助媒体，报纸也经常参与论战。1883—1887年，亲天主教的《教会之声报》、《团结报》与反天主教的《批评者》就教

① See J. G. Pinto, “Diffusing and Translating Watchdog Journalism,” *Media History* 1 (2009): 3-4.

会与教育议题展开论战。1890—1930 年则涌现了一批政党报刊，如劳动者联盟的《工人报》、社会主义俱乐部的《前进报》、社会党的《先锋报》、无政府主义的《被迫害者报》、农民联盟的《思想报》、共产党的《红旗报》等。① 二战期间，阿根廷出现接受德国使馆津贴的法西斯组织的报刊以及倾向法西斯的报刊。

1949 年 1 月，6 000 名印刷工和报贩罢工，除罢工委员会机关报《印刷工人之声》外，一周内阿根廷首都未出版任何报纸。这年年底，众议院查封进步报刊和反对党报刊达 100 多家。

20 世纪 40 至 50 年代，阿根廷的小报开始繁荣。1945 年 8 月 28 日，罗伯特·诺布雷（Roberto Noble）创办第一份小报《号角报》（Clarín）。该报立场温和，头版常长篇讨论“发展主义”。1951 年《新闻报》被收归国有，《号角报》趁机抢占市场，到 60 年代成为全国第一大报。与之竞争的是 1963 年 7 月 29 日由赫克托·加西亚（Héctor Ricardo García）创办的小报《纪事报》（Cronica），该报发行量一度达 80 万份。小报在 60 年代的兴盛，标志着阿根廷基本进入了商报时期。

Clarín
Shop & Co.
Cine, teatro y rock al aire libre Desde hoy, la Ciudad ofrece gratis más de 100 actividades
BUSCABAN INGRESAR A ESPAÑA 900 KILOS DE COCAINA
Drogas: caen hijos de ex jefes militares argentinos
Son los hermanos Eduardo y Gustavo Juliá, quienes fueron detenidos en el aeropuerto de Barcelona junto a Gastón Miret y a otra persona no identificada. Los Juliá y Miret son hijos de altos ex jefes de la Fuerza Aérea. Estaban al mando de un avión de una firma argentina, que había salido de Cabo Verde.
Medical Jet, una empresa que trabajó para Kirchner y Lázaro Báez
Los negocios de los hermanos Juliá con el menemismo, el PAMI y Yabrán
Sacan a la Gendarmería de trenes y estaciones
Los celulares 3D y la tecnología que viene
Además
River echó a Ortega, un final que se veía venir

《号角报》

20 世纪 80 年代，阿根廷的报纸盛行美式揭露报道，以《12 页报》为典型代表。该报创办于 1987 年，由费尔南多·索科洛维茨（Fernando Sokolowicz）出资，豪尔

① 参见［苏联］叶尔莫拉耶夫：《阿根廷史纲》，69、355～375、495、572 页，北京，三联书店，1972。

赫·拉纳塔（Jorge Lanata）任编辑。报纸立场中间偏左，小报风格，注重幽默，因揭露政府丑闻而一度跃升为全国第三大日报，创办5年后发行量达11万份。1991年，该报专栏作家和记者韦贝斯基因对最高法院院长“不敬”而逃亡美国。

1999—2002年的阿根廷经济危机，一度导致很多报纸丧失独立立场。《12页报》、《号角报》接受政府津贴，《新闻报》、《理性报》（La Razón）由官员或亲政府人士控股，只有《民族报》还坚持批评报道。随着经济复苏，民营报纸也逐渐恢复言论独立。

（二）广播电视

1920年8月27日，恩里克·苏西尼（Enrique Susini）在布宜诺斯艾利斯的克里苏剧院（Teatro Coliseo）播出瓦格纳的歌剧《帕西法尔》选段，他所采用的广播设备后来组建了阿根廷LOR广播台（LOR Radio Argentina）。1922年，LOX文化广播台（LOX Radio Cultura）创办，此后又有几家电台出现。1922年总统就职典礼、1923年世界重量级拳击冠军赛等都被广播报道。

20世纪30年代的阿根廷广播业发展很快，布宜诺斯艾利斯出现了25家广播电台。1937年，首家国营电台LRA国家广播台（LRA Radio del Estado）创办。1960年，该台率先实现24小时播出节目。

1951年，贝尔格兰诺电台（Radio Belgrano）台长杨克列维奇（Jaime Yankelevich）建立阿根廷第一家电视台，当年11月17日转播了庇隆与夫人艾薇塔的“五月广场演说”。

1946—1955年，庇隆政府将所有广播网收归国有，并控制了全国多数广播电台加盟的三大广播网“世界”（El Mundo）、“光辉”（Splendid）和“贝尔格兰诺”（Belgrano）。在广播网国有化大潮中，杨克列维奇的电视台被改组为国营7台。

1958年，阿根廷对外广播台（Radiodifusión Argentina al Exterior）开始面向国际广播。

1958年，军人政府下台前颁发了一批民营电视运营执照。1960年，获得执照的电视台开始播送节目。20世纪60年代，阿根廷电视业发展较快。阿根廷禁止外资垄断媒体，但外资可以与本地媒体合作建立制作公司。于是，全国三大电视网9台、11台、13台分别由美国三大电视网NBC、ABC与CBS控股。9台代表阿根廷传统文化，以身披斗篷的高乔人为标志。11台接受天主教会津贴，人称“牧师频道”。13台打破本土电视的艺术传统和商业传统，节目多产而严谨。[①]

---

① See J. Sinclair, *Latin-American Television: A Global View*, Oxford, Oxford University Press, 1999, pp. 93-94; M. Varela, “Media History in a ‘Peripheric Modernity’: Television in Argentina 1951-1969,” *Westminster Papers in Communication & Culture* 4 (2007).

1965 年 6 月，阿根廷出现首家有线电视台。20 世纪 80 年代，有线电视逐渐采取收费模式，扩大订户范围。1969 年，国家远程通信公司 ENTEL 正式直播卫星节目。1978 年，国营阿根廷彩色电视台（Argentina Televisora Color）首先彩色播出节目。2001 年，全国首家网络电台 ArInfo 出现。2005 年，菲利普斯公司率先制作并出售高清电视节目。

1972 年，联邦广播委员会（Comité Federal de Radiodifusión）成立，负责管制日益增多的民间电台。庇隆再次上台后，掀起第二轮广播电视国有化浪潮。国家广播（Radio Nacional）直接控制着全国 26 家广播电台。整个 20 世纪 70 年代，布宜诺斯艾利斯有 4 家国营电视台，马德普拉塔省和门多萨省也各有 1 家国营电视台。

1980 年《国家广播法》宣布放松广播管制。国家股份撤资，44 个广播电台私有化，与此同时，电视和卫星电视也向民营化发展。

（三）通讯社

阿根廷的通讯社出现较晚。1945 年，第一家通讯社美洲通讯社（Télam）由时任副总统的庇隆创办，为公私合营，1948 年报道范围扩展到全国。1963 年曾因发布“错误消息”而被军人政府关闭，1968 年被收归国有。2001 年经济危机时，该社一度与国营电视台 7 台和 LRA 合并。目前，美洲通讯社仍是国家控股的通讯社，直属总统府新闻国务秘书处领导，收入来自政府预算和广告。

阿根廷新闻社（Noticias Argentinas）1973 年由门多萨、里约内格罗、科尔多瓦和圣达菲的数家地方报纸创办。报联社（Diarios y Noticias）1982 年由全国报界代表联合创办，现在由号角集团控股，向《号角报》、《民族报》、《理性报》和《纪事报》等提供消息和图片。

三、阿根廷新闻传播业目前的格局

在拉美，阿根廷媒体的绝对规模仅次于巴西、墨西哥，相对规模（如人均报纸、杂志、广播电视、有线电视、互联网、移动电话使用量等）则与智利、乌拉圭等共居拉美之首。[①]

（一）报刊

阿根廷全国发行报纸 2 062 种，周刊 96 种，非西班牙语刊物 250 种。

① See M. A. Becerra & G. Mastrini, “Crisis. What Crisis? Argentine Media in View of the 2008 International Financial Crisis,” *International Journal of Communication* 4 (2010): 614.

主要的全国性日报有：

《号角报》，阿根廷发行量第一的日报（79.5 万份），该报面向中间市场，主要读者是中产阶级和职员。

《民族报》，就发行量而言是阿根廷第三大日报（21 万份），历史悠久，号称“档案报”，立场中立保守，主要读者是富有的农牧业主和企业界人士。

《新闻报》，19 世纪的老报纸之一，目前立场保守，支持政府。

《12 页报》，以往立场偏“左”，近年来接受政府津贴，不再批评政府。

《金融界报》（Ámbito Financiero），1976 年创刊，是一家保守型的财经类报纸。

《奥莱》（Olé），1996 创刊的体育报纸，深受大众欢迎。

《纪事报》，现在仍保持小报传统，刊载较多的社会新闻和犯罪报道，每天发行三次，总计发行量 60 万份，直追《号角报》。

阿根廷的主要非西班牙文报纸有：德文的《阿根廷日报》（Argentinisches Tageblatt）、英文的《布宜诺斯艾利斯先驱报》等。

阿根廷发行量最大的新闻周刊是 1989 年创刊的《新闻》（Noticias），其他比较有名的是财经周刊《市场》（Mercado）、综合类周刊《索莫斯》（Somos）和人物周刊《人物》（Gente）等。①

（二）广播电视

目前，阿根廷有调幅电台 101 家，调频电台 1 500 余家。民营的米特雷广播电台（Radio Mitre，1925 创办）收听率全国第一。LRA 国家广播电台与各地官方电台联合播出新闻，也经常与国营电视 7 台联合播出重大官方活动。

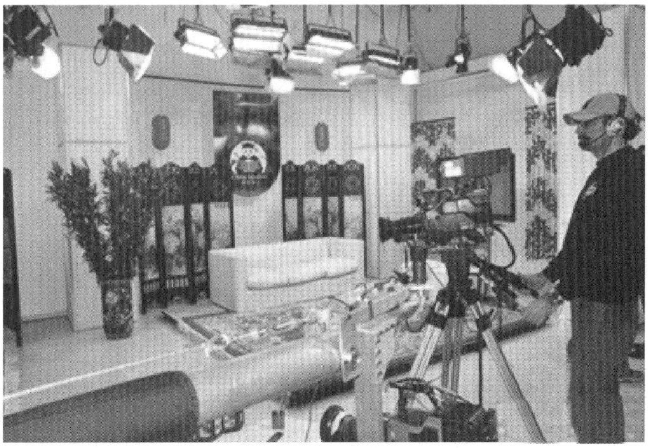

阿根廷有线电视 3 台拍摄华语节目现场

① 参见宋晓平：《阿根廷》，277 页，北京，社会科学文献出版社，2005。

目前，阿根廷有电视台 46 家，有线电视台 866 家。11 台、13 台、2 台、9 台和唯一的国营 7 台号称全国五大电视网。阿根廷的全国有线电视用户和卫星电视用户数量，均居拉美之首。

（三）通讯社

阿根廷只有 3 家长期保持稳定运营的通讯社，美洲通讯社最大，以国有股份为主，向全国 90％的媒体提供新闻。阿根廷新闻社位居第二，号角集团的报联社位居第三。

（四）传媒集团

在阿根廷的传媒集团中，1999 年形成的号角集团是最大的跨媒介集团，麾下有两份全国性报纸《号角报》和体育报《奥莱》，以及两家地区性报纸；还拥有电视 13 台、米特雷广播电台和有线电视新闻台；拥有全国唯一的新闻纸印刷厂（Papel Prensa）和第三大通讯社报联社；控股五角电影集团（Patagonik Film Group）。1996 年 3 月，号角集团创办“号角在线”（Clarin. com），该网站现在是西班牙语世界最大的新闻网站。

【思考题】

1. 简述阿根廷 20 世纪 80 年代以后的新闻政策。
2. 识记阿根廷目前最大的传媒集团、最大的报纸和通讯社。

第三编

亚洲板块（西亚除外）

亚洲各国有千年至数千年的文明史，亚细亚社会与西方社会之间存在较大的文化差异。因而，当西方文化（包括新闻传播文化）来到亚洲的时候，东西方文化的碰撞是不可避免的。经过较长时间的磨合，西方新闻传播的形式和内容，无形中融入适当的东方内容，才逐步在亚洲生根。同时，东方古代的传播文化的某些要素也给予西方传播文化以影响。进入 21 世纪之后，世界报业格局出现明显变化，亚洲日报的发行量增速远超欧美。根据世界报业与新闻出版者协会 2012 年公布的数据，日报发行量进入前 100 名（包括免费报纸）最多的前三甲国家分别是：中国、印度和日本。广电媒体的发展也同样迅速。由于人口基数大、经济发展很不均衡，亚洲国家新闻媒体的总体发展水平和人均占有量仍然是比较低的。本编重点介绍南亚印度、东亚日本和韩国、东南亚印度尼西亚的新闻传播业发展史。

柬埔寨暹粒机场出售的通过传真打印的当天西方国家报纸，每份售价 5 美元

（陈彤摄）

第十二章 印度新闻传播史

印度是南亚次大陆最大的国家，世界四大文明发祥地之一，现在面积约为298万平方公里，人口近13亿。

公元前3000年，这里是印度土著居民的散居地。公元前24世纪，雅利安人中的一支迁徙到印度河中上游一带，并在公元前1500年向东击败印度土著居民，占据恒河中上游。印度雅利安人统治的时代被称作“吠陀时代”（公元前1500—前600年）。

“吠陀时代”后紧接着是“列国时代”，这是南亚次大陆更多地区建立国家和各国发展争斗的时代。公元前324年，孔雀王朝建立，这个王朝的第三位国王阿育王，基本完成了印度的统一（主要是北方的统一）。经历了几个王朝之后，公元6世纪印度进入大分裂时期（公元567—1173年）。13至17世纪，一系列外族、外宗教（主要是伊斯兰教）入主印度，最后一个入主印度的是蒙古部族建立的莫卧儿王朝（1526—1858年）。

15世纪末，欧洲通往印度的新航路开通，葡萄牙人、荷兰人、英国人、法国人相继来到印度。1600年，英国人在印度建立东印度公司。1849年，英国占领印度全境；1858年，取代莫卧儿王朝实行直接统治。1885年12月，印度第一次国民大会（此后形成国大党）召开。1906年，穆斯林联盟和印度教大会党成立。印度民族运动形成全国性规模活动。

1947年，英控印度中信奉伊斯兰教的部分形成独立国家——巴基斯坦；其他大部分地区独立后形成现在的印度。印度独立后30年内国大党一党执政。1978年，人民党上台执政，形成多党制。20世纪80年代印度开始“商业导向”的改革，90年代开始“市场导向”的改革。

一、印度独立前新闻传播业的发展

印度古代信息传播以宗教为主要内容，诗和散文为主要传播形式，这一传统至今影响着印度的社会信息传播（包括新闻传播）。公元前5世纪至公元7世纪，古印度的传播内容与佛教关系密切；8 世纪起，印度教代替佛教，成为印度社会传播最广的宗教；13 世纪以后，伊斯兰教开始在印度传播。莫卧儿王朝第六任皇帝奥朗则布（1659—1707 年）在位时，出现手抄宫廷邸报。

印度的现代新闻传播，是从外部植入的。1780 年 1 月 29 日，英国人希基（James Augustus Hickey）在加尔各答创办了印度第一份现代报纸《希基氏孟加拉公报或加尔各答大众广知者报》（*Hickey's Bengal Gazette or the Original Calcutta General Advertiser*）。希基是印刷工人出身，其办报方针是："这张关于政治和经济的周报向所有党派敞开，不受任何党派的影响。"该报为英文，每期两页，主要报道政治和商业新闻。该报维持了两年。

HICKY's
BENGAL GAZETTE;
OR THE ORIGINAL
Calcutta General Advertiſe
A Weekly Political and Commercial Paper, Open to all Parties, but influenced by None.
From Saturday March 3d to Saturday March 10th 1781.

《希基氏孟加拉公报或加尔各答大众广知者报》1781 年报头

英国殖民当局对印度的多年统治，逐渐产生了印度本地的新型知识分子。他们中最早创办报纸的是印度人巴塔查基（G. Bhattacharjee），他于 1816 年创办了英文周刊《孟加拉公报》（*Bengal Gazette*），但只出版了约一年。

1818 年，第一份当地文字印地文的报纸出现，即由三位英国的传教士创办的《新闻之镜》（Samachar-Darpan）。1821 年，印度早期社会活动家和哲学家罗易（Ram Mohan Hoy）创办了第一份孟加拉文报纸《明月报》和孟加拉文期刊《孟加拉使者》，这是印度人自己办报的开始。

1848—1856 年，印度总督大贺胥侯爵（James Andrew Ra'nsay）健全印度与欧洲的电报线，改进邮政，修建铁路、公路、港口和灌溉设施，创办现代教育。马克思评价道："英国人用宝剑实现的这种统一，现在将被电报巩固起来，永远地存在下去。……在亚洲社会里第一次实行并且主要由印度人和欧洲人的共同子孙所领导的自由报刊，是改建这个社会的新的和强有力的因素。……土著居民中间，正在成长起一个具有管理国家的必要知识并且接触了欧洲科学的新的阶层。"①

随着英国对印度全境的占领，英印之间的民族矛盾深化，1857—1858 年印度爆发全面的反英起义。起义失败后，19 世纪下半叶的印度报刊界以使用的文字划界，出现

① 《马克思恩格斯全集》，中文 1 版，第 9 卷，247～248 页，北京，人民出版社，1961。

一种奇特的现象：英文报刊不论是自由派还是保守派，大都倾向于维护英国的统治；而各种本地文字的报刊，不论有多少内部的分歧，多数倾向于反英。此后近百年的印度新闻史，商业报刊与政党报刊同在发展，不同报刊间的民族、党派斗争也颇为激烈。

伴随着印度工商业的进一步发展，一些英资的报刊逐渐转移到印度本地的金融、工商业家族手中。《孟买时报》创刊于1838年，1861年它与其他两家报纸合并，改名《印度时报》（*The Times of India*），由贝内特·科莱曼公司经营。20世纪初，印度大银行财团之一的达尔米亚（Dalmia）财团看上了该公司从事黄麻贸易的实力而买下该公司，自然也接下了该公司的《印度时报》。该报当时在英属印度已是商业大报。

THE TIMES OF INDIA

CBI doesn't know D's Indian!

Gunman kills 22 on US campus

Shootout At Virginia Tech Is Deadliest In American History

MORAL POLICE TAKES LAW INTO ITS HANDS

I held, Tata docs grilled in rape case

CARIBBEAN CRUSADE

Drunk businessman who ran over cop gets 1-year jail term

EARN MAHAINTEREST

9.1%

ONE YEAR 9.5%

Meet Jet's new sibling, Jetlite

DAIKIN

现在《印度时报》的版面

英国在印度殖民统治的政治、经济和文化中心是加尔各答。1868年，高希（Ghosh）兄弟在加尔各答创办《甘露市场报》，随后创办了该报的多个其他城市版。1937年，该家族又创办孟加拉文《划时代报》（Jugantar），从而成为印度东北部的一个较大的本土报团。1875年，英国人奈茨（Robert Knights）在加尔各答创办大众化英文《政治家报》（*The Statesman*）。1922年，印度钢铁、纺织工业的塔塔（Tata）财团购买该报，并在该报基础上创办一些新报刊，形成印度东北部的一个较大的报团。1922年，萨卡尔（Sarkar）家族在加尔各答创办孟加拉文《喜欢市场报》（Ananda Bazar Patrika），以大众化的内容吸引了本地读者。1937年，该家族创办英文《印度斯坦旗帜报》（*Hindustan Standard*），从而成为印度东北部最大的本土报团。

在东南部的马德拉斯，1878年苏布拉马尼亚（G. Subramania）等六人创办英文周报《印度教徒报》（*The Hindu*），1883年改为周三刊，1889年成为日报。1919年，该报由卡斯图里·斯里尼瓦桑（Kasturi Srinivasan）买下，向商业化报纸发展，成为在全国有影响的报纸之一。

《印度斯坦时报》（*Hindustan Times*）是一份1918年创刊于北部城市巴特那的英文报纸，1923创办首都德里版后开始闻名。二战后，该报成为印度最大的财阀之一比尔拉家族的产业。

1927年7月，英资私营印度广播公司（Indian Broadcasting Company）获得殖民当局颁发的特许经营证，开始在加尔各答和孟买定时播音。这是印度广播业的正式开始，当年全国只有3 000台收音机。1930年4月，该公司被殖民政府劳工部接管，更名为印度国家广播服务处（Indian State Broadcasting Service）。1936年6月，殖民当局仿照BBC的管理模式，将这个机构改组为全印广播电台（All India Radio，AIR），1939年10月，开设对外国际广播节目，当时主要服务于反法西斯战争。印度独立时，全国有广播电台9家，面积覆盖率25%，持有收听证的听众24.8万，影响力甚小。

二、印度独立后新闻传播业的发展

1947年印度独立时，新闻界的英资已经基本退出，让位给印资。新闻界从殖民地时期过渡到独立后，基本继承了英国人留下的文化传统。不同的是，印度报人有了主人意识，由于少了英国殖民者这一层的控制，报刊的自由度似乎较殖民地时期要大些。

同年，印度的几家主要报纸联合组建了印度报业托拉斯（Press Trust of India，PTI），简称“印报托”，几年内逐步接收了路透社和附属的印度联合新闻社在印度的资产和业务。印报托为私人通讯社，凡是购买印报托新闻稿的印度新闻媒体均可购买该社股票。此后该社一直是印度最大的通讯社。

独立之时的印度报业中，又出现一个较大的报系，这就是戈恩卡（Goenka）家族的《印度快报》（*Indian Express*）报系。戈恩卡家族是印度从事工矿业和金融业的财阀之一（控制报团的是两个有宗族关系的戈恩卡家族）。1953年，《印度快报》在德里出版，并迅速向全国扩展，印度各个财团报系之间的竞争明显加剧。

印度的报刊均为家族式企业，报刊的重要岗位为家族成员垄断。受到种姓制度的影响，吠舍种姓（商人种姓）在经商活动中的传统优势仍然存在，它们与西方现代市场经济相结合，在印度经济生活中形成一种具有印度特色的行业垄断，报业也是如此。

印度少数家族财团控制的报系实际上控制着印度新闻传播业的局面，印度的新闻自由一定程度是少数具有传统的商业种姓的商业大家族的自由。

1959 年 9 月 15 日，印度试验播出电视节目，当时只有 21 台电视机。1965 年，正式开办电视台——印度国家电视台（Doordarshan India，DDI），该台属于全印广播电台（后来分离出来），每天播出 1 小时。由于体制僵化和观念落后，播出的节目宣传腔浓重，不受观众欢迎，在与报纸的竞争中处于弱势。1984—1985 年播出的第一部 156 集肥皂剧《我们民众》（Hum Log）获得空前的成功，该剧让人们接受了电视也是一种娱乐工具的观念。

20 世纪 90 年代初，印度悄然兴起小型私人或社区性质的有线电视。依靠卫星，印度传媒大亨苏巴斯·钱德拉（Subhash Chandra）于 1992 年 10 月创办了 Zee TV，这是印度国内第一家私营卫星电视。1995 年，日本 SONY 娱乐电视台开始对印度广播，一开始就致力于开发印地语节目，很快就成为印度最受欢迎的商业电视台之一。2002 年年底，印度的有线电视用户数达到 4 200 万户，印度成为仅次于中国和美国的有线电视第三大国家。

苏巴斯·钱德拉和 Zee TV 标识

三、印度新闻政策的演进

英国人统治下的印度，形式上的新闻出版自由与实际上对自由的剥夺形成鲜明的对比。

印度独立后，1949 年宪法规定了新闻出版自由，并规定关于议会和立法会议进程的报道，只要属实，就不受民法或刑法的追究。但宪法关于紧急状态下可以停止执行包括新闻自由在内的各项人权规定的条款，也给后来印度历史上多次以宣布紧急状态为由迫害报刊埋下了伏笔。

尼赫鲁（Jawaharlal Nehru，1889—1964 年）是印度独立后的第一位总理。1938 年，创办国大党机关报《国民先驱报》（*National Herald*）并任主编。他曾说："我宁可要一个完全自由的报界，并承担自由被滥用而导致的所有危险，也不愿意要一个因受到镇压和管制而唯唯诺诺的新闻界。"然而，独立后担任总理的尼赫鲁于 1951 年 5 月提议修改宪法第 19 条，要求取消"言论自由"这项公民的权利，理由是防止利用言论自由危害国家安全和对外邦交。

印度独立后，原来民族报刊与英国殖民者的矛盾弱化，报阀与国大党就"印度社会主义"政策而矛盾显现，冲突不断，而报阀与政府的冲突中，报阀的利益里也有部分新闻工作者的利益，显示出矛盾的复杂性。

1975 年 6 月，英迪拉·甘地的国大党政府突然宣布全国进入紧急状态，以《印度快报》评论家 J. P. 拉扬为首的 250 多名新闻工作者被逮捕。9 个月紧急状态的前 7 个月，全国有 2 522 家报刊（208 家日报、1 434 家周报、362 家双周报和 518 家月刊）被迫停刊。

1978 年人民党上台执政，新闻自由得以恢复。地方性语言和文字的流通得到鼓励，在纸张、广告的分配上多少照顾到小报刊的利益（小报刊日渐增多客观上抑制了财团报业的独占地位），广播公司从国营转变为公营，允许私营有线电视，允许外资在卫星电视方面与内资合作、投资等等。于是，一种照顾到各方利益的具有印度特色的自由主义新闻传播业模式得以逐渐稳定下来。

2002 年，印度出台全国性法律《信息自由法》。"信息自由"指的是从任何政府部门获取信息的权利。2004 年 6 月，印度政府放宽 1955 年规定的对外国人办报的限制，有条件地开放报业市场。外国投资者最高可持有非新闻性印刷品 74%的股份和新闻性报刊 26%的股份。2005 年 5 月，人民院通过《知情权法案》，知情权被视为公民的基本权利。

四、印度语言文字的复杂带来的传播问题

印度数千年来成为许多不同的民族、种族和宗教交融的地区，古代信息的闭塞造成语言的地方性流通占主导地位，缺乏全国通行的语言。印度独立时起草宪法，使用 15 种语言；而在报刊统计中，以 18 种主要地方性文字来划分报刊种类。

英国殖民统治时期，英语是唯一流通全国的语言，但是懂英语的人不到人口的十分之一。印度本地语言中，只有北方的印地语占人口比例相对明显地高些（40%，而且其中许多不同的部族语言差别很大），讲其他十几种主要的地方语言的人，每种至少也有数千万。

1973年，印度政府试图用印地语替代英语，规定印地语为唯一通行的公共语言，结果爆发其他语言种族（主要在南方）大规模的“反对印地语公共化”的群众运动。

1979年，北方印地语报刊超过英文报刊，成为印度报刊发行总量中使用最多的文字。目前，印度发行量排名前十位的报纸中，印地语报纸占了四席。这对于缺少政治权力的讲南方语种的民众来说，不仅是使用语言的问题，还意味着在国家中的地位下降。2001年，印度出版的报刊使用了101种文字。由于语言的局限，唯一能在全印流通的只有英文报刊。

广播电视业被认为是突破文字障碍的途径，受到印度政府的大力扶持。全印广播电台新闻部对内广播使用总共约230种语言，对外广播使用17种外国语和8种本国语言，如此众多的语言服务无疑增加了成本负担。

五、印度的新闻传播业目前的格局

（一）报刊

根据BBC 2012年年初的报道，印度的报纸总数超过7万份，报纸总发行量超过1亿份。世界报业协会（World Association of Newspapers）2010年发布的调查报告称，2005年以来，印度收费日报的种类激增44%，达2 700种，这个数字多于世界上其他任何国家。

2001年，印度有英文日报407种，而印地语日报2 507种，乌尔都语日报534种。但英文报纸是唯一能够在全印流通和对外传播的报纸，英文报纸的读者也是印度社会和政治生活中最有影响力的阶层，因而传统的英文大报，依然是印度的代表性报纸。

依历史和现实的影响力，《印度时报》始终是印度的第一大报。1999年之前，该报每天在8个大城市同时出版，发行量近年有很大增长，达380万份。另外，两家较有威望的英文日报是《印度教徒报》和《印度斯坦时报》，发行量分别为151万份和130万份。

《印度快报》曾在印度报界享有很高的声望。1999年，戈恩卡家族因内部矛盾而将报纸分成《新印度快报》（*The New Indian Express*）和《印度快报》（*The India Express*），影响力因此下降。

仅从发行量看，当时排名第二位的是299万份古吉拉特语《天眼太阳报》（Divya Bhaskar）。第三位是279万份的印地语《觉悟日报》（Dainik Jagran），第四位是发行190万份的马拉雅拉姆文《美丽马拉雅拉报》（Malayala Manorama）。印度东北部以加尔各答为中心的孟加拉语地区，127万份的孟加拉文《喜欢市场报》排名第七。

മലയാള മനോരമ
പിണറായിയും വിഎസും ഇല്ല

马拉雅拉姆文《美丽马拉雅拉报》

আনন্দবাজার পত্রিকা
দেশ জুড়ে সতর্কতা, উদাসীন রাজ্য

孟加拉文《喜欢市场报》

印度的杂志多达 49 814 种，其中印地文杂志 19 422 种，英文杂志 7 704 种。代表性的新闻周刊是《今日印度》(*India today*)，该刊 1975 年创办，样式和内容模仿美国《时代》周刊，发行量 110 万份，曾被评为“亚洲最佳刊物”。

（二）通讯社

印度报业托拉斯（PTI）依然是印度最大的通讯社。该通讯社一度具有半官方性质，现在是较为独立的由 450 多家报社出资的非营利合作组织，总部在德里。第二大通讯社是印度联合新闻社（UNI）。这是由于报界内部矛盾，1961 年由《印度时报》、《印度斯坦时报》、《政治家报》、《印度教徒报》联合发起的一家通讯社。1975 年紧急状态时被强行并入印报托，1978 年重新独立经营，属于合股企业。印度的其他通讯社规模较小，均是私人经营。

（三）广播电视

公营全印广播电台（AIR）在印度仍占主导地位，拥有 205 个电台，其中 18 个以播送商业新闻为主。每天使用长波、中波、短波和调频共 306 个波段播出节目。

印度的电视市场已形成公营印度国家电视台（DDI）、本国私营电视频道和外国电视频道三足鼎立的竞争格局。DDI 的改革措施得力，不仅没有被挤出电视市场，反而增强了自己的竞争实力，现在拥有 23 个频道、56 个节目制作中心和 1 314 个地面转播站，人口覆盖率 89%，每周播出的总时数 1 485 小时，是世界上规模最大的电视传播机构之一。

最大的民营电视台 Zee TV 不仅在本土发展，还落地英国、美国和非洲，并覆盖全球 120 个国家和地区，观众超过 5 亿。该台现属于 Zee 集团的 Zee 娱乐公司，与 Zee 娱乐公司并行的是 Zee 新闻公司。

现在的印度观众能收看到 40 多家外国卫星频道节目。很多外国电视公司纷纷组建印度分公司，开发适合印度人口味的本土节目。

就电视新闻频道而言，印度共有 18 个频道，主要的 4 家是：Zee 新闻频道、DDI 新闻频道、卫星电视新闻频道、隶属于印度今日集团的今日新闻频道（Aaj Tak）。

【思考题】

1. 简述印度语言文字的复杂带来的传播问题。

2. 简述印度独立后新闻政策的演进。

3. 识记 1780 年《希基氏孟加拉公报》、印度三大全国性报纸、印度报业托拉斯、DDI 和 Zee TV。

第十三章 日本新闻传播史

日本是个岛国，陆地面积约 37.8 万平方公里，人口约 1.27 亿，境内岛屿 6 800 多个，其中北海道、本州、九州、四国四大岛的面积占 99.37%。原始时期，日本就形成了几乎单一的种族和语言。公元 6 世纪，进入文明社会。最早关于日本的历史记载，来自中国的《汉书》和《后汉书》。根据记载，日本最早的两个国家分别是邪马台国和大和国，现在日本天皇的血统是大和国“大王”的单一血统。

公元 645 年的“大化革新”，确立了日本以天皇为中心的中央集权制。12—19 世纪，日本最高军事长官（征夷大将军）的幕府实际上控制政权达 700 年。近 1 400 年的中央集权（其中一半时间是军事中央集权）以及与政治、军事集权相伴的神道教，巩固了日本历史上逐渐世袭化了的社会等级制度（士、农、工、商）和忠于主君的意识。

1854 年 2 月 13 日，美国准将培里（Matthew Calbraith Perry，1794—1858 年）率领舰队来到日本，德川幕府被迫同意门户开放。1867—1868 年“明治维新”，天皇恢复皇权统治，同时向西方学习。而向西方学习，学习的是德国的“皇权专制＋自由主义”。

日本经历短暂的政治民主后，很快被法西斯军国主义取代。1931 年，日本发动对华战争；1940 年，与德国和意大利结成轴心国；1942 年 12 月，偷袭美国珍珠港；1945 年，战败投降。战后同盟国占领军进驻日本，1952 年撤出。

一、日本新闻传播业的发展

（一）日本早期的新闻传播

17 世纪后期，日本江户出现“读卖瓦版”。这是一种通过烧制瓦版拓印的单页新闻纸，内容大多是各种突发事情，如地震、火灾、战争、自杀、殉情等，图文均有，印好后在街上叫卖。现存最早的读卖瓦版是 1615 年的《大阪夏之阵图》，记载了这年夏天发生在大阪的一次战争。

日本最早出现的报纸，是1858年从中国翻刻传入日本的《官版中外新报》，此报系由在中国宁波活动的传教士发行。接着，英国人A. 汉萨德于1861年6月创办英文《长崎船舶新闻》，同年11月又在横滨创办英文《日本先驱报》。

最早在日本出版的日文报纸，是1862年1月由官方“洋书调所”（外国事务研究所）的工作人员竖川三之桥、万屋兵四郎印刷发行的《官版巴达维亚新闻》，“新闻”一词系日文“报纸”之义。此报翻译自在荷属印尼巴达维亚出版的荷兰文报纸。

（二）明治维新后兴起的日本新闻传播业

明治维新中，官方提出文明开化、殖产兴业、富国强兵的三大政策。在热闹的政治争论和向西方学习的过程中，国民整体处于兴奋状态，新闻传播业发展极为迅猛。1871年1月，日本首家日报《横滨每日新闻》出版。由于政府将报纸视作文明开化的重要一环，《横滨每日新闻》和1872年创办的《东京日日新闻》、《邮便报知新闻》、《新闻杂志》（属于报纸）等，都有不同的官方支持背景，被称为“民办官助”。

19世纪70至80年代，各种报刊多少都卷入到官场“官权派”（立宪改进党）、“民权派”（自由党）和“帝政派”的斗争中。政府担心党派间的争论会导致难以控制的社会运动，一方面修改报纸条例，制定“诽谤律”，取缔言论自由，一方面使用离间、劝说的方法瓦解了三个政党。没几年，日本的所谓党报时期消逝。经历了较多的因参与政治而受到打压的事件之后，日本的政党报刊没落了，一种与政治保持距离的畸形新闻职业意识开始形成，报刊商业化成为趋势。

1873年，日本出现版面小、不刊登政论、以社会和娱乐新闻为主的“小报”，一般把《东京假名书新闻》视为最早的小报。现在日本的《读卖新闻》和《朝日新闻》，1874年和1879年创办时即是小报。

19世纪70年代日本妇女看报纸的摆拍照片

1886年，《邮便报知新闻》的主持人矢野文雄从欧美考察回来后，最早在编辑、经营、发行等各方面对报纸实行现代产业化管理，两年内报纸的发行量从 6 700 份上升到 2.2 万份，居当时东京报纸的第一位。1889 年，这份报纸开始一天内分别出版早、晚刊并获得成功，由此逐渐形成日本日报的一种出版传统。

19 世纪末，大阪《朝日新闻》和大阪《每日新闻》形成竞争局面。1911 年，大阪《每日新闻》买下《东京日日新闻》。1930 年，《朝日新闻》和《每日新闻》先后从大阪进入东京，与《读卖新闻》形成三报鼎立的局面。也是在这个时候，由《读卖新闻》起头，其他主要报纸跟进，形成日本报纸的宅配发行制度。在东方特有的以人际关系为纽带的文化传统中，这种发行体制对于稳定各自的读者群，起着相当重要的作用。

1918 年 8 月 26 日，《朝日新闻》晚刊报道关西记者大会时写道："新闻记者不能安安稳稳履行自己的使命，以金瓯无损而自豪的我大日本帝国，岂不面临最后受审的日子了吗？'白虹贯日'的不祥之兆正雷电一般闪过头顶。"官方以"破坏安定秩序"的罪名起诉执笔者和编辑，硬说"日"代表天子，此矛头指向天皇，罪过非浅。社长村山龙平遭到毒打并被绑在公园的石柱上，头部缠着写有"替天诛国贼"的布条。其实从字面上看，报纸同样持有狂热的国家主义观念，只是在具体问题上提醒当局不要过分自信而已，然而即使这样也不能被当局容忍。该报于 12 月 1 日发表社论低头认错。日本新闻学者内川芳美就此写道："通过'白虹'事件，明治末期以来实际上行进在企业化道路上的报纸，幡然醒悟其企业性。迄今关于报纸力量的幻想被打破了，对政论新闻事业以及发动群众运动的最后留恋被丢弃了。从此，报社更加致力于企业发展。"①

与报业的发展相适应，1887 年日本第一家通讯社东京急报社成立，创办人为六角正太郎。1903 年建立的帝国通讯社和 1911 年建立的日本电报通讯社（电通）是其主要竞争对手。

1925 年日本出现广播电台，1926 年当局便成立社团法人日本广播委员会（NHK），由政府直接掌握日本的广播业。

传媒产业化，就要有新闻可报可炒。在当时的情况下，传媒只能顺着当权者提倡、允许的方向，特别是炒作对外战争。日本报刊和通讯社对 19—20 世纪日本发动的所有战争，均主动、积极地鼓吹，因为即使表现温和也会受到同行的谴责和蔑视。日本传媒营造的这种舆论环境，推动了日本对其他民族的战争，同时也为自身带来巨大的经济利益。"利益驱动＋国家主义"，这是驱动日本传媒明治以后产业化的两个轮子。

（三）"九一八"事变后日本媒介法西斯化

1931 年日本发动"九一八"事变。1932 年，日本政府取缔各种出版物（包括报

① ［日］内川芳美、新井直之：《日本新闻事业史》，38 页，北京，新华出版社，1986。

刊）的事件达 5 000 起；1932—1933 年，抓捕文化人 3.4 万。1934 年，《时事新报》一位记者被暴徒刺杀，《朝日新闻》编辑总务被刺重伤；1935 年，《读卖新闻》社长被刺；1936 年，朝日新闻社遭暴徒袭击。1935 年，政府发起“国体明征运动”，目的是彻底消除明治维新时期传入的自由民主思想，完全回归到神权天皇制的“国权论”。1938 年，发动“国家总动员运动”，全面实行经济统制、国民统制和精神统制。1940 年，内阁各省和军队各兵种的情报部门合并为“情报局”，对所有涉及传播的载体，包括报刊、广播、通讯社、电话、电影、戏剧、曲艺、绘画、唱片等等实行直接控制。

1931 年，日本的通讯社有 200 多家。1936 年 11 月，在联合新闻社（1926 年建立）和电报通讯社两大通讯社的基础上（帝国通讯社在竞争中衰落）建立同盟通讯社。该社完全被军部控制，其他通讯社以加盟的形式归到该社名下，当时共 189 家。该社积极参与法西斯轴心国与同盟国的电波战，使用 24 种语言全天候发稿和广播，其宣传的广度和强度毫不逊色于德国法西斯。

1942 年太平洋战争爆发第五天，军部宣布除几家全国性大报外，其他报纸一律按一县一报的原则实行合并。几个月内，除了《朝日新闻》、《每日新闻》、《读卖新闻》外，全国近千家报纸合并为 53 家报社（57 家日报），东京的 11 家产业报纸合并为《日本经济新闻》，关西的产业报纸合并为《产经新闻》。

广播煽动战争的作用远比报纸广泛。为强化对广播的控制，广播委员会改组，邮政省、内务省和文教省相关局的负责人参与进来，现役军人主持的煽动战争和进行法西斯教育的节目越来越多。太平洋战争爆发后，广播中甚至连外来词汇都不准使用，禁止播送 1 000 首外国歌曲。

（四）同盟国占领军对日本新闻传播业的自由主义改造

1945 年 8 月，日本无条件投降。1945 年 9 月，根据《波茨坦公告》，同盟国对日占领军（主要是美军，以美、英、中、苏等 11 国组成的远东委员会的名义）占领日本。占领军采取了直接支配的方式，对日本大众传播业进行自由主义改造。

1945—1946 年，同盟国占领军最高统帅司令部（盟总）发布了一批与大众传播相关的文件，内容包括：废除战时法西斯政府所有关于大众传播的法律法规、撤销战时统制大众传播的情报局、解除战时被禁出版物、销毁和没收宣传法西斯主义的出版物，同时规定占领时期实行新闻检查。

在要求天皇发布《人间宣言》（即宣布自己是人而非神）之后，盟总直接参与起草日本新宪法。1946 年 10 月日本议会通过了新宪法。这部宪法第 21 条规定：“保障集会、结社、言论、出版及其他一切表达的自由。不得对之进行审查。”这与旧帝国宪法第 29 条“在法律许可的范围内”才有表达自由的规定比较，性质是完全不同的。有日本学者认为，“从这个意义上说，新宪法所保障的表达的自由，并非自由的恢复，而是自由的开始”①。

1945年9月27日盟总发布《政府与新闻业分开备忘录》之后，宣扬法西斯军国主义的同盟通讯社于10月30日解散。由14家主要报纸和广播委员会筹备，报联社体制的社团法人共同通讯社于1945年11月1日成立，同一天成立的还有以提供经济新闻为主的株式会社时事通讯社。

1945年12月11日，盟总致邮政省领导人的备忘录，确定改组广播委员会的意向。1946年，由盟总推荐的17人组成新的广播委员会，战时宣传法西斯主义的原广播委员会成员全部下台。1947年10月，盟总对日本的广播体制做出指示：确立广播公正、自由、服务公众和遵守技术标准等原则；确立广播委员会真正公营的性质，脱离政府、政党而作为独立机构运作；允许民营广播业；建立一个民间性质的电波管理委员会管理频道。1950年4月，日本议会依据这个指示的精神通过了相关法律。

1951年4月，作为自治机构的电波管理委员会颁发了第一批16家广播公司的营业执照。当年9月1日早晨6时30分，设在名古屋的“中部日本广播”电台首次播出民营广播电台节目。1953年2月1日，NHK所属“东京电视”成为日本第一家开播的电视台。

盟总从新闻自由的理念出发，鼓励复刊老报刊和创办新报刊。1947年年底，日本出现约180家复刊或新创办的报纸，出版社从300家增至4 500多家，杂志从不到1 000种增至7 000多种。但1947—1949年的经济危机对报业造成重创，导致一大批报纸、杂志停刊。1947年，时事通讯社做过一次秘密调查，96%的读者希望订阅名牌报纸，其中想订阅《每日新闻》、《朝日新闻》和《读卖新闻》的占60%。在这种民意下，日本战后的报刊基本保持了1942年报纸期刊大合并后的格局。

NHK总部大楼

① ［日］内川芳美、新井直之：《日本新闻事业史》，83页，北京，新华出版社，1986。

20 世纪 50 年代初，《每日新闻》、《朝日新闻》和《读卖新闻》再次在东京形成三足鼎立的局面；大阪《产经新闻》进入东京，与《日本经济新闻》形成竞争局面。这五家报纸占有了日本 50%的市场份额，这种局面延至今日。

二、国家主义、团队精神贯穿于现代日本新闻传播史

（一）国家主义的传统

基于日本长期中央集权、军事化统治的传统，明治维新最后选择接受的是德国皇帝的国家主义，而非公民的自由与权利。因此，日本的立宪是以富国强兵、加强天皇和国家权力为发展主轴的。日本法西斯化的过程中，日本传媒总体表现出高度的配合和服从。这其中固然有对于恐怖政策不得已的妥协，但更多的则是源于内心国家至上的民族意识。日本战败后，新闻媒体也以特殊的方式继续表达了对天皇和国家的“忠”：《每日新闻》发表文章说，这对最终解救日本是大有好处的。《读卖新闻》说，我们必须坚定地相信，军事的失败和一个民族的文化价值是两回事，应当把军事的失败作为一种动力。NHK 的广播一再强调，要从消沉中站起来。显然，日本传媒考虑的是日本民族的荣誉和未来的发展，对于军国主义本身的反省是很有限的。

战后日本新闻传播业实行自由主义体制，但国家主义的管制传统至今仍有遗痕。很少有传媒在重大问题上对政府监督或揭露；记者被纳入行业“记者俱乐部”，可以从中获得官方消息，俱乐部与官方有千丝万缕的联系，得罪权力组织的记者将被排除在外，因丧失消息源而在职业上被扼杀。

（二）传媒的团队特征

同样市场经济的环境，日本不像西方国家那样存在明显的单一家族的媒介集团，这与日本民众以下四方面情形有关：

第一，团队精神至上、家族观念（日本人的家族观念和“孝”只限于个人有限记忆的范围）其次的传统。

第二，大众传媒的受众与传媒的关系较为独特。作为具体的人，一旦与媒介建立联系，往往表现为长期认同，同时独特的报纸宅配制巩固了这种特殊的联系。

第三，日本人中具有较高学历的比例很高，单一民族和单一语言，信息需求稳定，并维持在一个较高的水平上。

第四，较大的传媒往往与政府有着各种传统的非正式联系（其中精神联系似乎更为重要），既承担一定的社会认定的监督责任，但更多地受到权力组织的控制和得到它们的一定保护。这种情形下，日本的大众传媒与政府不经常显现为对立，“合作”似乎更多一些。

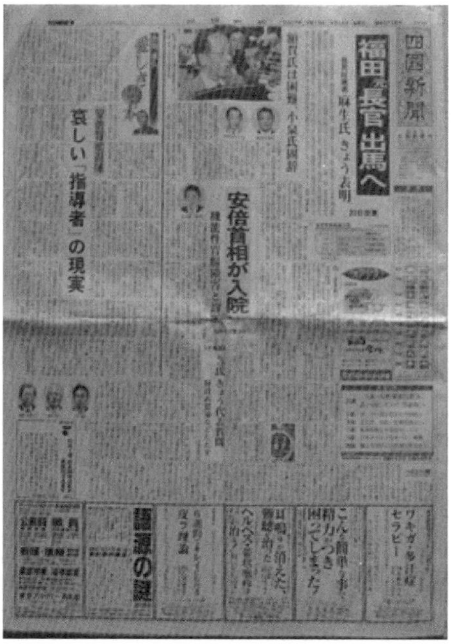

日本代表性报纸《朝日新闻》和最小的区域性报纸《四国新闻》

（三）报纸与广电、出版的特殊关系

日本二战后出现民间广电，由于当时资金的匮乏，创建者或合作者都是实力较强的全国性民营报纸：《每日新闻》创办东京放送（TBS），《读卖新闻》创办日本电视台（NTV），《朝日新闻》创办朝日电视台（ANB），《产经新闻》创办富士电视台（FTV），《日本经济新闻》创办东京十二台（IZ）。尽管民营广播电台、电视台建立后与出资创办的报纸脱离了关系，但报纸和广电两类媒介形成一种松散的系列关系，基本不存在竞争关系。这与西方新闻传播史上报纸与广播、电视形成竞争关系的情形很不相同。

日本相当多的杂志和出版社，隶属于以大报纸为核心的媒介集团，因而报纸和杂志社、出版社之间的竞争并不激烈。

三、日本新闻传播业目前的格局

（一）报纸

日本是世界上报纸发行量最大，发行体制独特的国家。它的报纸种数不多，但发行量惊人，现在每天的总发行量 4 800 万份（历史上总发行量 7 000 万份的数字保持了很多年），报纸平均发行量 46 万份，高居全球之首。日本报纸发行量超过 93%为宅配送递，零售仅占 6%，邮政送递不到 1%。

日本综合性日报《读卖新闻》、《朝日新闻》常年稳居全球发行量的前两名，目前依次为 995 万、770 万。《每日新闻》在世界报纸发行量中常年徘徊在第 3 至第 5 名，目前为 347 万。

日本目前全国有 50 多家报社，半数已经形成报团，旗下还有很多子报子刊。日本的区域性报纸有五家，即《中日新闻》（名古屋）、《西日本新闻》（福冈）、《北海道新闻》（札幌）、《南日本新闻》（鹿儿岛）、《四国新闻》（高松）。

《日本经济新闻》、《产经新闻》是全球发行量居第一第二位的财经类报纸，目前依次为 460 万份、230 万份。

（二）广播电视

日本的广播电视分为公营和民营两大系统。NHK 为公营广播公司，现在拥有三个全国性广播电台和两个全国性电视台、两个卫星电视台。NHK 不播广告。

日本民营广播电台的播音员

日本民营广播电台共有 126 家。中波形成日本广播（JRN，34 家成员台）和全国广播（NRN，40 家成员台）两大全国性民营广播网。日本民营无线电视台大部分被纳入五大全国性民营电视网——东京广播公司（TBS）、日本电视网公司（NTV）、朝日广播公司（ANB）、富士电视网公司（FTV）、东京十二台（IZ）。

（三）通讯社

日本战后通讯社林立，但全国性通讯社只有共同社和时事社两家。共同社为日本最大的通讯社，该社国内共有 46 个分局，海外在 42 个城市设有记者站；时事社为日本第二大通讯社，国内有 82 个分支机构，国外有 30 个分支机构。

【思考题】

1. 简述贯穿于现代日本新闻传播史的国家主义和团队精神。

2. 简述同盟国占领军对日本新闻传播业的自由主义改造。

3. 识记1862年《官版巴达维亚新闻》、日本五大全国性报纸、NHK、共同通讯社。

第十四章

韩国新闻传播史

朝鲜和中国的历史较长时期里是交织在一起的。公元前1世纪，中国西汉王朝在朝鲜半岛北部置乐浪郡（郡府今平壤）。朝鲜半岛北部在中国明朝以前，是中国各统一王朝领土的一部分。

朝鲜民族的祖先，根据《后汉书》和《三国志》的记载，是所谓“三韩”（马韩、辰韩和弁韩），其中以辰韩（现在庆州一带）经济最发达。公元前57年，形成新罗国（都城今庆州）。公元660年，中国唐朝军队与新罗联合灭百济国，新罗统一朝鲜。公元935年，高丽国（都城今开城）灭新罗。高丽时期的作家崔瀣在其《东人文序》说：“三韩归一，衣冠典礼袭新罗”。1392年，高丽国大将军李成桂废高丽幼主，建立朝鲜国（都城汉城，即首尔）。14世纪后期，中国明王朝与朝鲜民族国家的边界始以鸭绿江为界。19世纪70至80年代，朝鲜向西方开放。1897年，朝鲜改国号为大韩。

1910年，日本吞大韩，使其成为日本的一部分。1945年日本在二战中战败，朝鲜半岛形成南部的大韩民国和北部的朝鲜民主主义人民共和国。

一、朝鲜早期的新闻传播

古代朝鲜属于中国的文化圈，因而古代朝鲜的新闻传播，有些地方与中国很相似，但同时，朝鲜民族的传播亦有自身的文化特征。早在公元692年，新罗国出现“寄别报”，这是一种类似新闻书信的手抄件。1234年，高丽国开始采用活动金属字印刷术。1392年，朝鲜国出版过《朝报》（类似中国的邸报）。15世纪中叶，国王世宗推行谚文，建立邮政驿站，用于传送政府公告。1578年，汉城（现译首尔）市民舆论领袖出版名为《朝报》的民间新闻剪报，但持续时间不长。

朝鲜最早出现的现代报纸是日本商人1881年12月在釜山创办的《朝鲜申报》，与朝鲜文化传播几乎无关。1883年10月31日，李氏王朝的博文局创办汉文《汉城旬报》，是为朝鲜人创办的第一家现代报纸，其性质与中国清末官报类似。1886年1月

25 日，博文局再创办《汉城周报》，汉文与谚文混用。1896 年 4 月 7 日，旅美医学博士徐载弼创办了朝鲜最早的民办报纸《独立新闻》。该报为周三刊，每期 4 版，采用谚文、英文两种文字。1957 年，韩国新闻界将 4 月 7 日确定为“新闻日”。

《独立新闻》创办人徐载弼

1898 年 4 月 9 日，大韩国（朝鲜改国号为大韩）第一份日报《每日新闻》创刊，该报完全采用谚文，主张改革维新，23 岁的李承晚为该报主笔，后来他是大韩民国的首任总统。该报同年 10 月 8 日停刊。

最初，多数民办报纸的主持人（包括徐载弼）是亲日的改革派，他们希望效法日本的榜样，通过办报来推动大韩国的现代化，还希望日本当权者帮助他们实现理想。在他们感觉到日本灭亡大韩国的野心后，又与日本决裂。其代表性事件便是 1905 年 11 月 20 日《皇城新闻》的社论《是日也放声大哭》，由社长张志渊撰写，谴责日本强迫大韩国签订《乙巳保护条约》。这天的报纸未经日本人检查就发行了，张志渊被捕，报纸停刊。但是这篇文章经其他报纸转载，并译成汉文和英文而得到广泛传播。

二、日本统治时期的朝鲜民族的新闻传播业

日本灭亡李氏大韩国以后，其文化政策是最终摧毁朝鲜民族的语言、文字和报刊。因而，除了日本驻韩总督的机关报《每日新闻》外，禁止任何谚文报刊。境内面向社会的报纸，总共 24 家，全部是日文。

1919 年 3 月 1 日，在为前李氏大韩国最后一个国王李熙举行葬礼的时候，爆发了“三一”独立运动。运动中，原《帝国新闻》社长李钟一等 39 人发起《独立宣言书》，并与李钟麟、尹益善秘密出版报纸《朝鲜独立新闻》。日本殖民当局残酷镇压了运动，7 500人被杀害，1.5 万人受伤，4 万人被捕。事后，日方被迫采取了一些怀柔政策，略微放宽了新闻政策，给三家民营谚文日报发放了执照。于是，1920 年 3 月 5 日《朝鲜日报》创刊，4 月 1 日《东亚日报》创刊，第三家报纸是《时事新闻》（该报后来自然停刊）。但是，主流报纸依然是日文报纸。

日本消灭朝鲜民族文化的倒行逆施，反向激发了朝鲜民族新闻传播业对新闻自由的追求。1920—1940 年的 20 年里，《东亚日报》被停刊 4 次共计 569 天，被没收报纸 489 次，禁止出售报纸 634 次，日本总督撤销该报社论 393 次。《朝鲜日报》被停刊 4 次共计 240 天，日本总督撤销该报社论 414 次。1936 年 7 月，朝鲜运动员孙基祯在柏

皇紀二千六百年

朝鮮日報

夕刊

天皇陛下의 御威德

興亞維新達成에 奮躍使命을盡竭！

朝鮮總督 南次郎

日占时期的《朝鲜日报》

林奥运会上获得马拉松金牌，他是被迫代表日本参赛的。8 月 1 日，《东亚日报》刊登照片时抹去了他运动服上的日本国旗徽记。结果，该报 16 人被捕，8 位与此有关的记者被开除，社长和主编被迫辞职，《东亚日报》为此停刊 279 天，附属的《新东亚》杂志停刊。

1939 年 11 月，日本警方通知这两家报纸让其自动停刊，它们违抗命令数月，1940 年 8 月被强行关闭。从 1940 年起，日本殖民当局以纸张统制为由，将所有谚文朝鲜报纸尽行废止。每个道（一级行政区划）只允许办一种日文报纸；在学校和政府机构，所有的人都必须讲日语；要求朝鲜人采用日本姓名模式取名。1940—1945 年日本投降前，朝鲜民族的新闻传播业完全消失。

1927 年，朝鲜建立无线广播电台；1933 年，出现单频道的朝鲜语广播。1945 年日本投降时，朝鲜半岛有 21 个广播电台。在日本统治时期，这些广播电台完全是日本殖民当局的喉舌。

三、控制和反控制中的大韩民国新闻传播业

战后韩国报业的发展，初期受到朝鲜战争的影响，随后长期受到东西方“冷战”的政治影响，发展曲折。

1945 年 8 月，朝鲜出现第一家通讯社解放通讯社。同年 10 月，进驻朝鲜南部的美军废除日本统治时期的出版法，宣布新闻出版自由，《东亚日报》和《朝鲜日报》复刊，新创刊的报纸上百家，以左派报纸为主。1946 年 5 月，美军颁布 88 号法令，实行出版许可制度，很多报刊不得出版。1948 年 8 月 15 日，大韩民国成立。由于当时的政治军事形势，美军在韩国没有像在联邦德国和日本那样建立民主国家，而是遗留下一个权威主义的国家体制和一套过度发达的镇压机器，从而影响了未来 40 多年韩国市民

社会的形成及民主制度的发展。

（一）李承晚时期（1948—1960 年）

首任总统李承晚当政时期爆发朝鲜战争，他继续实行出版许可制度，对报刊采取高度集权控制。尽管李承晚在美国流亡近 40 年，但他并没有真正变为民主主义者，而是继承了朝鲜王朝和日本统治者的专制主义传统。1949 年 6 月，李承晚当局停掉 58 家“左倾”报刊。1953 年 9 月，以“颠覆政府阴谋罪”判处《联合新闻》驻日本记者郑国殷死刑。1955 年，《东亚日报》曾因在“政府高级官员”前面加有“傀儡”字样，一度“无限期停刊”。1959 年，取缔了天主教会的《京乡新闻》。

不过，李承晚时期允许民营广播电台，1954 年出现首家宗教广播电台，1956 年出现首家商业电视台，1959 年出现首家商业广播电台。

1960 年，发生学生抗议李承晚独裁统治的“四一九”舆论革命，李承晚被迫下台流亡美国。一家基督教广播公司的宗教广播电台夜以继日地传播“美国之音”的节目，对运动起到推波助澜的作用。

（二）朴正熙时期（1961—1979 年）

李承晚倒台后的韩国新闻界一度出现出版混乱。1961 年 5 月 16 日，朴正熙（韩国现任总统朴槿惠之父）发动政变夺得政权。朴正熙的新闻政策表现为两个方面：第一是加强对新闻业的经营管理；第二是强调大众媒介的所谓“社会责任”。

1961 年 12 月，朴正熙政府给予民营的文化广播公司（MBC）执照，允许报业跨界经营，同时拥有报纸、广播电台、电视台和出版社，开办电视机制造厂。1963 年批准《东亚日报》开办民营东亚广播公司，1964 年批准三星等企业集团开办民营汉城广播电台。但是，这一切要以亲政府为前提。在政府的控制和扶植下，传媒界重新组合，反对派报纸有的破产，有的变节，传媒整体成为统治集团一部分，享受长期低息贷款、减免税和延期付息的各项政策优惠。在繁荣的经济和优越的环境中，这些传媒发展迅速。

与此同时，朴正熙政府滥用“社会责任”的名义，迫害新闻工作者。政变后的几个月内，有 1 000 多名新闻工作者被解雇；同时成立新的情报机构随时随地监视着新闻传播业。

朴正熙政府实行“采访证制度”，从而剥夺了 600 多名当局认为“不合作”、“不听话”记者的工作。全国报纸总数从他上台时的 85 家减少到 34 家。1961 年，《民族日报》社长赵容寿被判处死刑。1964 年，《朝鲜日报》记者李泳禧因报道联合国讨论朝鲜问题的提案而被捕。同年 11 月，文化广播电台台长因发表关于“统韩论”的文章被捕。《新东亚》杂志主编因文章标题“北朝鲜傀儡政权与中苏分裂”，违反不得提及朝鲜北部的规定而被撤职，两名记者开除。1974 年，朴正熙政府强令广告客户停止在《东亚日报》刊登广告三个月，迫使该报管理层解雇 35 名记者，另外又雇人驱散静坐罢工的 160 名新闻工作者。《朝鲜日报》员工抗议这种控制，也被集体解雇。

在“硬”“软”两手的压制和庇护下，韩国的新闻传播业畸形发展，传媒业的增长速度数倍于国民经济的增长。1977 年，全国报纸发行量达到 600 万份，传媒的主导力量不再是主编而是经理，新闻工作者沦为创造利润的劳动力。

朝鮮日報
"내 몸값, 나도 모르게 올랐어요"
아이슬란드 정부 붕괴
청솔학원

東亞日報
"부동산 3대규제 2, 3월 완화"
美 2020년까지 그린카 의무화
청솔학원

现在的《朝鲜日报》和《东亚日报》

（三）全斗焕时期（1979—1987 年）

朴正熙 1979 年 10 月 26 日被刺杀后，全斗焕通过军事政变上台。1980 年 5 月，他制造了光州惨案（通过军队镇压光州的学生运动，死亡 2 000 人），以铁腕手段镇压民主抗议，巩固自己的统治。1980 年 12 月，全斗焕颁布《言论基本法》，阻止新闻传播业者接触敏感问题。同年，他以“反腐败”（主要指传媒的唯利是图和低级趣味。当时，民众对传媒商业化确有很多批评，当局利用了民众的正当要求）的名义对新闻传播界实行大清洗，40 多家报纸的 700 多名新闻工作者被解雇或者停职。在全斗焕时期，日报从 28 家减少到 11 家，通讯社从 6 个减少到 1 个，广播电视机构从 29 个减少到 27 个。

全斗焕还成立了“公共信息协调办公室”，每日向媒体发布报道指南，详细规定报道的种种要求，包括什么可以刊登，什么不可以刊登，什么绝对不可以刊登。1986 年 9 月，民主言论运行委员会公布了 1985—1986 年 292 天该办公室提出的"报道要求"，包括持什么态度、发不发照片、放在什么位置等等细节。公开这些材料的三位当事人以"泄露外交机密"、"违反国家安全法"的罪名遭到逮捕。

1973 年，全斗焕将 1952 年形成的国营"韩国广播系统"转变为韩国广播公司（KBS），并且将所有广播电视机构都合并到 KBS 体系中，实行统一控制。议会通过的法律规定 KBS 是公营体制，但实际上长期直接由政府控制。全斗焕时期，还对广电的娱乐节目、新闻节目和宗教节目加以种种限制。每天电视节目的开始，都有 5～10 分钟关于全斗焕活动的报道，令观众厌恶。在全斗焕统治的后期，全国掀起了拒绝缴纳官办 KBS 的收视费、拒绝收看其节目的运动。

四、《六二九宣言》：韩国新闻政策的转折点

全斗焕当政时期，韩国的经济发展令世界瞩目。然而，经济发展与全斗焕的高压独裁之间的紧张关系始终不得缓解，终于导致 1987 年春天爆发全国性大规模抗议运动。《汉城新闻》等 26 家报社发表宣言，要求维护言论自由，废除《言论基本法》，释放被捕的新闻界人士。1987 年 6 月，在全国一片声讨浪潮下，全斗焕退居幕后，指定他的同乡、同学、曾积极支持他政变的军人卢泰愚担任执政的民主正义党主席，竞选下一任总统。面对国家即将主办奥运会的尴尬局面，在各方面的强大压力下，6 月 29 日，卢泰愚发布了《八点民主化宣言》（即《六二九宣言》），紧急宣布了一系列民主改革的措施。其中，第五点的内容是：促进新闻自由，迅速改善相关体制与措施。

同年 11 月，议会通过决议废除《言论基本法》，取而代之的是《定期出版物登记法》，取消新闻检查，撤销公共信息部下属的"公共信息协调办公室"，废除政府颁发记者证的制度。同时，通过了新的《广播电视法》，允许民办广播电视，规定政府不得干涉广播电视的内容。

这一系列法律的通过标志着韩国的新闻自由体制得到确认。本来，为了稳妥，开放需要一定的过程，但是 1988 年韩国举办奥运会，迎来了上万名采访奥运会的外国记者，这个转变的进程被大大缩短了。1988 年成为韩国完全放开新闻出版自由的年头。

1988 年卢泰愚执政，基本践行了他在新闻出版方面的承诺。报纸发展迅速，广播电视不再直接受政府控制，KBS 真正实现公营，全斗焕时期被 KBS 兼并的民营广电重新独立出来。媒体开始批评政府，公布不利于当局的民意调查结果，并公开讨论与朝鲜的关系等过去被禁止的话题。1993 年，金泳三接任总统，出现了战后韩国第一次平

静地移交权力的现象。1997 年，金大中当选韩国总统，这是反对党第一次在总统选举中获胜，政治权力从保守派手中转移到了改革派手中。

当然，40 多年对传媒的专制控制造成的观念和习惯不会很快改变。有的新闻工作者仍然习惯于自认为是“政府的工具”，并自愿遵从从官方信息部获得的关于如何报道敏感问题的种种暗示。政府机构也会习惯性地采用一些间接的方式影响舆论，实行软控制。

五、韩国新闻传播业目前的格局

韩国进入新闻自由政策的平稳期以后，新闻传播业的发展较快。报刊品种增多，广告在各传媒中的比重加大，竞争激烈。1997 年，韩国发生金融危机，传媒产业大萧条，造成第二年 1.7 万从业人员下岗。经过大众传播内部的结构调整，互联网的兴起、广播电视传播的数字化（包括数字卫星电视时代的来临），韩国的大众传媒业在 21 世纪进入了一个较快的发展期。

（一）报纸

韩国有日报 126 家，总部设在首尔的全国性综合日报 10 家、地方综合性报纸 46 家、经济类报纸 7 家、体育类报纸 5 家，英文报纸 3 家，其他是专业或行业性日报。韩国的杂志共有 7 000 多种。较为重要的韩国报纸是以下三家：

《朝鲜日报》目前发行量 230 万份，每天 64 个版，广告占版面的 47.1%。《中央日报》（1965 年 9 月 22 日创办）发行量 220 万份。《东亚日报》发行量原为韩国日报首位，现发行量略有下降，为 210 万份。这三份日报发行量接近，排名经常发生变化。

（二）广播电视

韩国最大的广播机构是公营的韩国广播公司（KBS），拥有 3 个电视频道、4 个广播频道。KBS 的 3 个无线频道中，第一频道（新闻频道）占韩国电视播出时间的 32.8%，比重最高。文化广播公司（MBC）是最大的民营广电公司（含有部分公营股份），拥有 3 套电视节目，电视节目占韩国电视播出时间的 16%。首尔广播公司（SBS）为韩国第二大民营广电公司，1990 年创办，其电视台的影响力颇大。

2001 年 10 月，韩国开办数字广播电视。2002 年 5 月，直播世界杯足球赛，促进了数字卫星电视的发展。

韩国 MBC 的天气播报

（三）通讯社

韩国的主要通讯社是联合通讯社（YNA），1980 年 12 月由合同通讯社、东洋通讯社合并而成，1999 年再合并内外通讯社。该社为报联社体制。

（四）公民新闻网站

2000 年，韩国记者吴连镐创立 Ohmynews 网站，提出“人人都是记者”的口号。该网站是世界上第一家公民新闻网站。2002 年，韩国大选期间，网站日点击率达到 2 500万人次。2000—2005 年，该网站连续入选“韩国最有影响力媒体”的前十位，网站流量在顶峰时期进入世界前 100 强，而到 2013 年 5 月已跌落到无足轻重的第 17 341 名。其衰落原因在于公民新闻品质良莠不齐、传统新闻业大力开发网络业务，以及自身出现财政问题等。完全依赖民众参与，难以让民众长期保持对新闻实践的兴趣，专

Ohmynews 网站截图

业新闻工作者一旦真的与公民新闻对弈，公民新闻就会败下阵来。公民新闻网站的出路应是与专业新闻工作者合作。

【思考题】

1. 简述 1987 年《六二九宣言》如何成为韩国实现新闻自由的转折点。
2. 识记 1896 年《独立新闻》、韩国三大报纸、KBS 和 MBC。

第十五章

印度尼西亚新闻传播史

印度尼西亚是世界上最大的群岛国家，有名称的大小岛屿 4 891 个，陆地面积约 190 万平方公里，人口约 2.6 亿，划分为 100 多个民族，最大的民族为爪哇族（占人口 47%），华人 400 多万，占总人口的 4%。该国有 270 多种方言，通用语为印尼语。人口的 87%信仰伊斯兰教，10%信仰基督教。

公元前 2 世纪印尼进入文明时代。公元 1—13 世纪，佛教传播广泛，在不同的岛屿先后出现古戴、达鲁玛、室利佛逝等王国。13 世纪末，麻喏巴歇王国统一印尼。16 世纪，伊斯兰王国淡目灭麻喏巴歇王国，伊斯兰教广泛传播。1602—1942 年，荷兰统治印尼 340 年。1942 年，日本占领印尼。1945 年，发生八月革命，印尼宣布独立。几经曲折后，1950 年，印尼最终被国际社会承认并加入联合国，当时的总统为苏加诺。1965 年 9 月 30 日夜间，苏加诺总统警卫团第三营营长翁东（Letkol Untung）中校获悉右派军人企图通过政变推翻苏加诺政府，提前采取行动捕杀六名将军。陆军战略后备部队司令苏哈托少将则通过消灭翁东的部队而取得政权，并随即进行大清洗，两年内杀害百万共产党人和左派人士（包括 30 万印尼华人）。苏哈托七次蝉联总统，在其 32 年的统治下对印尼华人采取灭绝华人文化的政策。1998 年 5 月，他制造了又一次排华浪潮，1 200 名华人被打死，1 000 多位华人妇女遭强奸。苏哈托下台后，印尼社会逐步走上民主化的进程。

一、殖民统治时期印尼新闻传播业

历史上，印尼处在通往东亚的必经海路上，因而成为西方新闻文化在亚洲的最早落点。1615 年，荷兰文《新闻纪要》在荷属东印度公司所在地巴达维亚创刊，这是印尼历史上也是亚洲最早的现代新闻纸。最初，它是荷属东印度公司雇员的通信信札，后来刊登一些地方新闻和广告。1744 年，《新闻纪要》停刊，前后存续时间长达 129 年。

荷兰殖民时期，印尼报刊的出版地点集中在巴达维亚、泗水和三宝垄。1744—1856 年，使用荷兰文出版的报纸在巴达维亚有 10 家。[①]

19 世纪中叶，出现印尼当地文字的报刊。以爪哇文刊印的报刊最早出现在梭罗，报名为《布罗马梯尼》（Bromartani），1855 年 1 月创刊，1857 年 12 月停刊。1855—1875 年，印尼第一批以巴刹马来文出版的报刊先后有 16 家，但大部分报刊出版不到一年出于经济原因而停刊。

第一家华文报纸是 1908 年在泗水创办的《泗滨日报》，该报得到中国同盟会创建的"华侨书报社"支持。该书报社主办的第二家华文报纸是 1909 年在巴城出版的《华铎报》。20 世纪 20 年代，印尼华文报纸已有 20 多家，地域分布较为广泛。

印尼的第一家广播电台建立于 1925 年 6 月，是用荷兰语广播的民营"荷兰印度电台"，之后改名为"巴达维亚电台"（BRV），后来转变为"东印度公司电台"。由于特殊的地理特点，广播在印尼的社会生活中占有重要地位。

1917 年 4 月 1 日，本瑞梯（Dominique Willem Berretty）创办阿内塔通讯社（ANETA），翻译过来即"普通和文传电讯社"。这是印尼第一家通讯社，1941 年成为半官方通讯社。几经变化，1963 年并入安塔拉通讯社。由于这家通讯社所发电讯稿仅满足荷兰人的信息需求，很少本地新闻，于是 1937 年 12 月 13 日，印尼新闻工作者和独立运动人士苏玛朗（Soemanang Soerjowinoto）和西巴胡塔（Albert Manoempak Sipahoetar，1914—1948 年）在巴达维亚创办安塔拉通讯社（Antara News Agency），主要为传媒提供本地新闻。

1948 年阿内塔通讯社工作间

① 参见李卓辉：《印华先驱人物光辉岁月——印尼华人报刊和独立先贤史话》，206 页，雅加达，联通书局出版社，2003。

荷兰殖民时期，印尼实行的新闻政策形式上与其宗主国类似，不实行书报检查制度，但在实际执行中，若报道内容对荷兰政府和东印度公司产生不利影响，就会受到处罚。

1942 年 3 月，日本军队占领印尼，强制接管了印尼的广播电台，发布命令要求所有收音机都要登记，不允许收听外国短波电台的广播，只能收听日本的广播。通讯社也被接管。之后，日本以节省劳动力为由，查封了荷兰人出版的所有报纸，许多报人被关进集中营。日本另行创办了一些报刊，宣传“大东亚共荣圈”。

由于日本的传播技术比荷兰先进，这一时期印尼的报业在技术和业务上取得了一些进步。日本占领当局禁止印尼的新闻机构使用荷兰语，但允许记者使用印尼语写新闻，使印尼语在社会上得到广泛应用。日占时期，印尼本土记者以雇员身份在报社工作，没有政治地位。鉴于日军的严密控制，印尼人采取了巧妙的斗争方式，通过隐晦的文章对抗日本统治，有时还通过宗教组织、教育机构从事抗日活动。

二、印尼独立后新闻传播业在政治动荡中的发展

（一）苏加诺时期（1945—1965 年）

日本投降后，印尼于 1945 年 8 月宣布独立。印尼《1945 年宪法》确立了新闻自由，即每个人有发表和表达意见的权利。媒体能自由地发表观点，甚至是尖锐的批评。印尼法律同时还规定，新闻界不能滥用权利，有义务维持社会秩序。

印尼独立当年，广播电台重新回到印尼人手中。1945 年 9 月，爪哇地区电台代表在雅加达举行会议，宣告印度尼西亚国家广播电台成立。1946 年 4 月，该电台被确定为政府的一个部门，由政府控制。

但是荷兰不承认印尼，荷兰军队重新开进印尼，占领雅加达。经过抗荷战争和外交上的努力以及国际舆论的支持，1949 年，荷兰人把权力移交给印尼的第一任总统苏加诺。基于这种政治形势，日本战败后的印尼一度两种政权并立。

在印尼人控制的地区，新闻传媒重获自由，大批新报纸应运而生。1946 年 2 月，在梭罗成立印尼新闻工作者协会；同年 6 月，在日惹还成立了报纸出版人协会。新闻传播界在印尼独立斗争中及时发布新闻，提出反殖民口号，宣传独立宣言。而与此同时，在荷兰殖民者控制的雅加达，1946 年 4 月，因为“阿拉伯新闻局”（APB，后改名“亚洲新闻局”）报道了军事消息，其负责人被抓。在泗水，如果记者不愿与荷兰合作，就会被放逐到乡下。

独立后，印尼报业发展迅速。1950—1953 年报纸的发行量为 75 万份，比独立前增长 63 万份。印尼共产党领导的《人民日报》是当时发行量最大的报纸，1957 年的发行

量为 6 万份。然而，新的问题随之而来，印尼独立后实行多党制，党派丛生和政治势力的多元使得多数报纸依赖政党而存在，各个政党利用媒体相互攻击，社会分裂严重，政局不稳，政府不断更迭，苏加诺政权受到威胁。

自日本投降到 20 世纪 50 年代中期，印尼华文报业发展很快，华文报纸有 20 多家，在当时东南亚各国中是最多的。这些报纸分亲共和反共两派，相互攻击。[①] 1958 年 4 月，印尼陆军当局下令禁止使用非印尼文、非拉丁字母、非阿拉伯字母出版的日报或杂志，将所有华文报纸查封。

1956 年，鉴于当时印尼的混乱局面，为了克服无政府状态，有效治理国家，苏加诺总统提出了“有指导的民主”，其中包括对新闻界的指导。1957 年 3 月，苏加诺总统宣布“国家处于紧急状态”，政府向新闻媒体下达各种指示，如果有媒体反抗，就会遭到查封。1958 年年初，政府规定所有报刊必须在 10 月 1 日之前登记才能颁发出版许可证。此后，报纸虽能发行，却要遵照政府要求报道新闻。如果违背了，出版许可证就会被撤销。

1959—1961 年，印尼政府进一步干预新闻媒体，对报纸内容实行新闻检查，质询、逮捕新闻工作者，把许多记者关进监狱。1960 年 11 月，规定所有编辑记者和出版人必须申领执照，强迫他们在一份要求服从苏加诺政策的《十九点声明》上签字。1962 年 11 月，政府接管了安塔拉通讯社，将其与印度尼西亚新闻社合并，同时解散了所有小型通讯社。

直到 1965 年 10 月，印尼国家广播电台始终垄断着国内广播。1962 年，印尼政府在雅加达建立第一家电视台，用来转播第四届亚运会。1963 年，电视台正式开播，国家所有，政府掌控，只能在爪哇岛收到信号。在印尼，电视和广播一样由政府垄断。

印尼共产党在苏加诺总统执政时期的影响不断扩大，引起印尼右派军事集团的不安。1965 年“9·30”事件第二天凌晨，翁东的部队占领印尼国家广播电台和电讯局。早上 7 点整，播放了翁东中校的声明。随后，反扑的苏哈托的军队当天下午夺回广播电台和电讯局。晚上 7 时整，国家广播电台播出了苏哈托的录音讲话，宣称粉碎了一次反革命暴乱行动。随后，他对共产党人进行血腥镇压，封闭所有共产党报刊和左派报刊。10 月 4 日，苏哈托来到填埋六位被杀将军的枯井现场发表演说，整个挖掘尸体的过程以及上千围绕着苏哈托听演说的观众，全部由印尼国家电视台和广播电台直接播出，煽动起全国的反共浪潮。苏哈托还下令暂时关闭安塔拉通讯社 10 天，以便清查，把与共产党有关的所有员工全部赶走。半年后，苏加诺被迫把政权移交给苏哈托。

（二）苏哈托时期（1965—1998 年）

苏哈托上台后，军人集团控制了政府。政府一方面运用强硬手段控制国家形势，

① 参见黄昆章：《从〈龙阳日报〉的停刊看印尼华文报业的沧桑》，载《国际新闻界》，2002（02）。

另一方面着力发展经济，居民生活水平有所提高。1965 年“9·30”事件后，印尼新创办了一些报纸。但是，当时的报业经济基础比较薄弱，缺少经营管理经验，难以在报业市场上站稳脚跟。当时很少有报社有自己的印刷设备，已有设备也都是殖民地时期遗留下来的。

现在雅加达街头的报刊亭

1966 年，政府颁布了一项基本新闻法，规定创办报刊必须获得经营许可证，政府的新闻主管部门有权颁发并随时吊销许可证。根据这一法律，政府陆续颁发了一批许可证，建立了在政府严格管理和指导下的报业秩序。

1967 年，苏哈托政府颁布针对印尼华人的法律，限制华裔宗教和文化习俗，禁止华人使用华语、禁止出版华语报纸，关闭华人学校。只有一家以同化为目的的官方华文报纸《印度尼西亚日报》(1966 年 12 月创刊)。1998 年 7 月 6 日，印尼华人组织向联合国秘书长安南求助时指出，“在总统苏哈托的计划中，我们不可以进入政治、军事、文化领域内。基本上，我们只能从商，或从事工业等经济领域，或在体育界发展。……每当人民的不满运动达到顶点时，他就会利用新闻界、电视台、无线电台以及印尼原住民对华裔在事业上的成就所产生的妒忌之心，以及极端分子盲目仇视的心态，煽动他们烧、杀、抢华裔财产甚至强奸华裔妇女”[1]。

这一时期，印尼广播电台的功能得到完善，除了传递信息和提供娱乐之外，较为重视对农村的广播。印尼的岛屿众多，对内广播和对外广播（印度尼西亚之声）一般都使用短波。随着经济、文化与科技的发展，印尼的民营广播电台开始发展起来，商业电台除了播出新闻和经济信息外，还播放音乐等节目，但是，政府禁止播出除国家电台的新闻稿之外的政治新闻。

---

① 《1998 年印尼排华事件》，见 http://blog.sina.com.cn/s/blog_4845eea9010002ne.html。

印尼的地理环境不利于电视业的发展，直到1975年12月，全国只有12家电视台。政府优先发展卫星通信事业，利用通信卫星系统传输电视信号。1976年，印尼发射了第一颗通信卫星。使用通信卫星之后，印尼全国各地都可以接收到国家电视台播出的新闻和娱乐节目。1977年，印尼开始播出彩色电视节目。

1974年1月以后，苏哈托采取了严厉控制新闻业的政策，一些报纸的许可证被吊销，如《群岛》、《我们》、《印度尼西亚盛宴》、《雅加达日报》、《印尼邮报》等。在那时的印尼，媒体必须做到：不得罪苏哈托家族；不得罪军队；不写关于宗族的任何文章。政府要求传媒在建国五项基本原则（信仰神道、人道主义、民族主义、民主和社会公平）基础上加强自律，服从管理。1984年，印尼成立全国性的"新闻委员会"，就传媒在以上方面的执行情况进行监督检查。

20世纪90年代，印尼政府对新闻业的控制有所缓和。办报不再只是政治行为，而更多的是商业行为，只要花钱就可以办理报纸经营许可证。1985年起，一些大的企业集团开始创办商业报纸，进军新闻界。雅加达以外，地方报纸不断涌现。政府认为地方报纸对国家政治的影响不大，因此给予地方办报比较大的自由权力，但若批评政府则加以严厉管制。1989年，印尼政府授予一家独立电视台以经营许可证，允许建立私营电视台，从而打破了国家垄断电视业的局面。

随着印尼国内政治的稳定、经济的发展，1992年，印尼报纸的每日发行量达1 000万份左右。在苏哈托时期的印尼新闻业虽已集团化，但从整体上看还是得不到充分的言论自由。

三、印尼新闻传播业目前的格局

苏哈托为期30多年的统治中，有效地利用新闻媒体进行政治控制，同时媒体也充当了经济发展的宣传工具。1998年5月苏哈托下台后，印尼开始了政治、经济和社会改革，新闻传播业可以在较为宽松、自由的环境中发展。

（一）报纸

1.《罗盘报》(*Kompas*)

该报是印尼目前的主要报纸。该报创办于1965年6月28日，创办人是欧阳炳与耶谷·乌达玛。当时，印尼官方曾建议由天主教集团出版一份日报来抵消印尼共产党的宣传，以支持军方为首的政权。天主教集团认为责任重大，一时难做决定。后来，该天主教集团结识了欧阳炳和耶谷·乌达玛，得知二人在办报方面有专才，决定成立一个"日报基金会"，积极筹备出版事宜。他们为报纸取名为《人民报》，想以此对抗印尼共产党的《人民日报》，苏加诺总统建议改为《罗盘报》。

《罗盘报》初始资本是 10 万盾，正式出版前，先做了三天试刊。基金会决定把《罗盘报》办成一份“独立”的报纸，尽可能自己派记者采写新闻，避免报道被政治化的新闻。随后几年，在印尼其他报纸发行量下降的情况下，《罗盘报》的发行量却逐年攀升。从 1966 年开始通销全国，及至 1969 年该报发行量已居全国之首，成为印尼最大的日报。

目前，《罗盘报》是印尼最受欢迎的报纸，风格严肃，在知识文化界有很大的影响力。该报在处理各种新闻时持谨慎态度，能很好地平衡政府与读者之间的关系。它刊登一些简单的政府活动新闻，甚至有时也反映一些政府的观点，但是，它能够巧妙地做到既使政府满意也使读者满意。《罗盘报》十分注重报业经营，广告约占版面的 35%，发行量约 50 万份。

SELASA
3 MARET 2009
KOMPAS
AMANAT HATI NURANI RAKYAT
www.kompas.com
TOPIK
Memahami Sudut Pemotretan
Nilai Tukar Rupiah
Jakarta Hujan
DPR Setujui Perppu Usai Pemilu
Pemilih Harus Segera Cek DPT, Tak Akan Ada Undangan
SELEKSI PTN
Informasi Lewat Internet Terbatas
PROSPEK EKONOMI
Utamakan Pasar Lokal dan Suku Bunga
PEREMPUAN KURIR NARKOBA
Sri, dari Penjara Brasil ke Cileungsi
Panen Jamur Tiram

《罗盘报》

2.《印尼新闻报》(*The Jakarta Post*)

1970 年 1 月 19 日，由印尼新闻媒体基金会创办。初期很一般，只有 4 个版面，

1976 年开始出 8 版。那时，印尼停止批准出版许可证，改发营业执照。改革后，报刊不仅要承担社会责任，也要在市场上生存。“为人民之声”口号体现了《印尼新闻报》的精神追求。

3.《爪哇邮报》(Jawa Pos)

该报为印尼文报纸，在泗水出版，是爪哇东部发行量最大的日报。该报创办人是郑丛森，他曾在泗水的一家电影院工作，负责在报纸上刊登电影广告。后来，他决定自己创办报纸，于是在 1949 年 7 月 1 日创办该报并取得成功，他还创办了华文报和荷兰文报。郑丛森的报业在 20 世纪 70 年代末逐渐衰落，《爪哇邮报》发行量下滑。1982 年，埃里克·萨莫拉（当时是一家以报道严肃新闻著称的杂志《Tempo》的出版商），从 80 岁高龄的郑丛森手里买下《爪哇邮报》。五年后，形成了以《爪哇邮报》为核心的报纸发行网络，形成印尼最大的报业集团之一，拥有 80 多家报纸杂志。

2000 年，印尼新政府允许华文报纸的出版。美国国际日报集团于 2001 年 4 月创办华文《国际日报》；台湾联合报系也于同年创办华文《世界日报》。目前，这两家报纸居印尼华人报纸发行量的前两位。

（二）广播

印度尼西亚国家广播电台成立于 1945 年 9 月 11 日，主要财政来源为国家拨款，在全国设有 53 个分台。印尼全境几乎都能收听到该台的三套节目，即雅加达播出的全国性节目、地方中心台播出的区域节目和本地的地方节目。印度尼西亚国家广播电台对外广播时使用“印度尼西亚之声”呼号，使用 10 种语言对外广播。

Elshinta 电台是印尼最大的商业电台，1995 年 1 月以“Elshinta 电台 90.05FM”为名创办，1999 年 1 月改为“Elshinta 新闻和访谈电台 90.05FM”，实行 24 小时全天广播，播出的内容有经济、政治、社会、文化以及各大城市所需的重要信息。该台还转播英国广播公司、中国国际广播电台（印尼语）、澳大利亚广播电台的节目，还曾转播过“美国之音”的节目（2009 年 6 月停止广播）。

索诺拉广播电台，由欧阳炳、格尔兰·都国诺和赛·达布阿纳于 1972 年 8 月创办。1988 年 3 月从 AM 转到 FM，2000 年 8 月起开始 24 小时广播。

雅加达的加科哇拉第一华语广播电台，为目前印尼最大的华语电台。

（三）电视

印度尼西亚公共电视台，原为政府经营的印度尼西亚国家电视台，2000 年以后成为公共电视台。该电视台于 1962 年 8 月 17 日正式运营，共有 13 个分台，395 个转播站，覆盖印尼全境。

美都电视台（MetroTV）是印尼著名的民营电视台，2000 年 11 月由苏利亚·帕罗创办，该台在全国设有 53 个转播站，使用两种语言播出节目——英语和汉语。该电视台的新闻频道是印尼第一个 24 小时全天播报新闻的电视台，娱乐节目、纪录片、商业节目等也吸引了大量观众。该台新闻台早晨 7：00 到 7：30 有华语新闻栏目，这是印尼唯一的华语电视节目。

美都电视台大楼

SCTV 电视台为印尼地方电视台的代表，1990 年 8 月在泗水开播，信号覆盖整个东爪哇。1991 年，范围进一步扩大到巴厘岛等地。1993 年 1 月，向全国播出。目前，SCTV 有 47 个转播站。

（四）通讯社

安塔拉通讯社，成立于 1937 年 12 月，现为印尼官方通讯社，由国家情报部管理，在国内外派有常驻记者，同世界 20 多个主要通讯社签订了新闻交换协定。

ANTARA
INDONESIAN NEWS AGENCY

安塔拉通讯社标识

【思考题】

1. 简述印尼独立后苏加诺时期和苏哈托时期的新闻传播政策的大体情形。
2. 识记 1615 年《新闻纪要》、《罗盘报》、安塔拉通讯社和印度尼西亚公共电视台。

第四编

西亚北非板块

由于宗教、民族、语言和历史的渊源，伊朗高原以西的亚洲和撒哈拉沙漠以北的非洲的约20个国家，形成一个以阿拉伯国家为主的文化板块。这些国家具有相近的文化和利益联系。这个地区的现代新闻传播业是直接从欧洲传入的。1858年元旦，贝鲁特出现由接受西方文化的阿拉伯人卡利尔·埃克里（Khalil al-Khouri）创办的报纸《新闻花园》（Hadikat Al-Akhbar）。此后，黎巴嫩成为西亚北非地区新闻传播业的策源地。19世纪70年代后期，奥斯曼帝国对黎巴嫩新闻业采取了严厉管制，很多黎巴嫩文化人逃亡埃及和周边行省，无形中传播了现代新闻文化。20世纪60至70年代，这个地区由于拥有石油而富有的国家形成现代新闻传播业，较以往相对开放了，尤其是广播电视业发展较快。本编重点介绍具有代表性的埃及、土耳其和沙特阿拉伯的新闻传播发展史。

伊拉克的书店出售关于萨达姆消息的报纸

第十六章
埃及新闻传播史

埃及是阿拉伯世界的核心国家，面积约 100 万平方公里，人口约 9 200 万。

埃及是人类文明最早的发祥地。公元前 4000 年，那里已经出现了象形文字。公元前 4500 年，埃及出现城镇，这是人类规模化人际传播最早发生的地点。公元前 3200 年，古埃及人开始将尼罗河边一种植物的茎剥开摊平，制成纸草（papyrus），在上面书写文字。

公元前 1 世纪至公元 7 世纪，埃及成为古罗马帝国（西罗马帝国灭亡后属于东罗马帝国）的一个行省。由于它不处于帝国的政治、文化中心，偏于一隅，社会信息传播处于相对落后状态。公元 7 世纪中叶，阿拉伯人侵入埃及，并极力推行阿拉伯化，古埃及文化逐渐消亡，现在的埃及文化和信息传播传统，只能追溯到 1 300 年前的阿拉伯文明，与在那之前 5 700 年的古老埃及文明基本无关。

从 9 世纪开始，埃及连续成为五个独立的阿拉伯王朝政治、经济和文化中心，因而社会信息传播重新繁荣。到了 10 世纪，当欧洲处于沉闷的中世纪时，埃及成为可与中国唐宋文化相媲美的另一个世界文化繁荣地区。

1517—1916 年，埃及成为以土耳其为中心的奥斯曼帝国的一个行省。1882 年，埃及实际上处于英国殖民者的统治之下。1916 年，埃及宣布脱离奥斯曼帝国。一战结束后，埃及于 1922 年宣布独立，建立埃及王国。

1952 年 7 月，由埃及青年军官组织的自由军官团发动政变（七月革命），推翻法鲁克国王。1953 年 6 月，成立埃及共和国，废除君主制，纳吉布将军任总统兼总理。纳吉布之后，埃及历任总统为纳塞尔、萨达特、穆巴拉克、穆尔西。2013 年，穆尔西被埃及军方废黜。

一、埃及七月革命前的新闻传播业发展

1798 年 7 月，拿破仑率领军队一度入侵埃及。他在埃及组建的学术委员会利用随

军带去的印刷机，同年在埃及创办了法文期刊《埃及信使》（*Courrierd Egypte*）和《埃及旬报》（*La Decade Egyptiennt*）。这是在埃及领土上最早出现的现代新闻性期刊。

1827 年，时任奥斯曼帝国埃及行省总督的穆罕默德·阿里出版官报《总督报》（Jueal al Khadyu），第二年该报改名为《埃及事件报》（ةالمصــري الوقــائع，拉丁文 al Waqa' i' Masriyah，中文亦可翻译为“埃及公报”），首任主编拉法阿·布克·塔哈塔维（1801—1873 年）是艾资哈尔大学的留法毕业生，精通法文、历史、地理和现代科学知识，翻译了大量西方科技书籍。这家由官方出版的报纸主要发布官方新闻、政府通令和公告，但也带有浓厚的阿拉伯文化传播的传统，即有较多的“讲故事”内容，例如刊登《一千零一夜》的故事。

19 世纪 90 年代的《埃及事件报》

1860 年以后，在埃及出现官报以外的报纸，例如 1860 年出版的《埃及报》、1867 年出版的《尼罗河流域报》（Wadi al Nil）等。1875 年 12 月，黎巴嫩的两位文化人塔克拉（Takala）兄弟来到埃及第二大城市亚历山大，出版了《金字塔杂志》，又于 1876 年 8 月 5 日出版周报《金字塔报》（al Ahram）。1881 年，《金字塔报》从周报改为日报，并迁到开罗出版。1895 年，《埃及人报》（al Misri）创刊，在一个较长时期发行量居埃及报纸的首位。不过，非官方的阿文报刊由于经济实力有限，大多申请政府资助。因此，非官方报刊从一开始就不是作为政府对立面，而是与阿拉伯主流文化基本保持一致的。

1879 年 1 月，埃及成立第一个民族主义的党派祖国党，同年该党出版报纸《祖国报》。1884 年，在法国巴黎又创刊了宣传泛伊斯兰主义的《团结报》。这些报纸被认为是埃及政党报刊的雏形。

19 世纪末开始，埃及名义上是奥斯曼帝国的一个行省，但实际上被英国、法国间接控制，因而一定程度上是这两个西方国家，特别是英国的半殖民地。1922 年，埃及宣布独立，建立埃及王国（穆罕默德・阿里的直系后代为国王）。当时埃及存在如下的政治力量：国王及其拥戴王室的党派、多少带有资产阶级色彩的"华夫脱党"和英国人（根据《英埃条约》，他们在埃及仍保留着一些权利和特权）。这些政治派别均出资办报，并形成了各自的报刊群。这个时期，各种宗派—党派对于媒体的影响，尚大于商业对媒体的影响，不少媒体融政治性与商业性为一体。

尽管这一时期埃及新闻媒体的主导方向还是对政治问题的关注，但媒体向商业化方面的发展趋势不知不觉地明朗起来，大众化刊物开始兴盛。

1925 年 10 月，旅居埃及的沙姆（指黎巴嫩、叙利亚一带）女演员法蒂玛・优素福在开罗创办艺术周刊《鲁兹・优素福》（Rose el-Yousuf）。五年后，该刊从单一的艺术性刊物转变为以时政为主的政治性综合杂志。

1928 年，埃及出现广播电台，主要是一些商人和无线电爱好者开办的，内容为音乐节目和商业信息，均为民营。政府对广播电台并未予以更多的注意。

1943 年，阿明（Amin）孪生兄弟创办大众报纸《消息报》（al Akhbar），这是埃及王国时期新创办的媒体中的代表性报纸。哥哥穆斯塔法・阿明毕业于美国的新闻学校，他把美国式大众报纸的风格带到了埃及，吸引了年轻一代的市民读者，该报的发行量很快就在埃及报纸中居于前位。

如果埃及继续沿着这种新闻体制走下去，也许新闻传播业会较快地趋向于由市场化替代政治化。但是，埃及是世界政治、经济矛盾的聚焦点之一，阿拉伯民族主义和伊斯兰文化传统难以使它完全接受西方式的现代新闻传播业。

二、社会动员型新闻传播业体制的形成和发展

埃及自穆罕默德・阿里以来，当权者基本实行温和的自由主义新闻政策。但在 1952 年七月革命后，按照自由军官团的革命理想，新成立的"解放大会"（后更名为"民族联盟"、"阿拉伯社会主义联盟"）为唯一的政治组织，王国时期的所有党派报刊被视为"有损民族利益"而不得存在。为了使新的领导人和他们的思想迅速为世人所知，新政权在 1952 年 9 月建立解放出版社，出版《解放》杂志（al Tahrir）。同年 12 月，以内政部部长纳赛尔的名义颁发了革命指挥委员会机关报《共和国报》（al Gomhouria）的出版许可证，

南方城市阿斯旺的火车站收到开罗运来的报纸（陈力丹摄）

首任主编即后来的埃及总统萨达特。

对于大多数私营报刊，新政权当时没有采取行动，但从 1952 年革命成功后便实行新闻检查。1954 年年初，在大多数报刊不再发表反对意见的情况下，原来倾向于华夫脱党的《埃及人报》要求实行真正的议会治国，发表了尖锐批评总统纳赛尔和革命指挥委员会的文章。于是，这家当时在阿拉伯世界发行量最大的报纸（12 万多份）于 1954 年 4 月被封闭，出版商法蒂赫兄弟分别被判处 15 年和 10 年徒刑。

1956 年 2 月，开罗的几家私营出版社联合创办了中东通讯社，目的是补充西方通讯社新闻稿内容的不足，反映阿拉伯世界的观点。这是埃及的第一家通讯社，首任社长为哈利法（Hosni Khalifa）。

1960 年 5 月，纳赛尔在苏联社会主义的启发下，颁布《156 号法令》，实行“阿拉伯社会主义”，目的在于最大限度压制批评的声音。根据法令，所有报刊收归唯一政党民族联盟所有（实为国有）；将私营出版社，如出版《金字塔报》的金字塔出版社、出版《消息报》的今日消息出版社、出版《图画》周刊的新月出版社、出版《鲁兹·优素福》周刊的鲁兹·优素福出版社等，移交给已经拥有解放出版社的民族联盟。建立七个国营出版社，统领报刊、书籍的出版。外界一般把这一事件称为埃及新闻传播业的“国有化”，但埃及方面不认为是国家收回新闻传播业的所有权，因为民族联盟不是国家机构，这是将新闻传播业交给人民的一种形式。

同年，中东社收归国有，变成国家通讯社。

同年，埃及电视台开始播放节目。这是阿拉伯国家继伊拉克之后的第二家电视台，鉴于埃及的影响力，当时称“阿拉伯电视台”。电视台与广播电台一样，由政府直接控制。

以上的新闻体制变化，被称为“动员型新闻体制”。它的发明与运用，与当时埃及和其他阿拉伯国家同以色列长期处于战争状态，国家需要最大限度地发挥媒体动员民众的功能有关。

1970 年萨达特主政后，逐渐改变政策。1974 年，政府取消了书报检查（实际上仍然存在，主要不允许批评高官），恢复党派。1980 年，阿拉伯社会主义联盟解散，该联盟享有的报刊 51%的所有权由政治协商会议接收。同年的新宪法规定，新闻机构是独立于国家立法、行政、司法的“第四权力机构”。

1981 年萨达特遇刺身亡后，新总统穆巴拉克继续执行萨达特的宽松的新闻政策。在穆巴拉克时期，对“动员型新闻体制”做了一定的调整并稳定下来，其特点是：政府不直接干预媒体的具体业务，主要通过对通讯社和广播电视台的直接控制，以及对媒体领导人的调整，使得大众媒体在整体上不会越出当权者内定的限度（这种限度在此后二三十年内实际上有所放宽），同时各媒体尚有较大的活动余地。在这一体制之下，媒体与政府的关系基本是合作性质的，而非对立。传媒的主要领导者与统治集团常有较为密切的关系。在报刊公营的前提下，各报刊 49%的所有权，变成职工股份。金字塔、今日消息、解放等主要出版社逐渐演变为以一二家大报刊为核心的大型媒介集团，成为很有实力的大企业，报刊业实际向商业化方向发展。

2011 年 2 月，埃及发生“茉莉花革命”，穆巴拉克辞职。埃及的新闻传播业在民主化的政治氛围中进一步开放，但新闻体制形式上尚没有变化。

三、埃及新闻传播业目前的格局

埃及的新闻传播业在阿拉伯世界中是较为发达的，经过几十年的调整，现在报刊主要采用的是“公营＋合作制”的混合体制，少量报刊是私营（主要是外文报刊）和党营。通讯社和广播电视台则是国营。

（一）三大印刷媒介集团

埃及的新闻类报刊集团是以“出版社”的名义存在的报业托拉斯，也出版非新闻类的杂志、书籍和投资其他产业。

1. 金字塔出版社

该社是埃及最大的印刷媒介集团，共有员工 6 000 多人，年收入超过 1 亿美元。该社主要出版《金字塔报》，它不仅是埃及第一大报纸，也是阿拉伯世界第一大报，一般被视为代表阿拉伯国家的主要媒体。该报现在分国内和国际两个版。国内版每天 20 多个版，为了及时报道最新的新闻，每天出版三次，发行量 60 多万份。国际版在伦敦出

开罗市中心立交桥下的报摊（陈力丹摄）

版（后增设纽约印刷点），向欧洲和北美发行，总发行量近 20 万份。此外，该社出版的《金字塔经济学家》（al Ahram Economist）逐渐成为经济新闻周刊，发行 50 万份。该社还出版《金字塔体育、艺术》、《国际政治》、《青年》等期刊。

2. 今日消息出版社

该社主要出版《消息报》，尽管多次更换主持人，该报的大众化风格没有发生根本变化，市民、学生和下层官员是其主要读者对象。现在每天 20 个版，发行量 60 万份，是在开罗市内销量最大的报纸。有些名气的老杂志《最后一点钟》周刊（发行量 13 万份），也属于该出版社。

3. 解放出版社

该社主要出版《共和国报》，该报一般被认为代表左派人士的观点。发行量 40 万份。埃及唯一的阿文《晚报》（1956 年创刊），以及英文《埃及公报》、法文《埃及进步报》也属于该出版社。

（二）通讯社

埃及唯一的大通讯社即中东通讯社，该社 1960 年成为国家通讯社后，在财力和人员配置方面得到特别的支持，发展较快，现为阿拉伯世界和非洲地区最大的通讯社。该社有工作人员 1 200 人，用阿、英、法三种文字发稿（包括电视新闻稿），平均每天提供新闻 500 条，在世界主要媒体的落地率较高。该社还出版一些专题性新闻刊物，例如英文和法文版的《开罗报刊综览》、阿文和英文并用的《经济周刊》等。

（三）广播电视

埃及广播电视联盟是埃及各广播电视台的最高机构，既是政府的一个部门，也是经营机构。经费来源有三方面：国家拨款、广告费、销售广播电视节目的收入。该机构下属全国性的开罗广播电台、埃及电视台、埃及卫星电视台。

开罗城内林立的卫星接收器（陈力丹摄）

埃及电视台现在有两套面向全国的电视节目、三套面向首都开罗的节目、四套面向不同地区的节目。1990 年，埃及开通卫星电视台，有三套卫星电视节目，即体育频道、电影频道和教育频道，覆盖整个阿拉伯世界以及欧洲、非洲、俄罗斯的部分地区。

开罗广播电台是埃及全国性的广播电台，有 9 套广播网（或叫“电台”）、115 个工作室。其中“传播广播网”是政府开办的商业广播电台，以播出广告（特别是国外的广告）和商业信息为主。埃及的对外广播台，使用 38 种语言（非洲民族语言 13 种）向非洲、欧洲、美洲、亚洲播出，这是各国对外广播中使用非洲语言最多的广播电台。

【思考题】

1. 简述 1960 年埃及新闻传播业的“国有化”。

2. 识记《埃及事件报》、埃及三大印刷媒介集团及其代表性报纸、中东通讯社和埃及电视台。

第十七章

土耳其新闻传播史

土耳其地跨欧亚大陆，其主要部分小亚细亚半岛古称安纳托利亚，欧洲部分古称色雷斯。公元前1800—前1170年，赫梯人在这里建立强大帝国，随后弗里吉亚人在这里建立自己的王国。公元前1世纪，罗马人来到这里，东罗马帝国（即后来的拜占庭帝国）把国都君士坦丁堡建在了现在土耳其的欧洲部分。11世纪，突厥人的塞尔柱帝国占领小亚细亚，建立罗姆苏丹国。13世纪，罗姆苏丹国被蒙古帝国所灭，分裂为36个小侯国，其中的奥斯曼侯国吞并其他国，并于1453年攻克拜占庭帝国首都君士坦丁堡，改名伊斯坦布尔，形成占据西亚、北非和巴尔干半岛大片土地的奥斯曼帝国。帝国苏丹（皇帝）以罗马帝国继承人自居，视自己为天下之主，继承了罗马帝国及伊斯兰文化，东西文明在其手中而得以统合。

第一次世界大战中，奥斯曼帝国战败，领土只剩下小亚细亚和色雷斯。1919年，凯末尔（Mustafa Kemal Atatürk，1881—1938年）发动民族民主革命拯救土耳其民族，削弱土耳其民族与奥斯曼帝国和伊斯兰的联系，废除政教合一体制，强调突厥史和安纳托利亚史的重要性。1923年10月29日，奥斯曼帝国变成土耳其共和国。1924年，凯末尔废除伊斯兰教长制，关闭伊斯兰宗教法庭，采用新民法、刑法、商法，为土耳其世俗化扫清障碍。同时，用拉丁字母取代阿拉伯字母，要求土耳其人民把“自己从多少世纪以来像铁箍似的束缚着我们思想的那些令人无法理解的符号中解放出来”，只有这样，土耳其民族才能“以它的文字和它的思想，表明自己在文明世界中的地位”[①]。土耳其国土上留下大量伊斯兰文明遗迹，这些遗迹又有明显的基督教痕迹，显示出这个国家独特的历史文化。

现在土耳其面积约78万平方公里，色雷斯为全国面积的3%，人口7 900多万，70%生活在城市。土耳其民族众多，国家实行宗教自由，大部分民众信奉伊斯兰教，还有一些民众信奉基督教、犹太教等。

媒体形式上比较开放，在报摊上常常能见到印刷花哨、穿着时尚的女士以及一些

① ［英］伯纳德·刘易斯：《现代土耳其的兴起》，292页，北京，商务印书馆，1982。

体育明星等登载在报纸的头版。电视里播出的西方娱乐节目也比较多。但媒体在新闻报道领域的自由和透明度却并不理想。

一、土耳其新闻传播业的早期发展

由于宗教和政治上的限制，古代土耳其教育落后，文盲普遍，这个地区的现代新闻传播业起步较晚。土耳其最早的印刷业是由外族人创办的，1494 年、1567 年和 1627 年，犹太人、亚美尼亚人和希腊人先后在土耳其开办印刷所，但是印刷所不能印刷土耳其和阿拉伯文字的内容。1727 年，第一个土耳其印刷所在奥斯曼帝国创办，1745 年关闭，1784 年重建。

1831 年，土耳其第一家官方报纸《情况日历》（Takvimi Vekayi，英译：*Calendar of Affairs*）创刊，主要刊登国家法律、苏丹法令，记载一些宫廷宴会等，不定期出版至 1922 年 4 月。1840 年，土耳其第一家非官方报纸《事件记录报》（Ceride-i Havadis，英译：*Register of Events*）由英国人威廉·丘吉尔（William Churchill）创刊。第一家土耳其人的民营报纸《事件解释报》（Tercüman-Ahvâl，英译：*Interpreter of Events*）由两位土耳其记者在 1860 年 10 月创办，该报受法国启蒙思想影响，宣称“言论自由是人性的一部分”。随后又出现了几家民营报纸。1864 年，奥斯曼帝国建立新闻检查制度，颁布了第一部《新闻法》，实为新闻检查法。①

《情况日历》

19 世纪后期的土耳其君主立宪运动中，一些具有革新思想的政治家也开始办报，比较著名的有 1860 年的《喉舌报》、1862 年的《写真报》。这场运动后来失败了。

20 世纪初凯末尔发动民族民主革命时，支持并指导创办了《民主意志报》和《国家主权报》。1920 年，凯末尔创办阿纳多卢通讯社，以服务于革命中的政治

① See Gábor Ágoston, Bruce Alan Masters, *Encyclopedia of the Ottoman Empire*, Infobase Publishing, 2008, p. 433.

宣传和新闻需求。建国后，为了回击保守派报纸的敌对宣传，他邀请好友尤努斯·纳迪（曾任宪法起草委员会主席）于1924年5月出版《共和国报》（Cumhuriyet）。这份报纸为推进改革、维护新政权发挥了重要作用，后来该报由纳迪的遗孀和长子继承，一直出版至今。

1927年，土耳其出现第一家广播电台，名义是私人公司，实际上由政府掌握。1964年5月1日，土耳其建立公营的土耳其广播电视公司（TRT）。其经费来源是政府的有限资金预算和广播、电视的执照费。1968年，在联邦德国的帮助下，TRT在首都安卡拉建立起第一家电视台，随后伊斯坦布尔、伊兹密尔等大城市也建立了电视台。

二、土耳其的新闻制度与新闻传播业特征

凯末尔建立了土耳其民主共和国，接受了民主制度，但专制帝国传统依然影响深远。时至今日，土耳其军队依然有实质性影响，言论的透明和自由度不甚理想，媒体审查制度普遍存在，尤其在关于军队、政治、宗教和库尔德人等敏感问题上。1982年的土耳其宪法规定：人民有言论自由、新闻自由和通信自由等；规定媒体是自由的，不应受审查；但同时还规定，如果报道发表了对国家安全、主权与领土的完整造成威胁或泄露了国家机密的文章，法官有权裁定终止传播，当事人要负相应的法律责任。在具体实施上，包括发表与政府观点相悖或批评当权者的文章，相关记者和媒体都会受到惩罚，手段包括拘留、刑事诉讼，甚至遭到虐待。

土耳其原来的法律禁止民营广播和电视，TRT持续20多年垄断着土耳其广播电视的播出。1990年，第一家土耳其民营商业电视频道“星1”，从德国境内通过卫星向土耳其人播出节目，随后大约有100个地方商业电视频道和500个地方广播频道开始用这种方式播出节目。鉴于这种情形，土耳其议会于1993年8月修改了垄断广播电视的法律，宪法第133号修正案出台，扫清了民营企业进入广播电视业的障碍。根据该修正案，相继出台一些法规，可以自由经营商业电台和电视频道，但要接受广播电视最高理事会的管理和指导。

这种管理和指导表现在对广播电视节目内容的严格规定上。土耳其的第3984号法律专门针对广播电视节目的内容，有一系列的要求和限制，民营电台和电视台也被要求播出一定比例的教育和文化节目，以保证节目在种类、数量和言论上的平衡。

在土耳其民族主义的影响下，节目所使用的语言也在监控范围之内，以便使土耳其语及其文化得以成为主流。一般情况下，如下内容不得出现在电子媒体上：国家安全领域的信息，军事行动方面的内容，色情出版物、违反公共道德的内容，以及反映和体现土耳其东南部库尔德人文化权利的内容等。否则，主编和工作人员都会受到处

罚，甚至面临起诉。

为了加入欧盟，土耳其 2001 年接受哥本哈根标准（Copenhagen Criteria），进行了民主改革，但在改善媒体境遇上动作不大。比如，2004 年 9 月土耳其通过新《刑法》，在改善人权保障的同时，却对新闻出版更加严苛，新《刑法》第 300 条（相当于旧《刑法》第 158 条）规定：侮辱共和国总统，当事人判刑 4 年。如果媒体这样做，则量刑增加三分之一。在这种情况下，任何对官员合法合理的批评以及对其腐败行为的曝光，都可能使记者面临诽谤诉讼的危险。[①]《反恐怖法》（Anti-Terror Law）中的模糊规定也成为问罪记者的依据，一些记者在报道了库尔德人的生活后，被认为与恐怖分子有联系而受到处罚。

2004 年 6 月通过的《新闻法》（Press Law）和同年 4 月生效的《信息权法》（Law on Right to Information）都规定了媒体不能披露的信息。由于各种法律规定认定界限模糊，土耳其记者很容易面临指控。1993 年以来，多名传媒主编、记者和专栏作家受到官方警告甚至逮捕。2012 年和 2013 年，一些外国媒体使用“土耳其新闻自由危机”、“土耳其新闻业濒临死亡”、“土耳其：对政府而言，新闻报道就是恐怖主义”等标题，抨击土耳其的新闻政策。

除了法律上的规定，各种利益集团或宗教势力对媒体也常有干预。例如，土耳其调查新闻的作者穆姆久（Uur Mumcu，1942—1993 年）因揭露了 20 世纪 80 年代执政的军事集团与伊斯兰宗教激进主义的关系，于 1993 年罹难于汽车炸弹事件。此后，土耳其的调查新闻几乎不再涉足这一领域，多局限于刑事犯罪领域。

土耳其殉职记者穆姆久，背景为他供职的《共和国报》

① See “The Reform” exaggeratedly applauded by Verheugen is adeceit-The New Turkish Penal Code Full of Anti-Democratic Articles，http：/ /www. Kurdistan. nu /english/the _ reform _ infoturk. htm.

独特的历史文化传统和现实政治、经济制度，对现代土耳其新闻传播业均有深刻影响。

土耳其新闻传播业有以下几个特点：

其一，媒体业垄断趋势明显。土耳其的传媒多属商业性质，全国70%的媒体包括报纸、电视、广播，由少数几家跨媒介集团掌控，而这些集团还经营着旅游、金融、汽车、建筑和银行等行业，其背后常常与一些军事集团、宗教势力、官僚阶层甚至政府机构等有联系，从而谋求更大的商业利益。新的《新闻法》不再禁止媒体接受来自政府的商业合作合同，于是来自政府的利益诱惑使得媒体与政府的关系更加微妙和复杂。

其二，主流媒体缺乏独立、客观的职业意识。土耳其媒体内部流行编辑霸权，即主编、编辑遵循媒体所有者的意见，对新闻报道有直接的处置权利，年轻的记者、编辑和下面的通讯员得不到应有的职业保护。在新闻检查制度下，面对复杂的宗教背景和民族矛盾，他们的如实报道经常使他们面临危险的处境。

然而，在土耳其民主化浪潮的影响下，媒体业呈现出一些积极的现象。比如，在一些偏激的民族主义刊物上，出现一些批判性的言论，但此类内容并不普遍。

三、土耳其新闻传播业目前的格局

（一）报刊

土耳其报纸除了1924年创办的《共和国报》外，其他的报纸多创办于20世纪70年代以后。2009年前后，土耳其报纸总数为2 459种，其中全国性报纸55种，宗教报纸23种，地方报纸多达2 381种，但发行量均很小，因而平均每千人拥有报纸仅95份，这一数字在世界范围内是比较低的。而2004年时，土耳其全国拥有3 450份报纸。由此可见，报纸的衰退比较明显。

土耳其的主要日报有以下几种：

《时报》(Zaman)，1986年创办，在伊斯坦布尔出版，目前是土耳其发行量最大的日报，发行量89万份（2008年）。1995年首先开办网络版，目前发行于11个国家，如澳大利亚、阿塞拜疆、保加利亚、德国、美国等，并出版这些国家文字的国际版。该报原有英文版，2007年元旦改为单独出版的英文报纸《今日时报》，在全世界35个国家发行。该报持保守温和的伊斯兰主义，为伊斯兰世界消息的重要来源。

《邮报》(Posta)是土耳其的大众报纸，1995年创办，目前发行量居全国第二位，发行量51万份（2009年）。报纸出版地在伊斯坦布尔。报纸是典型的小报风格，类似于英国《每日镜报》，靠有吸引力的娱乐和八卦新闻招揽读者。

《自由报》(Hurriyet)，发行量45万份。该报曾是土耳其发行量最大的报纸，在中东、欧洲，特别是巴尔干地区很有影响。该报于1948年5月1日由萨达特·西马维在伊斯坦布尔创刊。同时在安卡拉、伊兹密尔、阿达纳、埃尔祖鲁姆以及德国的法兰克福等地设有印刷厂。该报在德国、法国、比利时、英国、美国等国家设有分社。《自由报》于 1963 年建立了自己的通讯社——自由通讯社。

Randevusuna mazeretsiz gitmeyen hasta bir daha sıra alamayacak 02

ÖTV indirimiyle gaza basan sektör, satacak araç bulamıyor 06

Beşiktaş liderlik şansını tepti 26

ZAMAN

Millet Özal'ı unutmadı

Emniyette sakın konuşmasınlar

Kıbrıs'ta zafer UBP'nin Eroğlu, müzakerelere destek sözü verdi

"Vefa duygusu en büyük zenginlik"

Sultanahmet'te eller Özal'a dua için kalktı

Mevlit, eski ve yeni siyasileri buluşturdu

Küresel ekonomik kriz Reina'yı da vurunca, pazarlık dönemi başladı

《时报》

土耳其街头的报刊亭（李毅摄）

其他发行量较大的报纸如下：《晨报》(Sabah)，发行量 35 万份；《国民报》(Milliyet)，发行量 25 万份；《新土耳其人报》(Haber Türk)，发行量 21 万份。

具有党派倾向的报纸中，《日安报》和《共和国报》反映共和人民党观点；《喉舌报》和《土耳其报》具有较浓的宗教激进主义和泛突厥主义色彩。

土耳其民众 90%以上信奉伊斯兰教（80%为逊尼派），因此伊斯兰教报纸在社会上有一定影响。发行量最大的伊斯兰教日报《新曙光》（Yeni Şafak），创刊于 1994 年，1997 年以后属于土耳其的 Albayrak Holding 控股公司。该报发行量约 10 万份，相对保守。另一份发行量 5 万份的报纸《A. 时间》（A. Vakit），则较为激进和耸人听闻，曾多次遭遇诉讼。

2007 年 11 月，一些著名记者和知识分子创办新的全国性日报《党》（Taraf），其中有质疑伊斯兰教教条的内容，揭露了一些土耳其的负面丑闻和其他媒体不愿涉及的敏感话题，该报发行量迅速升至 5 万份。

土耳其的期刊不大发达，发行不广。目前发行量最大的是 Feza 集团的新闻周刊《行动》(Aksiyon)，每期发行量 3.8 万份。其他比较受欢迎的新闻周刊有绿松石集团(Turkuvaz) 名下的《新现实》(Yeni Aktüel，发行量 8 000 份) 和《土耳其》(发行量 5 000 份)。经济周刊《经济学家和货币》(Ekonomist and Para)，发行量 9 000 份。

土耳其印刷媒体的广告市场份额逐年下降，2005 年为 36%，2008 年为 33%，而 2009 年降到了 31.6%。

（二）广播电视

1964—1994 年，土耳其公营的 TRT 垄断了全国的广播电视，禁止民营广播电台和电视台。土耳其的电视业前期发展缓慢，主要还在于政府对电视业的认知存在误区，视电视为奢侈品而加以抵制。电视业的基础设施投资，于 1972 年后加速，并在其后的十年取代广播成为该国最重要的大众媒体。

土耳其电视画面（李毅摄）

TRT的土耳其广播电台拥有4个全国广播频道，其中1频道为综合性频道，其他频道以各种古典和现代音乐或民间流行音乐为主。TRT的对外国际广播，使用26种语言。土耳其的民营广播频道超过了1 100个，其中36个全国性频道，102个区域性频道，950个地方频道，约100个同时进入了有线电视网络。这些频道主要提供音乐节目。近年来，土耳其的广播业广告市场份额下降了约3％。

目前，土耳其有全国性电视台24家，区域性电视台16家和地方电视台215家。TRT的土耳其电视台为最大的电视台，该台有11个全国性的电视频道。2009年1月，作为政府新民主化进程的一部分，TRT推出土耳其第一个库尔德语电视频道TRT6。

电视是目前土耳其人主要的信息和娱乐来源。有调查显示，土耳其人平均每天看电视的时间为5.09个小时，周末为5.15个小时。但电视业的广告市场份额近年来明显下降，从2005年的56％、2008年的50％下降到2009年的48.2％。

（三）通讯社

土耳其境内新闻通讯社比较多，其中比较重要或有特色是以下三家：

阿纳多卢通讯社，土耳其最古老的新闻通讯社，也是该国各媒体新闻的主要来源，为半官方性质。1920年，凯末尔为促进土耳其独立而创建，目前资金主要由国家提供。该社有28个国内办事处和22个国外办事处，每天提供800条新闻和200帧图片。

独立通讯社，1972年在首都安卡拉成立，平时用土耳其文提供经济新闻和图片，周末提供一次英文信息。

IHA，真诚集团（Ihlas Group）创办的新闻通讯社，在土耳其国内和海外拥有145个办事处，覆盖了欧洲、中东、阿拉伯半岛和中亚地区，并向欧美、阿拉伯等国家和地区的媒体提供英语和阿拉伯语的新闻服务。

（四）新媒体

2004年，土耳其仅有占人口7.5％的人上网，2005年上升到13.9％。2008年3月，全国已有了2 650万互联网用户，占人口的34.5％，发展趋势较快，抢占了较多广告市场份额。有数据显示，互联网在青年人（16～24岁）中比较受欢迎，但只有7％的妇女使用互联网。现在土耳其全国性报纸和电视台都有网络版，每天更新，其中一些还有英文版。另外，还有许多独立的新闻网站和网络杂志。土耳其公众对网络媒体的兴趣比较高，但只有很少的网络媒体聘用记者，它们的新闻内容主要来自传统新闻机构。

（五）媒介集团

土耳其已经形成了较多的媒介集团，较为重要的是多甘集团（Doğan Group）、绿松石集团、肯纳集团（Ciner Group）、Çukurova 集团、耶稣诞生集团（Doğuş Group）、Feza 集团。所有的民营商业电视和报纸，都集中在这些集团手中。

多甘集团是土耳其拥有纸媒最多的公司，拥有《自由报》、《国民报》、《邮报》、《激进报》以及多家体育报纸和土耳其的英文报纸《自由每日新闻报》。2009 年，多甘集团陷入严重的税务问题而面临窘境。销量最大的报纸《时报》，属于 Feza 集团，该集团与土耳其伊斯兰教派领袖关系密切。绿松石集团拥有土耳其发行量最大的几家期刊。

【思考题】

1. 简述土耳其新闻传播业目前的两个特征。
2. 识记土耳其最大的报纸、最大的广播电台和电视台。

第十八章 沙特阿拉伯新闻传播史

沙特阿拉伯是西亚地区面积最大的国家，约 225 万平方公里，人口约 3 100 万人，沙漠面积占全国的一半，可耕地只有国土面积的 1%，但盛产石油。

古代沙特阿拉伯地区生活着与犹太人有血缘联系的游牧部落。公元 7 世纪，穆罕默德在沙特阿拉伯西部创立伊斯兰教，以共同信仰打破了以血缘为纽带的狭隘的部族关系，为统一的民族国家的形成奠定了基础。此后在现今沙特阿拉伯领土范围内，先后经历了正统哈里发（政教合一的最高统治者）时期、倭马亚王朝、阿拔斯王朝、塞尔柱王朝、花剌子模王朝、蒙古王朝。1517 年，奥斯曼帝国开始统治沙特阿拉伯，奥斯曼苏丹苏莱曼一世宣布自己是哈里发的继承者，为全世界穆斯林的领袖。奥斯曼帝国 1918 年瓦解后，英国实际上控制沙特阿拉伯。现在沙特阿拉伯王室的祖先是穆罕默德·伊本·沙特（Muhammad bin Saud），他于 1750 年成为阿拉伯半岛中部纳季德地区的酋长。几经曲折，1926 年 1 月 8 日，这个家族的阿卜杜勒·阿齐兹·沙特（Abdul Aziz Al-Saud）成为第一位沙特阿拉伯的国王。1927 年，沙特阿拉伯从英国统治下独立。1932 年 9 月 22 日，沙特阿拉伯宣布统一，确定 9 月 23 日为国庆日。

沙特阿拉伯为君主制王国，禁止政党活动，无宪法。《古兰经》和穆罕默德的圣训是国家执法的依据。国王行使最高行政权和司法权，有权任命、解散或改组内阁，有权废立王储，解散协商会议，有权批准和否决内阁会议决议及与外国签订的条约、协议。1992 年 3 月 1 日，法赫德国王颁布治国基本法，规定沙特阿拉伯王国由其缔造者阿卜杜勒·阿齐兹·沙特国王的子孙中的优秀者出任国王。

一、沙特阿拉伯新闻传播业的发展历史

（一）20 世纪 70 年代以前的新闻传播业发展

沙特阿拉伯的第一家报纸《乌姆·古拉》创办于 1908 年，双周刊，由当时还是酋长，后来成为第一任沙特国王的阿卜杜勒·阿齐兹·沙特授意创办，为沙特阿拉伯的

官方刊物。该报每期刊有国王的重要消息，诸如官方声明、国王讲话等，成为史学家们和本国历史研究者们的必读刊物。该报出版 20 多年内，沙特阿拉伯没有其他报刊。20 世纪 30 年代，陆续出现一些民间报纸，如《希贾兹之声》、《麦地那》等。但办刊作为一种产业，需要较多资金，对财力有限的个人来说难度较大。因为缺乏资金，二战期间除了《乌姆·古拉》外，这些报纸均倒闭了。二战以后，《麦地那》以原名恢复出版，《希贾兹之声》改名为《沙特报》。

建国初期，为了对各地的工作进行有效地指导和控制，国王阿卜杜勒·阿齐兹·沙特从国外引进大批无线电通信和广播设施。首先在吉达、利雅得和麦加等重要城市建立了有线广播电台，采用电报通信工具。在其他地区建立了无线电通信电台，在主要的居民点安装了手摇和自动电话机。这些客观上提高了新闻传播的技术水平，加强了各地区之间的联系，但主要是为了实行和维护专制统治。[①]

1949 年 5 月，沙特阿拉伯财政部为国际电报和电话业务而筹建了无线电发射机工作室，最初能每天维持几个小时的广播，内容基本上都是宗教性质的。在随后的十几年里，沙特阿拉伯的广播业没有显著的发展。那时在沙特阿拉伯，允许美国和英国利用一些电台的专栏播放广播节目，这些节目大部分通过建立在洛杉矶的军用人造卫星送达。20 世纪 60 年代，埃及广播业发展起来后，刺激了沙特阿拉伯王室加快本国广播业的建设。1962 年在麦加建立官方的“伊斯兰召唤”电台，1965 年建立官方的利雅得广播电台，1972 年再建《古兰经》广播电台。

1965 年在利雅得启动电视台的建设

1965 年 7 月 15 日，沙特的官方电视台分别在首都利雅得和吉达两个城市开播节目，黑白电视，使用同一个频道。1967 年，沙特阿拉伯在麦加和塔伊夫建立中转站，

① 参见哈全安：《中东史》（下），39 页，天津，天津人民出版社，2010。

使吉达台的电视覆盖范围扩大至这两个地区。1967 和 1968 年，又先后建立麦地那电视台和卡绥姆电视台。1969 年，再建达曼电视台，该台覆盖沙特东部地区和大多数阿拉伯海湾国家，功率最强。①

1964 年，沙特阿拉伯当局出台《新闻法》。该法规定，传媒若对伊斯兰教、王室和政府进行批评，政府有权利干涉出版业。这项法律还规定，信息产业部有权否决任何传媒公司董事会的候选人，也有权从公司推荐的董事会候选人中任命主编和董事会主席，有权解雇那些选择了这些职位的人。尽管印刷设备、出版业的房屋所有权私有化，但所有传媒组织都需要经由信息产业部授权。授予执照的条件包括：传媒组织内至少有 15 名沙特人，由总干事领导，并且至少拥有可支配的 10 万沙特里亚尔（1 美元＝3.75 里亚尔）。另外，许可证可以随时撤销。该法律对沙特阿拉伯的新闻传播业影响深远。

沙特阿拉伯政府在 20 世纪 70 年代还颁布了《新闻机构法》，鼓励合并小报社，建成拥有董事会的有限责任出版机构，然后逐步提高报刊的水平。

（二）20 世纪 70 年代至今新闻传播业的发展和现状

20 世纪 70 年代以后，沙特阿拉伯的石油产业给其带来了滚滚财源，新闻传播业走上了较快的发展道路。报纸出版方面拥有了世界先进出版印刷设备，在全国发行上百种报刊，其中不少为彩印，新闻报道的范围有所扩大。全国识字人数增长，带来了读者群的增加。

1971 年 1 月 23 日，沙特通讯社（简称沙通社）成立，是沙特新闻传播界的主要信息源，直接受政府新闻部领导。沙特通讯社在华盛顿、伦敦、突尼斯、贝鲁特、开罗等地设有分社。沙通社每日 24 小时不间断地用阿拉伯语、英语、法语发布消息，在沙特各大城市都建有新闻中心，统一受国家新闻中心管理局领导。该社有两个基本职能，一是新闻报道，二是社会服务。国家新闻中心管理局由新闻部授权，辅助国内的新闻报道，其作用十分突出。②

创办于 1978 年的《中东报》，是中东地区影响力比较大的阿拉伯文日报，由沙特市场调查集团（SRMG）旗下的沙特调查和出版公司（SRPC）在伦敦出版。《中东报》在伦敦出版的主要原因有三个：第一，英国的商业环境非常宽松，甚至 5 分钟就可注册一家公司；第二，在英国，更容易招揽到高素质的专业人才；第三，英国的卫星通信等高新技术手段要先进一些。《中东报》是世界上唯一拥有《纽约时报》、《华盛顿邮

---

① 参见钱学文：《当代沙特阿拉伯王国社会与文化》，192～200 页，上海，上海外语教育出版社，2003。

② 参见 http：//www.pressreference.com/Sa-Sw/Saudi-Arabia.html。

报》和《基督教科学箴言报》等阿拉伯文版权的报纸。这份主要报道中东问题的日报平均每天出 20 多个版，在埃及、巴勒斯坦、黎巴嫩以及苏丹等地设有 20 个记者站，每期发行量约 25 万份，在 12 个国家印刷，全球发行。①

在沙特阿拉伯通常可以接触到的日报还有：《阿拉伯新闻》、《国家报》、《经济报》、《生活报》、《半岛报》、《座谈报》等。沙特阿拉伯较有影响的专业性期刊是：《你好》、《经济与管理》、《沙特观察》、《猎鹰》、《伊斯兰团结》、《贸易》等。

AL HAYAT
الحياة
"طائرات انتحارية" تضرب مبنى البنتاغون وتدمر برجي التجارة العالمية في نيويورك
اميركا تعلن حالة التأهب القصوى وتلمح الى "بصمات لأسامة بن لادن" في الاعتداءات
الدولار تراجع واونصة الذهب اقتربت من ٣٠٠ دولار
اغلاق الفضاء الاميركي يثير فوضى في العالم
الدبابات الاسرائيلية تتوغل في جنين والمواجهات توقع ١٣ جريحاً فلسطينياً

2001 年 9 月 12 日沙特阿拉伯《生活报》头版

沙特阿拉伯报纸的发行量没有准确的数字，因为该国没有独立的流通审查局，发行量都是根据报纸自身报告的数据进行估计，有时不同的消息来源会有较大的差别。现在大体平均每千人拥有报纸 59 份，远低于世界平均水平。

沙特阿拉伯的广播业自 1979 年吉达和利雅得两地的广播合并后，发展迅速。1983 年，吉达开播第二套节目，利雅得广播电台作为首都中央台。现在全国 6 大广播电台使用包括阿拉伯语在内的 13 种语言向全世界广播，日播总时间 88 小时。内容除国事活动、各地新闻、体育新闻外，主要是向世界传播伊斯兰教。

---

① 参见马丽蓉：《西方霸权语境中的阿拉伯—伊斯兰问题研究》，73～75 页，北京，时事出版社，2007。

20世纪70年代以后，沙特阿拉伯建立了几个新的电视台，如1977年建立的覆盖沙特南部地区的艾卜哈电视台等。目前，全国有5个无线电视台。1976年，沙特阿拉伯全部实现彩色电视广播，全国各地为此纷纷建起了中转广播站，共有107座，电视网已覆盖全国98%的地区。1983年，开始播放英、法语节目。1984年，沙特阿拉伯开通电视第二个频道，主要用英语广播，中间插播法语新闻。随后进一步通过电视卫星向欧洲、美国、加拿大等地播送电视节目。

沙特阿拉伯电视台的新闻播报

沙特阿拉伯从1974年起建立卫视系统，其主要目的是向全世界宣传伊斯兰教，另外还有一项特殊传播，即现场转播每年的朝觐盛况，这一节目受到了全世界穆斯林观众的欢迎。

20世纪90年代中期，沙特阿拉伯运用自己的石油财富建成了两个国家级彩色电视网络，一个用阿拉伯语，一个用英语。这些节目中25%为宗教事务，30%是关于阿拉伯戏剧和儿童的内容，音乐与其他内容占22%，非阿拉伯语电影占8%，还有15%是体育和新闻。[①]

（三）沙特阿拉伯新闻传播业的管理

沙特阿拉伯除了行政方面的《新闻法》外，还有一整套管理传媒的措施。按照传统要求，任何与王室相关的、正面可用的内容，经由官方的沙特通讯社送达后，都会出现在各家报纸上。但各家报纸在政治、宗教、社论、消费信息，本地、全国、

---

① See Khalid Marghalani, "The Utilization of Direct Satellite Broadcasting in Saudi Arabia," see Philip Palmgreen, Douglas A. Boyd, *Journal of Broadcasting & Electronic Media*, 1998.

沙特阿拉伯出版的各种报纸

国际新闻重点等方面的安排则不同，而信息产业部还会在一些问题上提出报纸需要遵循的指导性原则。

沙特阿拉伯的国家出版管理局负责出版工作的宏观管理，具体执行王国的政策。出版管理局的任务和职责是：对世界各国流向沙特阿拉伯或国内自行出版发行的各种语言文字的书籍、报刊及音像制品进行管理，坚持和维护沙特阿拉伯的伊斯兰传统价值观。

沙特阿拉伯在互联网方面保持严格的控制，设有专门的部门密切监视互联网，审查任何被认为是冒犯伊斯兰教和政府的内容。2002 年 2 月，政府在没有提供任何解释的情况下关闭了 400 多家网站。

沙特阿拉伯的新闻政策规定，新闻部门对政府在各个领域里取得的建设成就负有全面宣传报道的责任，应在为伊斯兰教和穆斯林的服务中发展、振兴。《新闻法》强制新闻记者维护伊斯兰教，反对不信神的存在。要增进阿拉伯人的利益，保护文化遗产。沙特阿拉伯的基本法律表明，媒体的作用是教育大众，促进国家的团结。沙特阿拉伯的印刷媒体大多为民营，但向政府索要津贴，其中很多人获得了政府财政上的支持，报业的很多组织不是与王室有着紧密联系就是由王室的人员参与到报纸的运行中。①

近些年，沙特阿拉伯在新闻控制方面有所放松，政府选定一些记者，允许其写一些批评性的报道。自我审查成为这个国家媒体自我保护的一种方法，政府审查似乎逐渐减少，尤其在犯罪和恐怖主义的新闻报道方面。政府拥有和经营广播电台和电视台，亦有审查员负责删除被认为是冒犯伊斯兰教的内容，包括涉及伊斯兰教的忌物，基督教和其他宗教，酒精以及性别的内容。沙特阿拉伯普通公众收听收看曾被禁止的电视

---

① 参见 http：//www.state.gov/g/drl/rls/hrrpt/2004/41731.htm。

广播节目的渠道，也比以往更加广泛。[1]

二、沙特阿拉伯新闻传播业的制度特征

沙特阿拉伯现代新闻传播业的历史较短。20 世纪 70 年代以后，沙特阿拉伯官方十分重视国家的新闻传播业，政府给予大力支持，这个行业发展较快。但总体上看，沙特阿拉伯的新闻传播业仍然比较落后。在今日的中东国家中，其报纸读者的总数仍相对较小。高昂的成本限制了私人企业投资广播电视业，大多数电子媒体由政府垄断。沙特阿拉伯的历史文化特征对其新闻传播业影响十分显著。

第一，浓重的宗教和民族色彩。沙特阿拉伯的国家权力长期延续家族社会的血缘传统，进而形成家族政治的浓厚色彩，形成沙特家族（Banu Saud）对新闻传媒的权力垄断。沙特阿拉伯王室的祖先以沙特家族为核心，通过部落战争，统一阿拉伯半岛大部分地区，从而由一个部落酋长国逐步扩展为现代民族国家。[2] 从第一代国王阿卜杜勒·阿齐兹·沙特开始，血缘政治与地域政治并存，部族传统与国家制度交织。

有鉴于此，沙特阿拉伯的政治制度与政治生活具有浓厚的宗教色彩，使得新闻传播业与宗教关系紧密，成为政教合一的权力阶层掌控意识形态的工具。沙特阿拉伯奉行以新闻审查为特征的严厉的新闻政策，以遵守伊斯兰法规为原则，因而传媒新闻自由十分有限。

沙特阿拉伯长期奉行宗教立国与宗教治国的政治原则。官方宗教政治学在沙特阿拉伯的发展史中逐渐成为沙特阿拉伯王室家族垄断国家权力，进而控制社会和驾驭意识形态的舆论工具，其效果是强化了君主制度并排斥了民众的政治参与。1962 年，王储费萨尔以大臣会议首相名义颁布《十点纲领》，其中承诺保障民众的言论自由，但在即位后不久实行更加严格的新闻审查制度。1992 年，法赫德国王主持召开大臣会议颁布基本法，未涉及保障公民权利的内容，排斥民众广泛的政治参与。[3] 近些年，随着世界政治形势的不断变化，加之国内政治上的分歧、政权的更迭、政局的动荡等，沙特阿拉伯政府更加关注传媒为政治服务的价值，不惜代价地对传媒施加影响。

第二，沙特阿拉伯与外国新闻传媒的关系，根据民族和宗教而有所区别。对非本宗教和本民族国家的传媒，特别是西方国家传媒的监控十分严格，这些国家的记者在沙特阿拉伯开展业务比较困难，对他们采访活动有诸多限制。除了获得签证困难外，外国记者报道和出版的内容还会受到监控。

---

① 参见 http：//www. pressreference. com/Sa-Sw/Saudi-Arabia. html。
② 参见王铁铮、林松业：《中东国家通史》，北京，商务印书馆，2000。
③ 参见哈全安：《中东史》（下），105 页，天津，天津人民出版社，2010。

但沙特阿拉伯与其他同民族和同宗教信仰的国家，尤其是海湾国家的新闻合作比较紧密。所有阿拉伯国家的通讯社都加入了总部设在沙特阿拉伯吉达的伊斯兰通讯社联盟。1965 年，伊斯兰通讯社联盟举行首届会议。1976 年，海湾通讯社宣告成立，1978 年开始正式工作。

沙特阿拉伯的公众可以接触到外国媒体，但呈现的内容入境时早已经过筛选。沙特阿拉伯对于外国媒体尤其是西方媒体持消极态度的主要原因，是这些媒体经常触犯伊斯兰教的禁忌，这让沙特阿拉伯政府和领导人觉得受到了侵犯。同时，政治内容也是要经过审查的，但更多时候因为外国媒体上的广告被沙特阿拉伯方面认为是“负面的”，因此不待检查媒体内容其就已被否决了。

在沙特阿拉伯，只要媒体的行为保持在政府设定的原则之内，媒体和国家的关系还是比较和谐的。近年来，沙特阿拉伯公众已经能够接触到比以往任何时候更加全面的信息，沙特阿拉伯政府对信息流动的控制比以前宽松了许多。然而，也会不时发生对不遵守原则规定的记者或出版社进行重判的案例。

【思考题】

1. 简述沙特阿拉伯新闻传播业的制度特征。
2. 识记沙特阿拉伯的代表性报纸和通讯社。

第五编

撒哈拉沙漠以南非洲板块

由于与北非在文化和种族方面有明显的差异，因而这里将撒哈拉沙漠以南的非洲而不是地理学上的非洲作为一个文化板块来概述。撒哈拉沙漠以南的非洲是世界上新闻传播业欠发达的地区。在欧洲国家向全世界扩张前，这里尚处于原始社会末期。这里最早的现代新闻传播业，是各宗主国殖民者直接移植过来的，而且在时间上多数国家的新闻传播业也较拉美、亚洲国家要晚些。因为西方殖民者早期只是把非洲作为资源和人力（奴隶贸易）的掠夺对象，很少关注其新闻传播业的建设。

本编选取非洲唯一的发达国家南非，以及西非的代表国家尼日利亚、东非的代表国家肯尼亚，展现这个文化板块新闻传播业的大体发展情形。

阅读杂志的布基纳法索儿童

第十九章

南非新闻传播史

南非共和国是非洲唯一的发达国家，面积约122平方公里，人口约5 500万。

1万年前，南非的原始人就在许多山岩和住所的洞窟里留下了反映当时南非人生产和生活的岩画。南非最近一二千年是几个黑人部族（科伊桑人、霍屯督人等）的散居地。15世纪，非洲中东部班图人的一支——祖鲁人陆续迁徙到现在的南非境内。18世纪末19世纪初，祖鲁人在南非东南部建成了黑人国家——祖鲁王国，并统一了语言，但他们没有文字。南非还有许多其他部族的黑人部落，主要属于科伊桑族。世代口耳相传，是非洲黑人文明区别于世界上其他民族文明的一个重要特征。

1497年，葡萄牙航海家达·伽马绕过好望角发现东印度。葡萄牙人曾在南非上岸，但没有殖民，只是把南非当作世界贸易的一个中转站。1652年4月6日，荷属东印度公司委任的南非殖民地领导人范里贝克（Johan Anthoniszoon Jan van Riebeeck），带领125人在好望角的桌湾（Table Bay）上岸定居，建立了开普敦殖民地。在此后的几百年中，南非逐渐形成了一个以荷兰人后裔为主的非洲白人民族——布尔人。

1795年英国出兵占领好望角，从此南非的英国人和布尔人之间，黑人与白人之间，黑人部落之间两两相对的冲突延续百余年。1899年，英布战争爆发。1902年，英国人战胜布尔人，结束了南非百年来多种政治势力并存的局面。

1910年，南非联邦成立，成为英联邦的一个自治领。在民主政体下，失败了的布尔人于1912年建立南非国民党；同年，南非黑人建立了非洲人国民大会党（简称非国大党）。面对布尔人的政党活动，代表英国人利益的几个小党于1934年联合为“统一党”与之相对。

1948年，荷兰人后裔的南非国民党取代统一党执政，实行种族隔离政策，逐步与英国传统分离。1961年，南非退出英联邦，建立南非共和国。

1989—1990年，非国大党领袖纳尔逊·曼德拉和当时的总统德·克勒克结束种族隔离政策，实现民族和解。

一、英布战争前的南非新闻传播业

南非早期现代新闻传播业，是在英国人主导下出现并发展的。

1795 年 6 月，一位英国人带着一台简易印刷机随着英国军舰来到开普敦，试验性地出版了一张名为《开普敦公报和非洲广告人报》（*The Cape Town Gazette and African Advertiser*）的周报。该报传播范围很小，但这不仅是南非的首张报纸，也是非洲大陆最早的现代报纸。该报是一种类似公告性质的印刷品，1806 年更名为《好望角政府公报》（*The Cape of Good Hope Government Gazette*）出版到 1819 年。

The Cape Town Gazette,
AND
AFRICAN ADVERTISER.
Published by Authority.
Vol. I. SATURDAY, OCTOBER 4, 1800. Number 8.

1800 年的《开普敦公报和非洲广告人报》

1824 年 1 月 7 日，英国记者格雷格（George Greig）在开普敦自行创办了周报《南非商报》（*South African Commercial Advertiser*），这是南非第一家较为正规的民营报纸。出版当年，南非总督萨默特要求对报纸实行预先检查，已经形成牢固新闻自由意识的格雷格暂时停刊以示抗议，却被总督驱逐出境。事情闹到了英国本土，议会里的反对派把格雷格当作维护新闻自由的英雄欢迎，殖民大臣也接见了他。在国内舆论的压力下，萨默特只得允许格雷格重返开普敦。此后，新闻自由传统在南非确立。

1830 年 4 月 9 日，《南非人报》（The Zuid Afrikaan）由布兰德（Christoffel Johan

Brand）创办，首任主编为博尼费斯（Charles Etienne Boniface）。这是南非历史上第一家对开的大型商业报纸，该报用非洲荷兰文和英文两种文字出版了整整一百年，于1930年4月9日停刊。马克思曾为其写过三篇通讯，他在给恩格斯的信中称之为“给好望角写东西”。

1835年以后，英国人开始排挤荷兰人后裔，荷兰人被迫迁徙到中部和东北部建立奥兰治、德兰士瓦两个共和国，出版自己的非洲荷兰文报刊。

1867年和1884年，在南非中部和东北部先后发现了钻石和金矿，大批欧洲人涌向南非。于是在金矿较集中的德兰士瓦南部地区，迅速形成了南非第二个现代城市约翰内斯堡。1887年，一家金矿公司出资在这里创办了英文晚报《明星报》（*The Star*）。由于该报面向蜂拥而来的欧洲淘金者，很快就成为南非发行量最大的报纸。另外，许多小报刊也在该城出现。

1884年，南非黑人终于有了自己语言的报纸，这就是由贾巴武（J. T. Jabavu）编辑的《黑人之声报》（Imvo Zabantsundeu）。他是第一位使用本民族语言写作的南非黑人记者。不过，这家报纸当时影响微小，南非黑人在政治生活中尚没有地位，引人注目的是英国人与布尔人之间不断加剧的冲突。

二、20世纪：以语言划界的媒体发展

南非联邦成立后，英国人、布尔人和南非黑人成立了各自的政党，他们在政治上的分歧体现在了报业格局中。20世纪，商业性新闻媒体基本以语言为分界线，并带有一定程度的种族党派性。特别在英文与非洲荷兰文报刊之间，这种分野十分明显。而土著民族文字的报刊，则是共同反对白人种族歧视和主张民族解放的。

英布战争结束后，首先发展起来的是英文商业报纸。1902年9月，黄金商人H·弗里曼·科恩在约翰内斯堡创办《兰德每日邮报》（*The Rand Daily Mail*），该报坚持高级大报的风格，曾在国际上被视为当时南非的代表性报纸。

RAND
Daily Mail
No sign of hunger strike—Biko doctors
'Brave little soldier' blows himself up
A 'Mail' special investigation
Call to bill SA for SWA 'damages'
Speed kid Ernst
We can't go alone, Mudge tells

1977年的《兰德每日邮报》

虽然种族歧视问题尚不是南非的主要社会矛盾，但黑人的权利意识已经觉醒。1903 年，黑人报纸《纳塔尔太阳报》创刊，它是当时对黑人最有影响力的报纸，但在 1923 年被当局查禁。

英国的路透社于 1910 年在南非建立分社，名为南非路透社，这是南非第一家通讯社。1938 年，各大报在原路透分社的基础上组建报联社体制的南非联合新闻社（SA-PA），总部设在约翰内斯堡。

布尔人的南非国民党，于 1915 年资助在开普敦创办的非洲荷兰文《市民报》（Die Burger）。该报形式上是商业报纸，但一般被视为该党机关报。此后该党又资助了分别于 1936 和 1937 年在约翰内斯堡创办的非洲荷兰文晚报《祖国报》和晨报《德兰士瓦人报》（Die Transvaler）。

DIE BURGER

ANC striem Skerpioene

Skote klap toe Hestrie se man by vrou kuier

非洲荷兰文《市民报》现在的版面

1923 年，南非铁路公司创办第一家广播电台——约翰内斯堡广播电台。1924 年，该公司又建立开普敦电台和德班电台。1927 年，这三家广播电台合并为南非广播公司，呼号为“非洲广播电台”。1936 年，在统一党执政的背景下，南非铁路公司所有的南非广播公司被改组为仿照英国 BBC 模式的公营南非广播公司（SABC）。

1948 年，非洲国民党上台执政。该党实行种族隔离政策，导致种族矛盾激化。南非英国人的统一党（以及后来从中分裂出来的进步党）和英文报刊，大都不同程度地支持或同情黑人争取自身权利的斗争。也是在这个时期，南非的商业报团格局成型，其政治方面的色彩也颇为鲜明。

英文报刊划分为两个报团。一个是以开普敦的老报纸《守望报》（*The Argus*）为基础形成的“守望出版发行公司”。除了《守望报》外，它还拥有约翰内斯堡的《明星报》、德班的星期日报纸《星期天论坛报》（*Sunday Tribune*），以及20世纪60年代在约翰内斯堡主要为黑人创办的日报《世界报》（*The World*）。另一个是以开普敦的老报纸《时报》为基础形成的“南非联合报业公司”。除了《时报》，它还拥有当时被国际上视为南非代表性报纸的《兰德每日邮报》、南非最大的星期日报纸《星期天时报》（*Sunday Times*），以及《星期快报》。

鉴于历史的原因，英文报刊总体上的力量大于非洲荷兰文报刊。1976年，为了抵制英文报刊的自由主义倾向，由南非政府秘密资助，让白人实业家路易斯·卢伊特出面创办了一家大型英文日报《公民报》（*The Citizen*），在舆论上支持政府的政策。该报由于有较强大的财力支持，与同在约翰内斯堡的英文老报纸《兰德每日邮报》形成竞争局面，最终迫使《兰德每日邮报》于1985年4月30日停刊。

20世纪50年代，南非的大城市就有了有线闭路电视，但只为白人家庭提供服务。1976年，南非开办无线电视，此举相当程度是为了黑人群体，因为当时有线电视已能基本满足城市白人的需要。1986年10月，由南非四大报团共同出资建立了商业性的“媒体电视网”（M-Net），这是一家为广大市民服务的付费有线电视台，除不播新闻外，在其他领域（主要是电影和电视剧、娱乐节目）成为南非广播公司电视台的竞争对手，创办一个月后，用户就从6 000户猛增到10万户。1995年，以M-Net为基础，形成南非最大的民营卫星电视公司“多选集团”。

1989年，非洲国民党改革派总统德·克勒克上台，开始与非国大党谈判，启动了南非民族和解进程。此后，南非进入了以民族和解为特征的新闻传播业发展阶段。

鉴于以民族和解为目的实施废除种族隔离的总政策，以纳尔逊·曼德拉为代表的非国大新政府，于1994年11月废除了《出版登记法》。此后，任何公民、侨民，不分种族肤色，只要有实力，就都可以自由办报和向独立广播局（IBA）申请创办广播电台和电视台。

在这样的政策环境下，南非各土著文字的报刊得到发展，例如祖鲁文和英文的《伊加兰报》、豪萨文和英文的《伊姆沃报》等开始进入南非的代表性报纸行列。

从1992年起，南非的广播电视体制着手改革。原南非广播公司的电视二台、三台、四台合并为“当代社区价值”频道（CCV-TV），主要为多种文化的信息和教育节目，使用英语、非洲荷兰语和9种土著语言，南非宪法规定这11种语言均为国语。

1994 年 4 月，南非政府为广播电视民营化而成立独立广播局。其主要工作是发放营业执照、制定管理法规、管理和调控整个电视市场。

三、南非新闻传播业目前的格局

南非定期出版物的数量居撒哈拉沙漠以南非洲之首，大概有 5 000 种。根据 2006 年的数据，南非共有 20 份日报、13 份周报，其中多数为英文报刊。

《每日太阳报》(*Daily Sun*)，创刊于 2000 年，是南非历史上第一份以黑人工人阶层为读者对象的小报，也是南非发行量最大的报纸，目前发行量 44 万份。

《索韦托人》(*The Sowetan*)，原名《世界报》，为黑人服务的报纸，20 世纪 70 年代发行量位居南非第三位。曾两度被查封，1981 更名为《索韦托人》出版。该报是《每日太阳报》的竞争对手，目前发行量 12.4 万份。该报隶属于 Avusa 集团，该集团旗下的《星期天时报》是南非发行量最大的星期天报纸，发行量 50.4 万份。Avusa 集团目前的业务涉及媒体、娱乐、图书出版、数字、零售业咨询五大部分。

《明星报》，是一份在约翰内斯堡出版但在全国发行的报纸，曾经仅面向白人市场，但现在超过 50%的读者是黑人，发行量 17 万份。该报隶属于爱尔兰的独立媒介集团(Independent News & Media)，该集团是南非第一大出版商，拥有全国性和地方性报纸 14 家。

《公民报》，是一份全国性发行的小报，1998 年被卡克斯通和 CTP 出版公司（Caxton and CTP Publishers and Printers Limited）收购，发行量 7.3 万份。

随着对外交往的扩大，以及多数青年一代黑人学习英文这个背景情况，非洲荷兰文报刊的发展处于停滞状态。目前比较重要的非洲荷兰文日报是《印象报》(Beeld) 和《市民报》，这两份报纸同属纳斯帕斯集团（Naspers)。《印象报》创刊于 1974 年，是南非发行量最大的非洲荷兰文报纸，目前的发行量为 10 万份。《市民报》最初以荷兰文印刷，1921 年报头由荷兰文的（de Burger）改为非洲荷兰文的（Die Burger)，该报 2008 年的发行量为 9 万份。

现在南非的广播电视业，形成了公营与民营并行、多种文化和睦并存的局面。公营的南非广播公司有 23 个电台和 3 个电视频道，其新闻和娱乐节目全部用南非 11 种官方语言播送。民营电视台主要有多选集团下属的 M-Net 有线电视台和卫星电视台，除一个综合频道外，有 7 个专门频道以及可供选择的 100 多个卫星频道。此外，民营无线电视台主要有 BOP 台、特兰斯凯台、西斯凯广播网等。

南非广播公司的约翰内斯堡总部

四、南非民族和解后的新闻政策

南非民族和解后的新闻政策可归纳为以下几条：第一，全面恢复自由主义新闻政策，废除《出版登记法》，公民可以自由创办报刊和广电。通讯社恢复了独立经营的报联社体制，广播电视业实行公营和民营并行的体制。第二，强调法律对媒体是保护而不是限制。第三，黑人同白人享有同等的新闻自由权利。第四，不追究以往报刊言论上拥护种族隔离的问题。第五，宣布南非的 11 种语言均为国语，公营的南非广播公司设置当代社区价值频道，采用全部国语播出广播电视节目。

南非的新的新闻政策在法律上保障所有人享有新闻自由的权利，保障社会思想的多元，不以思想观点的对错作为处罚的标准。

【思考题】

1. 简述南非民族和解后的新闻政策。

2. 识记 1795 年的《开普敦公报和非洲广告人报》、1830—1930 年的《南非人报》、《每日太阳报》、SABC、多选集团。

第二十章 尼日利亚新闻传播史

尼日利亚位于西非几内亚湾，面积约 92 万平方公里，人口约 1.93 亿，是非洲人口最多的国家。公元 8 世纪，在目前的尼日利亚境内出现早期的游牧部落政权。公元 9 世纪，尼日利亚东北部建立起黑人的卡涅姆—博尔努王国。到 19 世纪，境内前后更迭和出现十多个王国。

15 世纪起，葡萄牙、荷兰、英国人陆续来到尼日利亚。1861 年，英国在拉各斯建立第一块殖民地。1914 年，尼日利亚沦为英国殖民地。

1960 年 10 月 1 日，尼日利亚宣布独立，国名尼日利亚联邦共和国（Federal Republic of Nigeria），英联邦成员国，首届总统阿齐克韦（Nnamdi Azikiwe）。尼日利亚全国划分为三大区域：北区（豪萨—富拉尼人）、西区（约鲁巴人）、东区（伊博人）。1961 年 6 月，西喀麦隆北部纳入尼日利亚疆域。

尼日利亚独立后，历史遗留的地区和部族矛盾日趋尖锐，发生过七次军事政变，两度军人执政。在 1999 年 2 月举行的总统选举中，人民民主党候选人、前国家元首奥巴桑乔（Olusegun Obasanjo）当选第四共和国总统，此后国家逐渐进入稳定发展时期。

现任总统乔纳森（Goodluck Jonathan）因前总统亚拉杜瓦（Umaru Yar'Adua）逝世而于 2010 年 5 月接任总统，2011 年 5 月获得连任。

一、尼日利亚独立前的新闻传播业

1859 年 10 月，英国传教士瑞夫·汤森德（Rev Townsend）在阿贝奥库塔（Abeokuta）创办了第一份报纸《伊维·伊洛辛》（*Iwe Irohin*）。最初，这份报纸为半月刊，约鲁巴文版，后来改为周刊，增加英文版。汤森德将办报目标定位于“让尼日利亚人养成通过阅读搜索信息的习惯”。[①]

---

① Luke Uka Uche, *Mass Media*, *People and Politics in Nigeria*, New Delli, Concept Publishing Company, 1989, p. 93.

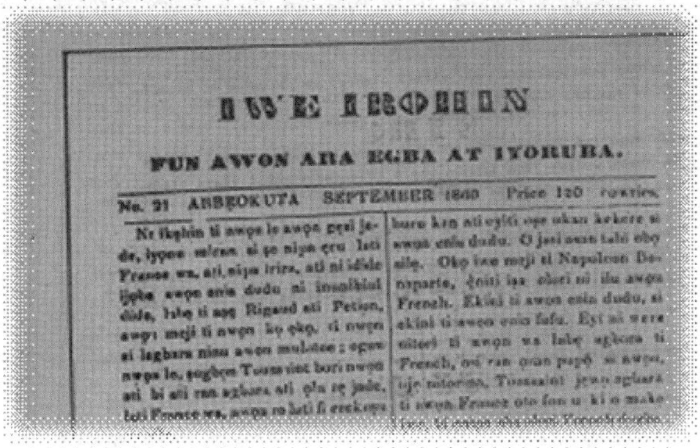
FUN AWON ARA EGBA AT IYORUBA.

No. 21 ABBEOKUTA SEPTEMBER

尼日利亚的第一份报纸《伊维·伊洛辛》

1861年，英国在尼日利亚最大的城市拉各斯建立领事馆，开始了对尼日利亚的殖民统治。1863年，在拉各斯出现了第一份英文报纸《英国非洲人》。19世纪80年代，尼日利亚人开始办报。1880年出版的《拉各斯时报》（*Lagos Times*）宣称："我们并不期望此刻的独立，但我们应该心中牢记，这种现实并不会永远存在下去，独立的时刻总会来临。"有些报纸因为接受了殖民政府的资助而采取了相对妥协的办报策略，例如佩恩·杰克逊（Payne Jackson）创办的《拉各斯每周纪闻》（*Lagos Weekly Record*）。然而，该报重视保护尼日利亚人的利益，殖民政府在1890年取消了对它的资助，随后它转变为独立报纸。

1903年，英国当局颁布《新闻法》，要求报纸所有者签订宣誓书，实行实名制注册，并交纳250镑保证金。从该法关于报刊创办的条件要求看，属于有条件的自由主义新闻政策。《新闻法》的颁布，引发了尼日利亚报纸认识自身使命的热潮。《拉各斯旗帜报》（*Lagos Standard*）发表社论，认为"报刊是公众利益的传声筒，更是被统治者（the governed）表达不满和寻求改良的主要途径"①。在一封写给当时总督麦克格雷戈尔（MacGregor）的抗议信中，作者写道："事实上，在殖民政府中，人民的利益并没有被体现。这时，报刊便是人民表达自己观点和抗议的首要工具。"②

英国殖民时期的尼日利亚，产生了一批商业化报刊。1926年，拉各斯的商人创办了《每日时报》（*Daily Times*），随后英国每日镜报集团获得了该报的大部分股份。1932年，埃及人穆罕默德·阿里（Mohammed Ali）从伦敦大学毕业后，在拉各斯创办《彗星报》（*The Comet*），提出了政治中立和新闻客观的理念，使该报在尼日利亚获得成功。

---

① Luke Uka Uche, *Mass Media*, *People and Politics in Nigeria*, New Delli, Concept Publishing Company, 1989, p. 6.

② Idid., p. 7.

1973 年的《每日时报》

在尼日利亚反抗英国殖民统治的历史中，纳姆迪·阿齐克韦是一个无法绕开的重要人物。1937 年，他从美国留学归来，在加纳做了一段时间报纸编辑之后，回国创办了《西非向导报》(*West African Pilot*)。事实上这并非一份报纸，而是阿齐克韦创办的一个报业链（chain of newspaper)，在不同地区会以不同名称出版。随后，阿齐克韦购买了《彗星报》等报纸，组成了奇克报业集团（Zik Group of Press)，阿齐克韦也因此被称为“尼日利亚现代新闻之父”。在新闻方面取得成功之后，阿齐克韦进入政界，于 1944 年联合赫伯特·麦考莱创立“尼日利亚与喀麦隆国民大会党”（NCNC)。1960 年，尼日利亚独立，他成为首任总统。

1932 年，拉各斯出现转播英国广播节目的广播电台。1951 年 4 月 1 日，尼日利亚广播电台（Nigerian Broadcasting Service，NBS）正式形成，英国广播公司提供了两名技术专家以及设备和技术培训。1957 年 8 月 23 日，根据英国女王伊丽莎白二世签署的《1956 年法案》，尼日利亚广播电台改组为尼日利亚广播公司（Nigerian Broadcasting Corporation，NBC)，这是非洲英属殖民地中建立的第一个公共广播公司。

1959 年 10 月 31 日，尼日利亚第一家电视台“尼日利亚西部电视台”（Western Nigeria Television，WNTV）开播，这也是非洲第一家电视台。

二、尼日利亚独立后新闻传播业的曲折发展

尼日利亚的大多数报刊为推进国家独立和形成民族国家而投入了巨大的热情。然而，这种热情很大程度上转变为对新当权者的吹捧。首任总统阿齐克韦在报刊上被描述成近似于神一样的人物，他本人也接受并鼓励这种谄媚。报纸上甚至出现了“尼日利亚人与非洲其他种族不同，我们独一无二”[①] 的口号。尼日利亚独立前已有的众多商业化报刊，独立后大多和广播电台一起被收归中央或地方政府所有。

国家独立后的地方政府，将各自的广播系统视为政治宣传的有力工具，无一例外将其用于强调各自地区的经济、政治和社会利益，而淡化国家统一。有学者就此指出，当20世纪60年代末的政治危机来临之时，所有的国家媒体都和他们所属的地方政府站在了一起……讽刺的是，当初齐心合力推翻英殖民统治的报刊，到如今却变得鼠目寸光，丧失了曾经对民族统一的追求。原因就如一位研究者所说，“尼日利亚的民族观念大部分是由非尼日利亚人推动的”[②]。尼日利亚是英国因殖民需要合并相邻几块殖民地而形成的国家，境内各地区和部族尚没有融合，因而争斗激烈，选举中的政治暴力事件一直持续不断，报刊成为各党派争斗的工具。于是导致了1966—1975年的军人统治第一时期。

军人政权下的新闻传播业遭受重创，传媒沦为军人政府的工具。1975年年初，军人政府宣布购买60%的全国重要报纸的股份，其中包括《新尼日利亚人报》（*New Nigerian*）和其他北方的十家报纸，声称此举目的在于“可以迅速建立起与公众对话的途径，而不必创办新的报纸与既有报纸竞争”[③]。

1975年7月，尼日利亚进入短暂的第二共和国时期（1975—1983年）。1976年10月5日，尼日利亚通讯社（News Agency of Nigeria，NAN）建立，1978年正式运行。在主张言论多元的民主体制中，每个党派都积极创办报纸来争取话语权，通讯社的成立从一个侧面反映了报纸的繁荣。NAN直接受联邦政府信息部（Federal Ministry of Information）的监督和管理，并被授予采集尼日利亚新闻出售给外国媒体的垄断性权力。

1977年，联邦中央政府以“管理混乱带来财政浪费”为由，设立尼日利亚电视管理局（Nigerian Television Authority，NTA，现译为尼日利亚电视公司），将电视台的

---

① Ibelema Minabere, *The African Press, Civic Cynicism, and Democracy*, Hampshire, Palgrave Macmillan, 2008, p. 98.

② Luke Uka Uche, *Mass Media, People and Politics in Nigeria*, New Delli, Concept Publishing Company, 1989, p. 23.

③ Ibid., p. 101.

管理权统一收归联邦中央政府。1978 年，NBC 和尼日利亚南部广播公司（BCNN）合并为尼日利亚联邦广播公司（Federal Radio Corporation of Nigeria，FRCN），联邦中央政府投入 8 200 多万美元用于 FRCN 的发展，使之成为尼日利亚最具政治和社会影响力的广播媒体。

1984 年新年，穆罕默杜·布哈里（Muhammadu Buhari）少将借反腐败之名，发动政变夺取了尼日利亚政权，尼日利亚步入军人统治第二时期（1984—1999 年）。新的军人政府除了对新闻记者恐吓、拘留、监禁外，同时采用诸多“软控制”的方法对新闻记者进行“收编”，例如：委任报刊主编以行政职务，并在其报纸上刊登大量政府广告；对不合作的报刊，政府则拒绝提供有价值的新闻信息。在这种软硬兼施的控制手段之下，很多媒体不得不在新闻实践中进行“自我审查”以谋求发展。

1984 年 4 月 4 日，布哈里政府颁布《公务人员避免诽谤保护法》（Public Officers Protection Against False Accusation，又称《1984 年第四法令》），该法赋予军队首领整治危害国家安全的报刊的权力。该法颁布后遭到了报界的一致反对。毕竟，对于经历了共和国民主制度的尼日利亚人民来说，是不能接受历史倒退的。同年，布哈里政府将所有的广播电台收归 FRCN 总部管理。以“给人民提供更加统一有效的服务”为借口，关闭了第二共和国期间建立的地方性广播电台，2 000 多名职工因此失去工作。

1999 年，奥巴桑乔以压倒性的优势当选总统。他开始着手尼日利亚的民主化改革，承诺建立一个公正的、专注于国家发展而不是党派斗争的政府。监狱中的记者被释放，政府重新践行了新闻自由的承诺。在经历了近 30 年军人政府统治之后，尼日利亚新闻传播业在 21 世纪初的十年中获得了较为稳定的发展。不过，1975 年联邦政府控股主要报纸 60% 的情形没有发生变化。

三、尼日利亚新闻传播业的现状

（一）报纸

尼日利亚的报业现为官营、民营并存体制，既有政府经办的，又有私人经营的。目前全国有报刊 100 多种，其中日报约 30 种，总发行量约 300 万份。《尼日利亚每日时报》是政府控股的报纸中较有声望的一家，《卫报》和《力量》则是最有影响力的民营报纸。

《尼日利亚每日时报》（*Daily Times of Nigeria*）的前身为 1926 年创办的《每日时报》，1963 年 5 月更名为《尼日利亚每日时报》。1975 年，尼日利亚联邦政府控股 60%，该报成为政府机关报。该报现仍由尼日利亚联邦政府控股，发行量 30～40 万份。现在以该报为核心，已发展为一个报业集团，拥有 15 种报刊。

《卫报》（*The Guardian*）是尼日利亚新闻集团出版的一份独立报纸，最初为周报，后来改为日报。该报 1983 年创刊以来一直追求平衡的新闻报道，其职业格言为“真理培养良知”。该报注重商业信息的提供，读者多为公司白领和教育程度较高的知识分子，该报还出版晚报和周刊。

《新尼日利亚人报》（*New Nigerian*），1965 年在北部城市卡杜纳创刊，有英文和豪萨文两种版本。原来是北部各州政府共有的报纸，代表北方豪萨族利益。1975 年，该报被政府收购，反映政府观点。现在每天 24 版，日发行量 15 万份。

《力量》（*The Punch*）创刊于 1976 年，报道注重迎合工人阶层的口味，自称是尼日利亚最广泛阅读的报纸，其经营理念为“明晰、聚焦、责任”。

（二）广播电视

由于民众文化水平较低，国家经济相对落后，广播是尼日利亚人最常接触的传媒。尼日利亚的广播系统分为地方和中央两个层级。全国 36 个州都有地方广播电台，绝大多数州拥有地方电视台。在中央层面，尼日利亚联邦广播公司（FRCN）现为尼日利亚政府所有，是尼日利亚最具影响力的广播集团。它拥有非洲最大的广播网络，并在政治首都阿布贾、经济首都拉各斯和大城市伊巴丹开办了 37 家广播电台，用 15 种语言播音，听众超过 1 000 万人。对于尼日利亚这样的多种族国家，客观上起到了种族融合的积极作用。

尼日利亚广播电视的创办实行注册登记制。法律规定，民营广播必须播出超过 60％的“地方信息”，因此，高额成本和稀缺的广告资源限制了民营广播的发展。现在有一定影响的地方广播电台是北部城市卡诺（Kano）的 Raypower 广播电台和自由广播电台（Freedom Radio）。英国 BBC 在尼日利亚广受欢迎。

NTA 作为政府控制的电视集团，现拥有 101 个电视台，10 个地区性的电视网络，覆盖全国 90％的地区。其全国性的电视台实现了国际广播，电视节目被传送到了美国、加拿大和欧洲各主要国家。1996 年，NTA 将其总部迁至新首都阿布贾。NTA 拥有非洲最大的电视网之一，也是撒哈拉沙漠以南非洲第一个全球广播的电视网。NTA 将自身的使命之一，定位为“促进民族融合”。

尼日利亚民营电视台中较有影响力的是非洲独立电视台（AIT）、星球电视台（Galaxy TV）和银鸟电视台（Silverbird TV）。其中 AIT 已经成为非洲第二大的商业电视网络。

采访中的 NTA 记者

调试中的 AIT 电视台演播室

（三）通讯社

联邦政府控制的尼日利亚通讯社（NAN），是尼日利亚唯一的全国性通讯社。它在全国 36 个州派有 300 多名记者，其主要职责是为国外媒体提供尼日利亚本国新闻，而不是为国内媒体提供新闻，它的宗旨是，“告诉世界一个完整而客观的尼日利亚”①。

一些外国媒体（如英国的 BBC 和美国的 CNN）在尼日利亚设立的办事处，负责采集、制作和出售新闻信息，一定程度上扮演了“通讯社”的角色。

【思考题】

1. 简述尼日利亚独立后新闻政策从独裁到民主的曲折过程。

2. 识记《尼日利亚每日时报》和《卫报》、尼日利亚电视公司（NTA）、尼日利亚通讯社（NAN）。

---

① 参见 http://www.nanngronline.com/News/Pages/AboutUs.aspx。

第二十一章

肯尼亚新闻传播史

肯尼亚是东非新闻传播业最发达的国家，对周边国家的新闻传播业有一定影响。该国面积约 58 万平方公里，人口约 4 700 万。

肯尼亚是人类发源地之一，20 世纪下半叶在那里发现了 410 万年前的南方古猿头骨。公元 6—17 世纪，波斯、印度、印尼、葡萄牙的商人开始在肯尼亚建立商业据点。

1890 年，英、德两国瓜分东非，肯尼亚全境成为英国殖民地。20 世纪 50 年代，肯尼亚人民开展反对英国殖民者的武装斗争，反抗组织的名称为"茅茅"。

1963 年 12 月，肯尼亚宣告独立，从而结束了英国长达 70 年的统治。一年后肯尼亚共和国成立，属于英联邦成员国，首任总统是乔莫·肯雅塔（Jomo Kenyatta）。现任（第四任）总统乌胡鲁·肯雅塔（Uhuru Kenyatta）是其子，2013 年 3 月 4 日当选。

一、肯尼亚独立前的新闻传播业

肯尼亚的新闻传播业是由其宗主国英国直接移植而来的。1899 年，英国人在港口城市蒙巴萨出版了肯尼亚的第一家报纸《东非与乌干达邮报》（*East Africa and Uganda Post*）。1922 年，殖民地政府创办当地斯瓦希里语报纸《新闻》（Habari），内容包括卫生、农业和教育。该报 1929 年因遭遇世界经济大萧条而于 1931 年停办。后来政府出版新闻传单解释重要的或有争议的事务，每月一张。

独立前肯尼亚的媒体可以分为三个层次：欧洲人办的媒体处于最高层，印度移民办的媒体处于中游，而非洲本地人办的媒体则处于底层。真正面向肯尼亚人的报纸是极少的。

来自欧洲的定居者到达肯尼亚后，在很短的时间内就已经有了他们自己的出版物。当时主要办给欧洲人阅读的报纸是内罗毕出版的《东非旗帜报》（*East African Standard*，1902 年创刊）和《星期日邮报》（*Sunday Post*），港口城市蒙巴萨出版的《蒙巴萨时报》（*Mombasa Times*），以及在当时的首府纳库鲁出版的《肯尼亚每周新闻》

（*Kenya Weekly News*）。

The Mombasa Times
AND THE EAST COAST HERALD

Kalamazoo Loose-Leaf Books in all sizes

Dine and Dance Nightly at the Nelson

JAPANESE VIRTUALLY BEATEN IN THE SOLOMONS

New Island Offensive Outflanks Bougainville

BLOCKADE AND BOMBING NOT ENOUGH

Eastern Front

Berlin Gets Biggest Blitz Of The War

160,000 U.S. Planes This Year

MONASTERY DESTROYED: NEW PHASE IN BATTLE

Survived 16 to 1 Fight

THE BRITISH LEGION APPEAL

THURSDAY, February 24th

"LABURNUM GROVE"

THE GARRISON THEATRE

New Governor And C.-in-C., Gibraltar

1944 年的《蒙巴萨时报》

来自印度的移民还出版了印地语、古吉拉特语、乌尔都语的出版物，主要为印度移民服务，提供来自印度、南非以及当地涉及他们自己利益的新闻。

1928 年，肯尼亚的政治团体不定期出版基库尤语报纸《Muigwithania》，其首任编辑便是独立后的第一任总统肯雅塔。此外，罗马天主教的传教团为他们的皈依者出版了地方语的杂志。报纸的创办者是多元化的，既有私人团体，也有殖民地政府。

1945 年二战结束后，肯尼亚的报刊转而为众多种族而非特定种族的人群服务。除了法律上的限制，政府很少对报刊实行控制。但随着 1952 年肯尼亚人开始以武装斗争（茅茅运动）来争取民族独立，许多主张独立的报刊遭当局封禁。

20 世纪五六十年代，肯尼亚出现了几家较有社会影响力的报纸，例如英语的《周末民族》（*Sunday Nation*）和《民族日报》（*Daily Nation*）。拥有雄厚资本支持的旗帜集团（The Standard Group，SG）和民族媒介集团（Nation Media Group，NMG），开始逐渐占据肯尼亚新闻传播业的主导地位。二三十年代创立的一些独立报纸，陆续被媒介集团兼并，比如《肯尼亚每周新闻》和《星期日邮报》。

1928 年，英国人在内罗毕建立英语东非广播电台，它是撒哈拉沙漠以南非洲国家独立前最早的广播电台。该台面向白人殖民者播报来自他们家乡和全球其他地方的新闻。二战期间，推出面向非洲本地人的广播服务，目的是为非洲士兵的亲人们播报前线发生的事。1954 年，肯尼亚殖民政府在该台的基础上组建肯尼亚广播服务组织（Kenya Broadcasting Service，KBS），1961 年改组为肯尼亚广播公司（Kenya Broadcasting Corporation，KBC）。1962 年，KBC 开始播出电视节目，最初的发射台只能覆盖半径 15 英里的区域。1963 年年底肯尼亚独立后，KBC 国家化并更名为“肯尼亚之声”（Voice of Kenya）。1989 年，改回原称 KBC。

二、肯尼亚独立后新闻传播业的发展

肯尼亚独立初期，广播和电视节目大都来自英国和美国。由于首任总统乔莫·肯雅塔（1963—1978 年在任）重视肯尼亚的本土文化，越来越多的广电节目使用斯瓦希里语播出。同时无论是广播电视还是报刊，其关于非洲传统文化的内容越来越丰富。

莫伊（Daniel Arap Moi）担任总统期间（1978—2002 年），一度实行一党执政的制度，为了防范媒体挑战政府的权威，许多记者被逮捕。在国际社会的压力下，莫伊不得不在 1992 年恢复多党制，此后肯尼亚的报业获得了大的发展，流行于贫民窟的小报也在这一阶段出现。反对党的出现使得报纸上对执政党的批评大大增加，但记者遭到恐吓乃至被关押的事件仍然时有发生。

2007—2008 年交替之际，肯尼亚因为大选冲突而发生暴乱，传媒在这次事件中为维护国家统一而对冲突双方都进行了批评，表现出成熟的新闻专业主义。2008 年 1 月 3 日，肯尼亚主流报纸在头版刊登联合社论——《救救我们深爱的祖国》，电视台和广播电台也播报了这篇矛头直指两派领导人的文章。该社论指出，“我们热爱的肯尼亚成了一片焦土”。社论要求齐贝吉（Mwai Kibaki）和另一位候选人奥廷加结束这场要把肯尼亚摧毁的冲突。“在这种情况下，领导人们却还在内罗毕舒适的宾馆和高墙四筑的家中，心不在焉地喊着和平……”

1989 年，肯尼亚第一家民营电视台 KTN 在内罗毕开播，最初只播出英语节目。该台的出现，打破了国家对电视台的垄断，也使肯尼亚成为非洲第三个允许私营电视存在的国家。

齐贝吉担任总统期间（2002—2013 年），新闻政策形式上仍然是自由主义的，迫害记者的事件相对减少，但仍然存在。肯尼亚有一些政党报刊，但在社会中不占主导地位，例如 1992 年创刊的《人民日报》（*People Daily*），其所有人是反对党领导人肯尼斯·马提巴（Kenneth Matiba）。它敢于涉足主流报纸不敢涉足的题材。《肯尼亚时报》（*Kenya Times*）1983 年由肯尼亚非洲民族联盟（KANU）创刊，KANU 是前总统莫伊所在的政党。

目前，肯尼亚已经没有完全意义上的殖民地时期创刊的报纸，民营媒体的资本中，外资所占比例较大，政府不出版自己的报纸。

三、肯尼亚新闻传播业目前的格局

肯尼亚现有四大传媒集团：民族媒介集团、旗帜集团、肯尼亚广播公司和肯尼亚新闻通讯社。其他一些民营媒体，在影响力方面无法与上述四家相比。杂志业在肯尼亚相对不发达。

内罗毕的街头报摊（陈力工摄）

（一）民族媒介集团

民族媒介集团（NMG）建立于1959年，其创始人阿加汗（Āgā Khān Ⅳ）至今仍是NMG的大股东。《民族日报》是民族媒介集团的旗舰报，发行量20多万份，是肯尼亚最具影响力的媒体。《民族日报》及其斯瓦希里语版《今日民族报》（Taifa Leo）和《星期日民族报》，占据74%的市场份额。该集团旗下还拥有《商业日报》（*Business Daily*）、周报《东非人报》（*The East African*），拥有民族电视台（Nation TV）、QFM 、Easy FM、93.3 KFM等四家电视台和广播电台，以及乌干达和坦桑尼亚的一些报纸和期刊。

《民族日报》由来自伦敦的报人创刊于1959年，实行非洲化的编辑方针。它的出现打破了《东非旗帜报》的垄断。在总统莫伊当政时期，这份报纸被看作人民权利的捍卫者，后来偏向于全国彩虹同盟（National Rainbow Coalition）。该报无论在评论的影响力、发行量和拥有的读者群方面，都位居东非媒体的前列。该报的斯瓦希里语版《今日民族报》早于英文版一年创刊，是肯尼亚唯一的斯瓦希里语日报，发行量为3.5

万份。该报没有单独的记者群，内容基本来自《民族日报》。

《东非人报》是全国性英文周报，1994 年 11 月创刊，关注影响东非的经济和政治事件，面向企业、政府和非政府组织中的中高层管理人员。《商业日报》创刊于 2007 年 3 月，发行量的 80%集中在内罗毕，该报的网络版阅读量在肯尼亚居首位，主要面向当地的商业经营人员。

20 世纪 70 年代，NMG 在首都内罗毕股票交易市场上市，是东非最大的媒介集团。目前，NMG 致力于以集团网站为平台，引入新的内容管理系统，将平面媒体的信息与电视台、电台信息整合起来，逐步实现媒体融合。

（二）旗帜集团

旗帜集团（SG）形成于 20 世纪 90 年代中期，它收购了《旗帜报》（*The Standard*）和 KTN，并在 1996 年 9 月创办 Capital FM 广播电台，渐成规模。《旗帜报》目前占有 20%的报纸市场份额，是 SG 的旗舰报纸。KTN 是 KBC 的竞争对手。该集团将《旗帜报》与 KTN 的产品融合到了一个网络平台上。SG 已经开发出手机报产品。

《旗帜报》为英文日报，发行量 7 万份。该报是政府政策的主要批评者，也是《民族日报》的竞争对手。它的前身是印度商人 1902 年创刊的《东非旗帜报》，如果连续计算年头，该报是肯尼亚历史最悠久的报纸。

KTN 是肯尼亚第一家民营电视台，该台的出现，打破了国家对电视台的垄断。该台在 20 世纪 90 年代，因为老练、攻击性强以及独立的新闻作风而闻名。1992 年，KTN 获得了当年奥运会以及其他几个国际事件的转播权，迫使肯尼亚国营电视台 KBC 改善其节目质量。KTN 催生了其他独立电视节目的制作服务。东非的一些媒体不仅依赖于 KTN 作为权威的消息来源，而且通过挖掘 KTN 的人才而直接受益。KTN 还拥有英国、南非的传媒公司的股份。KTN 在肯尼亚拥有 13 个电视台和 17 个调频广播电

KTN 电视新闻画面（陈力工摄）

台，覆盖范围主要在内罗毕、蒙巴萨等大城市。

（三）肯尼亚广播公司

肯尼亚广播公司（KBC）是肯尼亚规模最大、广播电视节目能覆盖全国的广播公司，其最早的前身是 1928 年英国人建立的东非广播电台。该公司使用英语、印地语、斯瓦希里语等 15 种语言广播，成为肯尼亚国内既不会说英语也不会说斯瓦希里语人的消息来源。

KBC 电视台于 1999 年 12 月 6 日首播，目前覆盖人口 1 350 万。主要内容是新闻、自制的和国外的娱乐节目。该台有三个频道，即免费的 KBC 一台（KBC Channel 1）、付费电视二台（Pay Television Channel 2）和地铁娱乐电视 31 台（Entertainment Metro Television Channel 31）。KBC 有三家广播电台，内容主要是音乐和娱乐节目，面向城市以及城市周边地区的青年人群。

作为国营广播公司，它的运作资金一部分来源于纳税人，一部分来源于广告。它承担公共服务的职能，并在其传播、教育和娱乐的一般目标之外，还要“增加人民对政府发展政策的理解”、“将广播电视作为国家发展的有效手段”。该公司为人所诟病之处在于：尽管它也在寻求平衡，但相比于 KTN，其公信力要低得多。

（四）肯尼亚新闻通讯社

肯尼亚新闻通讯社（Kenya News Agency，KNA）成立于 1963 年 10 月 5 日，目前在肯尼亚各省拥有 24 个分局。这些分局由当地负责信息的官员领导，多数职员是信息部门的官员。

四、肯尼亚新闻传播业的特点

（一）传媒民营化程度较高，当权者对传媒的控制程度也较高

肯尼亚的报刊均为民营，电视台和广播电台部分也是民营，这些媒体不仅商业化程度高，而且大多具有外资的背景。这些媒体的存在以新闻和言论自由为前提。但与此同时，从肯尼亚的首任总统乔莫·肯雅塔开始，连续四届政府从未停止过对新闻的严格控制，尤其对报刊行业，经常有媒体编辑部遭到搜查，记者、编辑被抓捕，近年来这样的情况有所减少。

乔莫·肯雅塔担任主要领导人期间，《民族日报》的一名记者被驱逐出境，原因是其在社论中批评了未经审判的拘留。莫伊执政的前期实行了一党执政，媒体因此受到了更多的限制，许多记者被逮捕和关押。1987 年，瑞士和挪威的记者由于揭露了肯尼

Why developers go for tiny houses > DN2

DAILY NATION

OBAMA TRIUMPH

>> How the first black American President prevailed against heavy odds

>> Poll result will have significant impact on Kenya and Africa as a whole

It is now easier to advertise your business and services

2012 年 11 月《民族日报》关于奥巴马竞选获胜的版面

亚存在的违反人权问题，被禁止入境。1992 年肯尼亚恢复多党制后，仍有记者受到政府的恐吓、威胁甚至被关押。2002 年齐贝吉当选总统后的 2006 年 3 月，武装警察曾奉政府之命闯入旗帜集团总部进行搜查，声称是维护国内安全。美国国务院 2003 年关于肯尼亚人权现状的报告指出，虽然肯尼亚宪法明确规定言论及出版自由，政府官员坚称欢迎积极和建设性的批评，但什么是积极的什么是建设性的则由政府评判，记者被安全部门骚扰、殴打以及逮捕并不是一件新鲜事。①

肯尼亚民营媒体的所有权背景复杂，传媒除了商业性质以外，尚有一定的党派倾向。例如，《旗帜报》与莫伊有一定关联，《人民日报》则是反对党马提巴的阵地。这种政党报刊的传统来源于肯尼亚国家创立初期民族独立的背景，哪个党执政，都会面临来自反对党阵营的批评。不论哪个政党上台，媒体的言论都受到限制。媒体只能在自由化与政府管制之间寻找生存空间。

（二）城乡发展失衡、语言复杂造成传媒进一步发展的困难

肯尼亚的贫富差距较大，无论何种媒体形态，都将目标受众集中于城市以及城市

---

① See Guy Collender (Communications Officer London International Development Centre), The Media in Kenya, http://www.docin.com/p—385780457.html.

周边地区中说英语和斯瓦希里语的人群。他们受教育程度较高，收入也较高，寻求改变生活的机会较多。这个庞大的中产阶级是肯尼亚媒体广告收入的主要来源。而身处偏远地区以及不会说英语和斯瓦希里语的人群，接触传媒的机会很少。例如，电视机的价格让农村居民望而却步，一台21英寸的彩色电视再加上一台录影机的费用，相当于一个小学教师年平均收入的5～10倍。还有很多农村地区不通电，只能靠电池和太阳能来看电视，只能接收到KBC的节目或无法接收到节目。

肯尼亚人平均每天的生活费是1美元，一份报纸就要花掉他们一半的生活费。肯尼亚的公路交通不好，邮政系统不发达，没有送信上门的系统。在许多偏远的地区，甚至在最好的季节都很难将汽车开进去，因而报纸在全国发行很困难。即使有钱，偏远用户订阅报刊也比较困难。

同时，肯尼亚有40多种语言，对于不会说英语和斯瓦希里语的人群来说，获得信息的唯一媒体是广播电台，这是受到广大乡村肯尼亚人欢迎的媒体。总体说来，肯尼亚社会还是一个重口语而非重读写的社会。

从广播电台提供的内容来看，民众只能从官方KBC电台接收到政府提供的消息，而民营商业电台主要是音乐节目，仅有娱乐而没有“社会开化”的功能。于是，城乡的新闻传播呈现“强者更强，弱者更弱”的马太效应。城乡新闻信息传播的失衡，导致处于偏远地区、说地方语言的人群被政治边缘化。

独立后的肯尼亚大众传媒，在新闻自由与当权者对传媒的控制之间寻求生存空间，总体发展趋势还是不错的。但对于处于大城市以外的肯尼亚人来说，大众传媒的热闹，至少现在与他们是不相关的。

【思考题】

1. 简述肯尼亚新闻传播业的特点。
2. 识记肯尼亚现有的四大传媒集团及它们所属的主要报纸和电视台。

第六编

大洋洲板块

大洋洲是指澳大利亚大陆，以及菲律宾（不含）、新几内亚岛以东太平洋上分布的岛屿国家。这个地区只有澳大利亚、新西兰属于新闻传播业的发达国家。其他国家大多是在20世纪中叶以后独立的。这个地区的土著居民在西方人到来前，尚处于原始社会末期，现代新闻文化是西方国家移植过来的。这个地区较长时间内不处于世界的中心地带。鉴于地理上接近，澳大利亚、新西兰对周边国家输出新闻传播业。这个洲发展中国家的新闻传播业近年发展速度相当快，特别是广电媒体。以人口与接收器的比例看，现在大洋洲的水平不亚于拉美和亚洲。本编重点介绍澳大利亚、新西兰这两个国家的新闻传播业历史。

读报纸的库克群岛人

第二十二章

澳大利亚新闻传播史

澳大利亚联邦是世界面积第六大国家，大洋洲最大的国家，面积约 769 万平方公里，人口约 2 400 万。

澳大利亚没有悠久的历史。1606 年，荷兰人最早“发现”澳大利亚，当时广袤荒漠上只有二三十万处于原始状态的土著居民。1688 年和 1699 年，英国冒险家威廉·皮尔丹两次来到这里，出版了他的探险日志。1770 年，英国海军上校詹姆斯·库克（James Cook）来到澳大利亚东海岸考察四个月，将整个澳大利亚东部称为“新南威尔士”，并于同年宣布该地为英王乔治三世的属地。由于美国独立，英国不能再将罪犯流放到原来的英属弗吉尼亚州，于是当库克的报告送达伦敦时，议员们想到了“新南威尔士”，决定将其作为新的流放地。

1788 年 1 月 26 日，由悉尼勋爵任命的第一任总督、退役海军上校阿拓尔·菲利普（Arthur Philip）率领 11 艘船，几经周折，开进了“杰克逊湾”。菲利普为报答悉尼勋爵的知遇之恩，将该地改名为“悉尼湾”，沿海湾建立的城市当然叫悉尼，确定这里为整个“新南威尔士”的首府。当时总共 1 030 人，其中男犯 534 人，女犯 192 人，其余为军人和随行人员，这就是澳大利亚最初的现代“社会”，后来国庆日就定在 1 月 26 日。为防止法国抢先在西部移民，1826 年，英国在西澳大利亚州南部的珀斯登陆，三年后建立永久移民区。1829 年，整个澳大利亚大陆被正式宣布为英国领土，采用拉丁文“南方大陆”（Australis）一词，统称澳大利亚大陆为“澳大利亚”（Australia）。

英国连续 63 年向澳大利亚流放罪犯共 16 万人，主要是一些小偷、流浪者等轻刑犯及少量爱尔兰政治犯。与流放罪犯同时迁来的正常移民，数量大体是其两倍。人口的素质、英国的直接统治、土地的贫瘠、与欧洲距离的遥远，造成这里的信息传播十分闭塞。

1851 年，由于在南部山区发现金矿，涌来了大批淘金者。澳大利亚的人口十年内从 40 万增加到 110 万。1901 年澳大利亚联邦成立，当时全国人口已有 337 万，文化素质亦有所提升。

一、澳大利亚新闻传播业的发展

1803 年，第三任总督菲利普 · 金（Philip King）到任，他较为看重办报，命令在当局印刷所工作的前《泰晤士报》排字工、犯人乔治 · 豪（George Howe，1769—1821 年）于 1803 年 3 月 5 日为当局编辑出版《悉尼公报和新南威尔士广告人报》（*The Sydney Gazette and New South Wales Advertiser*），该报是澳大利亚第一家报纸。这份报纸相当于现在的 A4 纸大小，四版，每版三栏，售价 6 便士。作为一份官方报纸，办报的宗旨在创刊号中表达得非常明确，“我们不会开辟版面给政治争论，或个人批评——提供信息是我们全部的目的”。这份报纸出版至 1842 年 10 月。

THE
SYDNEY GAZETTE,
And New South Wales Advertiser.
PUBLISHED BY AUTHORITY.
Vol. I. SATURDAY, MARCH 5, 1803. Number 1.
General Orders.
ADDRESS.

1803 年《悉尼公报和新南威尔士广告人报》创刊号

澳大利亚新闻传播史上，一般把 1824 年 10 月 14 日在悉尼创刊的《澳大利亚人报》（*The Australian*）视为该国第一家不受检查的民营报纸。创办人是当地一位法律界人士温特沃斯（W. C. Wentworth）和在曼彻斯特当过记者的沃德尔（R. Wardell）博士。他们在发刊词中宣布，报纸将是“独立的、一致的、自由的、不受约束的，同时不因恩宠和恐惧而变化”。这对当时的新南威尔士总督布里斯本（Thomas Brisbane）爵士来说是一件没有先例的事情。由于在英国本土已经不存在政治上直接限制新闻自由的法律，他在请示伦敦只得到暧昧的答复后，对它的出版没有进行管束。于是，又一家民营报纸《监督人》（*The Monitor*）于1826年由霍尔（Edward Smith Hall）在悉尼出版。

1826年，新总督达令（Ralph Darling）到任。当年10月，发生驻军两个士兵因开小差而被他施以酷刑致死一人的事件，两报强烈谴责了总督的残暴。达令因此致电伦敦要求封闭这两家报纸，并向新南威尔士大法官福布斯（E. Forbes）施加压力，要求他立即取缔民营报纸。英国殖民事务部没有同意他的要求，大法官也没有下达取缔报纸的命令。于是达令利用掌握的权力对两家报纸课以很重的印花税，并以诽谤罪将霍尔和《澳大利亚人报》的一名编辑投入监狱。温特沃斯、沃德尔、霍尔和当地一些主张自由主义的社会人士向英国当局状告达令。1831年，殖民事务部召达令回英国述职，宣布他对报刊所课的税无效，另派了一位自由主义的总督。从此，在澳大利亚确立了新闻自由传统。

1831年4月18日，约翰·费尔法克斯（John Fairfax）和查尔斯·肯普（Charles Kemp）创办《悉尼先驱报》（*The Sydney Herald*）。前者在英国从事出版业，因破产带着怀孕的妻子和三个孩子来到这块新大陆；后者在英国曾是法庭记者。这是澳大利亚第一家商业化报纸。1841年，这份报纸为费尔法克斯全资所有，更名为《悉尼先驱晨报》。

在澳大利亚西南部城市墨尔本，1835年出现首家报纸《墨尔本广告人报》（*Melbourne Advertiser*）。1851年发现金矿，靠近金矿地区的墨尔本聚集了大量工人，同时该地又成为刚从新南威尔士州分离出来的维多利亚州州府。一些具有自由主义倾向的商人1854年10月创办《时代报》（*The Age*）。该报常站在工人的立场上，为他们的苦难申诉，谨慎地批评政府。1856年，该报被工人们聘请的主编埃比尼泽·赛姆（E. Syme）和他的弟弟戴维·赛姆（D. Syme）买下。四年后，戴维接替因病逝世的哥哥主持该报。该报逐渐成为影响澳大利亚民主化舆论的主要报纸。1901年澳大利亚联邦成立时，墨尔本是国家的首都（1901—1927年），该报的发行量从创办时的1 000份增至12万份。首任澳大利亚总理乔治·雷德谈到该报的影响力时说：戴维“是维多利亚州的真正独裁者”①。

1862年在澳大利亚南部城市阿德莱德创刊的《电讯报》（*Telegraph*），是澳大利亚第一家便士报。但真正形成便士报的潮流是在19世纪末，其标志是最有影响力的《悉尼先驱晨报》于1897年将售价降为1便士。

① ［美］马丁·沃克：《报纸的力量》，331页，北京，新华出版社，1987。

1872年，从南澳的阿德莱德到北澳的达尔文，长达3 000公里的大陆电报线架设完成。在达尔文，则有国际海底电话电缆通往世界各地。这一工程使得澳大利亚较快地融入世界信息交往体系。从这年起，各报开始使用这条电报线接收国际新闻，第一家使用者是墨尔本的《时代报》。

1870年建设中的阿德莱德—达尔文大陆电报站

1923年11月23日，第一家广播电台2SB在悉尼播音，它是政府台。1924年7月，政府的文件将广播电台划分为两类：A类不播广告，收听时要收取收听费（1929年明确A类台为公营台）；B类以播出广告作为主要收入来源。这实际上就规定了两种广播体制。

1932年7月，澳大利亚官方设立澳大利亚广播委员会（Australian Broadcasting Commission，ABC），管理机构和公司合一。1983年7月，该委员会改组为澳大利亚广播公司（Australian Broadcasting Corporation），英文缩写也是ABC。

澳大利亚的民营商业台始于1924年，只比公营台晚几个月。澳大利亚没有走英国、加拿大先公营一统天下、再民营与之抗衡的道路，一开始两者就各有自身的发展空间。公营广播覆盖面较大，而民营广播囿于财力，大多是社区台。这种自然的分工一直延续到现在。

第一家澳大利亚的电视台是于1956年9月16日开播的悉尼TCN台（民营），接着，公营的悉尼电视台（ABN）于11月5日开播。根据澳大利亚限制传播垄断的法律，在同一运营区内，一个报业主只能占有电视市场的15%，一个电视业主也只能占有报纸市场的15%。

1978年，澳大利亚设立“特别广播机构”（Special Broadcasting Service，SBS），1979年和1980年先后开播广播和电视节目。广播电台每天用60种语言或方言向国内广播；电视台每天在不同时间向国内播出英、法、德、俄、中、意、希腊等语言的节目。它们主要为国内的少数民族服务，开创了澳大利亚广播电视的特色。SBS 是独立的公营机构，用以体现澳大利亚政府实行的“多种文化”政策。为保障这个机构的经费，除了政府拨款外，1991 年起允许有限制地播出广告（每小时限 5 分钟）。

为鼓励制作国产节目，澳大利亚政府对进口节目有一定的限制。

二、澳大利亚的传媒垄断

澳大利亚虽然进入了世界交往体系，但毕竟地理位置相对偏远，这造成了澳大利亚新闻传播业相对封闭的环境以及以内向发展为主的特点。于是报刊业家族世代承袭的情形较多，报刊业的垄断程度在发达国家中处于第一位，达 95%。

至 20 世纪 60 年代，澳大利亚形成了五大报团，依规模大小分别是先驱与时代周刊集团、费尔法克斯传媒公司、默多克新闻集团、帕克联合新闻公司、诺顿真理与运动员公司。

20 世纪 70 年代，诺顿真理与运动员公司和帕克联合新闻公司先后衰落。1987 年 2 月，默多克一举买下先驱与时代周刊集团的主要股份，于是新闻集团成为在澳大利居于绝对第一位的媒介集团，控制着全澳大利亚近七成的报刊。

费尔法克斯传媒公司是第二大媒介集团，控制着全澳大利亚两成多的报刊。1991 年 12 月，加拿大的报业主康拉德·布莱克（Conrad Black）以 16 亿澳元收购了费尔法克斯公司的主要股份。1996 年，因为澳大利亚政府规定外国人拥有媒体股份不得超过 25%，布莱克又将股份抛售。2007 年，费氏家族重获公司的控制权。2012 年，澳大利亚最富有的吉娜·莱因哈特（Gina Rinehart）成为该公司的最大股东，她还拥有新西兰的部分报刊、广播和网络媒体。

现在澳大利亚的报刊业，主要由默多克的新闻集团和费尔法克斯传媒公司控制，同时两大集团也直接（15%以内）和间接控制着澳大利亚的民营广电业。

澳大利亚传媒的高度垄断是对新闻自由的威胁。费尔法克斯、帕克报团所属报纸的新闻工作者，曾因老板干预他们自由报道新闻，而与之发生冲突。对报业主们来说，谈不上政治信仰，他们通过自己的报刊所表达的政治态度和关于政治家的评价，变化无常，或出于利益关系，或纯粹出于个人的好恶和关系的亲疏。1975 年 11 月，由于默多克的暗示，《澳大利亚人报》在大选中对两个候选人惠特拉姆、弗雷泽的态度没有保持平衡，先支持惠氏，后又支持弗氏而攻击惠氏。为此，澳大利亚记者协会将一封有 76 位记者签名的抗议信交给默氏，认为这是一种政治检查制度。默氏不予理会，记者们以捍卫职业道德为由罢工三天。

三、澳大利亚新闻传播业目前的格局

（一）报纸

澳大利亚有全国性和大都市日报 12 家、地区性日报 38 家，城市郊区报纸 138 家，城镇和社区报纸 350 多家，总计 500 多家报纸。根据 2010 年 6 月的数据，发行量排名前 20 位的报纸中，新闻集团占 10 家，其中包括发行量居前三位的《先驱—太阳报》（*Herald Sun*）、《每日电讯报》（*The Daily Telegraph*）和《信使邮报》（*The Courier-Mail*），都是大众报纸。费尔法克斯传媒公司占 9 家。只有一家《西澳大利亚人报》（排名第 5）不属于这两大集团，属于西澳大利亚人报公司。

Herald Sun
COLOUR MAGAZINE
FESTIVE FUN
SUMMER REPORT CARD
BEACHES BEWARE
PLUS YOUR ULTIMATE ENTERTAINMENT GUIDE
Father of accused terrorist David Hicks asked to lead historic march
EUREKA REBELLION
WHY ZIGGY SWITKOWSKI QUIT TELSTRA – PAGE 2

《先驱—太阳报》

《先驱—太阳报》是墨尔本出版的一份小报，目前为澳大利亚发行量最大的日报（51.5 万份）。该报 1990 年由历史悠久的《先驱报》（1840 年创刊）和《太阳新闻画报》（1922 年创刊）合并而来。

《悉尼先驱晨报》作为澳大利亚现存历史最悠久的报纸，依然保持了高级报纸的风格，发行量 20 万份。它的金融版、国际新闻和联邦首都新闻都较有特色。该报现属于费尔法克斯传媒公司。

《澳大利亚人报》（*The Australian*）1964 年由鲁伯特·默多克创办于堪培拉（与 1824 年的同名报纸无关），后移到悉尼出版，发行量虽不高（目前 13.5 万份），但在国际社会被视为代表澳大利亚的主要报纸之一。

《时代报》是墨尔本的古老报纸之一，也保持着高级报纸的风格，发行量 19.4 万份，该报属于费尔法克斯传媒公司。

（二）广播电视

澳大利亚广播公司（ABC）下设全国性的广播电台 6 家，全国性电视台 1 家。SBS 是澳大利亚的一个特别的公营广播电视机构，拥有全国性广播电台和电视台各一个，主要为国内的少数民族包括中国人服务。

澳大利亚广播公司悉尼总部大门

澳大利亚民营广播电台共有 274 家；民营电视网三个，即第七、第九、第十频道。电视市场的 90％被民营电视台占有，公营电视台占有 10％。

（三）通讯社

澳大利亚的多数报纸以地方性城镇为发行范围。因为其分别处于几个本来关系不密切、被荒漠隔开的州，“全国”的观念淡漠，而世界性新闻又可以从世界级大通讯社获得，因而成立本国综合性的较大通讯社，直到 1932 年才提上日程。最初是由几个很小的通讯社合并为澳大利亚统一通讯社。1935 年，再由路透社出面，在澳大利亚统一通讯社的基础上，联合 15 家较大的报纸成立澳大利亚联合通讯社（AAP）。现在 AAP 仍然是澳大利亚最大的通讯社，在世界上属于区域性通讯社。现在，该社为新闻集团、费尔法克斯传媒公司、西澳大利亚人报公司和哈里斯集团四家新闻机构所有。

【思考题】

1. 简述澳大利亚的传媒垄断。

2. 简述澳大利亚广播电视的“多种文化”政策。

3. 识记1803年《悉尼公报和南威尔士广告人报》、《悉尼先驱晨报》、《澳大利亚人报》和《先驱—太阳报》、ABC和三大民营电视频道。

第二十三章

新西兰新闻传播史

新西兰地处南太平洋，由北岛、南岛两个大岛及一些附属岛屿组成，面积约 27 万平方公里，人口约 480 万。公元 10 世纪，才有人踏足新西兰。12 世纪以后，毛利人从波利尼西亚迁到此地。14 世纪，出现定居点。

1642 年，荷兰航海家阿贝尔·塔斯曼（Abel Tasman，1603—1659 年）在一次远洋冒险中发现新西兰，登陆时遭到土著毛利人的攻击而撤离，他以荷兰一个地区的名字命名这块土地“Nieuw Zealand”，并绘制了新西兰西海岸部分地区的地图。1769 年，英国海军舰长詹姆斯·库克以英王乔治三世的名义占领了新西兰。随后，捕捞海豹和鲸鱼的人们也来到这里，传教士也接踵而来，出现小城镇。

1840 年时的新西兰有土著毛利人约 10 万，欧洲人分布在沿海地区，约 2 000 人。这年 2 月 6 日，毛利人和英国王室代表在怀唐伊镇签署《怀唐伊条约》，新西兰成为英国殖民地。该条约允诺毛利人按其意愿继续拥有他们的土地、森林和渔业，并答应建立一个政府，使全体人民过上和平的生活。该条约确认新西兰人享有英国公民的权利。至今该条约仍然是新西兰的“现行法”。

1907 年，新西兰成为自治领，1947 年独立。现在该国人口中本土化英国移民 74.5%、毛利人 9.7%，80%以上为城市人口。

一、新西兰的报刊

1840 年 4 月 18 日，英国的“新西兰公司”在赫特河谷创办了新西兰第一张报纸《新西兰公报》（*New Zealand Gazette*），承办人为塞缪尔·雷万斯（Samuel Revans）。这份报纸只维持了四年。《新西兰公报》之后，新西兰全国各地先后出版过 67 种报纸，后来多数停刊或被合并，因为读者群太小且不稳定。20 多年后，一批报纸稳定下来，奠定了现在新西兰报业的基础。现在新西兰排名前四位的城市的主要报纸，都起家于 19 世纪 60 年代。

塞缪尔·雷万斯

新西兰文化名人托马斯·布莱肯（Thomas Bracken，1843—1898 年）是新西兰早期的新闻工作者之一，19 世纪 60 年代是南岛旦尼丁市《奥塔哥卫报》（*Otago Guardian*）的记者，同时还为《新西兰简报》（*The New Zealand Tablet*）和《先驱晨报》（*Morning Herald*）写稿。1875 年，创办《星期六广告人报》（*Saturday Advertiser*）。他建立了新西兰第一家造纸厂，他还是新西兰国歌的作者。

目前，新西兰有 48 份日报，10 份星期日报纸，96 份地区性报纸以及 243 份免费报纸，此外还有 120 份社区报纸。新西兰平均每两人就拥有一份报纸。新西兰还有相当数量的不与晚间新闻广播相冲突的晚报，这与许多国家的报纸转变为早报很不相同。新西兰本地出版的杂志约 700 种，还有 4 000 种进口杂志。

由于地处世界的边缘，新西兰的新闻传播业与澳大利亚一样高度垄断。进入 21 世纪以后，新西兰报纸的多数被两个大公司所掌控，即天空电视网络有限公司（SKT）和威尔逊—霍顿有限公司（Wilson and Horton）。这两个公司占有全国日报发行量的 90%。

（一）天空电视网络有限公司

天空电视网络有限公司在新西兰是横跨报业和广电业的最大传媒集团公司，其中纸媒部分的管理公司是独立报业公司（INL）。该公司前身是出版《自治领报》（*The Dominion*）的惠灵顿出版公司（WPC），成立于 1906 年。1970 年，WPC 连续收购一系列报纸，于 1972 年更名为独立报业有限公司。在以后的 20 多年里，一些历史悠久的新西兰老报纸纷纷加入独立报业有限公司。现在 INL 在新西兰拥有超过 80 份各类报纸和杂志，并在美国、澳大利亚有传媒产业。2005 年 7 月起，原独立报业有限公司管辖的报刊，均属于新形成的天空电视网络有限公司，默多克的新闻集团控股 INL，股份为 49%。

（二）威尔逊—霍顿有限公司

威尔逊—霍顿有限公司是新西兰最大的区域报纸出版商，占有新西兰报业市场 58%的份额。它出版了 8 份地区性报纸和超过 30 份免费社区报纸，并拥有新西兰最大的报纸《新西兰先驱报》（*The New Zealand Herald*）。该公司的经营遍及三个领域：报纸出版；基于互联网新媒体的出版（包括两个领先周刊）；商业印刷（W&H 印刷有限公司）。1996 年，爱尔兰独立新闻与媒体有限公司购买了霍顿家族在公司内的主要股份，因而成为该公司的主要拥有者。《新西兰先驱报》现在为威尔逊—霍顿有限公司旗下的澳大利亚地方报业集团 APN 所有。

（三）新西兰的主要报刊

在早报中，奥克兰的《新西兰先驱报》发行量最大，约 20 多万份。地方性报纸中发行量最大的是汉密尔顿的《怀卡托时报》，约 4 万份。其他日报的发行量，从2 400份到 10 万份不等 。发行量最大的星期日报纸是《星期日明星时报》，近 20 万份。在杂志方面，最有影响力的是《真理》、《新西兰观察家》、《新西兰听众》、《电视指南》等。

nzherald.co.nz
BEST DAILY NEWSPAPER
The New Zealand Herald
DATING SCAM
Kiwi loses $1m over phantom woman A3
Bridgecorp boss' $4.4m sell-up
CUT-PRICE FLIGHTS
Airline offers $1465 return fare to UK
'FATTEST' FAMILY v TVNZ
How dare they call us that! A3
New Zealand's most stressed cities A5
Emily death: Two arrests
Devastated family land in UK after police interview men
Scott Guy relative killed in pub attack
KIWISAVER BROKEN PROMISE? A2
Brawling boys face rugby judges after 1st XV game called off

《新西兰先驱报》

《新西兰先驱报》是新西兰发行量最大的全国性日报，1863 年在奥克兰创刊，通常持中间偏右的观点。《自治领邮报》（*The Dominion Post*）为新西兰第二大报，曾多次被评为新西兰年度最佳报纸，2002 年 7 月由《自治领报》与《晚邮报》合并而来，在惠灵顿出版。现在该报隶属于澳大利亚费尔法克斯传媒公司，发行量超过 10 万份。

新西兰的华文报纸也占据着一定的报纸市场，主要报纸是《新西兰先驱中文报》。新西兰的较大城市都有华人自办的报纸和杂志。

二、新西兰的广播电视

与澳大利亚类似，新西兰的新闻体制也基本效仿英国，报刊业基本民营，广播电视业经过一系列的调整，形成了公营与民营并行的体制。新西兰目前有 27 家广播电台、11 家电视台和 22 个地区电视台，以及一些付费电视台，大部分电视台的总部设在新西兰最大的城市奥克兰。

新西兰的第一个广播电台，是 1921 年 11 月 17 日由罗伯特·杰克教授在奥塔哥大学的试验台“达尼丁广播电台”。1925 年，新西兰建立第一个广播公司（RBC），有了全国性的广播电台。1932 年，新西兰广播理事会（NZBB）收购 RBC 的资产，作为一个政府部门，管理新西兰的广播事务。1936 年，建立国营新西兰广播公司（NBS）。1962 年，新西兰电视台开播，属于 NBS 管理。

从 1962 年起，广播电视业的体制几经调整，到 1988 年才基本稳定下来：原来的广播公司和电视台改组为两家国有企业——新西兰广播电台有限公司（RNZ）和新西兰电视台（Television New Zealand，TVNZ），同时允许民营广播和电视台，从而形成公营、民营并行的广电体制。根据 1989 年的《广播法》，新西兰成立广播事务委员会（NZ on air），限制 TVNZ 或 RNZ 运作中的政治干预范围。1993 年，新西兰《广播法》修正法案规定为毛利人的广播以及语言文化的发展提供资金。

RNZ 现有一个国家台、一个音乐台和一个声音档案馆。1995 年，原属 RNZ 的 30 个商业台形成单独的新西兰商业电台公司，并于 1996 年 7 月被出售给私人。RNZ 所属的新西兰广播电台（Radio New Zealand）重点播发时事和国内政治新闻，并用有限的短波向南太平洋其他岛国转播新西兰国家台节目。该台前身即 1925 年的 RBC。

新西兰第二大广播集团是 Radio Works NZ，1999 年组建，现在属于新西兰媒体运作公司（Media Works New Zealand），拥有受到听众喜爱的商业广播电台 MORE FM 和其他一些广播电台。

新西兰电视台（TVNZ）1962 年开播节目，1973 年 10 月起播送彩色电视节目。

TVNZ 办公大楼

2002 年，TVNZ 改组为公共广播机构，下设电视一台和电视二台以及五个地区电视台，用户约 112.6 万，覆盖全国。2011 年 4 月，新西兰电视台推出新西兰第一个社交电视频道 U 频道，其受众定位为 14～25 岁的年轻一代。

电视三台是新西兰第一家商业电视台，也是新西兰主要的民营电视台，属于新西兰媒体运作公司，1989 年 11 月 27 日开播。

新西兰的第一家，也是主要的收费电视台是天空电视台（Sky Television），1990 年开始广播，卫星服务提供 22 个频道的电视节目。同时，UHF 服务提供 7 个频道，包括天空体育、天空 1 台、天空电影、卡通频道、发现、赛车频道以及 CNN。该台属于天空电视网络有限公司。

三、新西兰的通讯社

新西兰报联社（NZPA）创建于 1879 年，总部惠灵顿，曾是新西兰唯一的全国性通讯社，报联社体制，曾经拥有数量众多的记者，在伦敦、悉尼、香港和华盛顿驻有记者，国内 70 多家报社都是其成员，是新西兰国内最重要的新闻信息提供商。2005 年，该社转型为商业通讯社，影响力日渐下降。2011 年 8 月 31 日，该社关闭。

现在新西兰暂时没有全国性通讯社，但有很多地方性的小通讯社。主要传媒可以直接采用世界性大通讯社特别是澳大利亚通讯社的电讯稿。

四、新西兰的新闻政策

新西兰有着悠久的言论与新闻自由传统，有全国性的信息公开法律，也有涉及大众传媒的较为完整的法律，可以作为解决版权、诽谤、违反信托等各种新闻侵权的诉讼依据，还有一些关于议会及其委员会的报道的行政规定。法律在应用于新闻官司时，受到国家普通法传统的影响。

新西兰《人权法案》第14条对新闻和言论自由做了规定："每个人都有言论自由，包括寻求、接受和以任何方式传递任何形式的信息和意见的自由权。"目前有五项法律对新闻传播业有直接或间接的影响：1982年的《官方信息法》，1987年的《地方政府官方信息和会议法》、1989年《广播法》、1992年的《诽谤法》和1993年《隐私法》。1982年和1987年的官方信息法，赋予传媒公开中央和地方政府信息的权利，但《隐私法》禁止发布有关个人信息的个人资料，除非事先获得批准。违反这些法律可能会导致民事或刑事处罚、经济赔偿，以及各种禁令的实行。

根据1955年的《报纸和印刷法》，新西兰的报刊创办实行登记注册制，即创办报刊需要到相关的政府机构注册，不必经批准即可自行出版，没有任何事先审查。但是，媒体需要考虑到1962年的《版权法》、1963年的《不雅刊物法》和1986年《商业法》(涉及传媒兼并)，以及这些法律的一系列修订法案。当人们对新闻出版产生异议时，可以通过新西兰报业评议会（The New Zealand Press Council）的投诉程序进行投诉。这个行业组织属于公共事业，由媒体和工会代表组成。报业评议会的主要工作是处理对报纸和其他出版物的投诉，以保护新西兰新闻出版业的自由，并保持新西兰出版业的专业标准。

新西兰允许外国资本对本国媒体控股。现在总部在澳大利亚的铁桥资本集团(Ironbridge Capital Group）控股新西兰媒体运作公司，而在2007年以前，新西兰媒体运作公司由加拿大的加西环球传播集团（CanWest Global Communications Co.）控股。

【思考题】

1. 简述新西兰的新闻政策。

2. 识记1840年《新西兰公报》、《新西兰先驱报》和《自治领邮报》、TVNZ和民营电视三台。

站在世界的视角观察新闻传播的历史

——从斯蒂芬斯的《世界新闻传播大事记》谈起

陈力丹

人不能没有历史意识。假如一个人早晨起来失去了记忆（历史），他不知道自己是谁，从哪里来和到哪里去，做什么和怎样做，是很痛苦的事情。从事新闻职业的人，也不能没有职业的历史意识，否则他连做什么、从何做、怎样想和怎样做都无从着手。新闻传播职业的各种要领、观念、规范都是建立在历史的基础上的。

一个优秀的新闻记者，其关于本行业或专业的历史知识，必然是较为丰富的，他能够站在许多前辈的理论和经验的平台上来操作。一个中国记者的历史意识如果主要停留在中国新闻职业的层面，固然可以作出很多成绩，但也是有限的。因为世界很大，眼光的局限，可能会使自己囿于这种限制而漏掉许多事实和观念。如果能够从世界的角度观察新闻传播，那么面对同一个事实，我们的记者可能会比以往更深刻地感受它和解释它，并通过我们将这种深度认识传播给受众，这也是记者的社会责任。

在这个意义上，从全球的角度读一点新闻传播史是必要的。对于主要从事新闻实践的记者，没有必要记住许多具体的历史事件，那是研究者的任务。但是主要的新闻传播的历史性转折、里程碑式的事件，还是需要知道的。新闻传播的基本发展脉络，也应当清楚。有了这些历史意识的基础，才可能更清楚现在该做什么和怎样做，未来的发展趋势也就有了展望的知识基础。

我推荐记者或新闻业务的研究者读一读米切尔·斯蒂芬斯所著《新闻的历史》一书中的“世界新闻传播大事记”（年表），并非这个年表有什么特别的学术价值，而在于它提供了许多我们尚不知悉或不熟悉的新闻传播，特别是职业新闻传播业务历史发展方面的事实，它可以把我们的眼光带出眼下的具体工作。

我国至少已有三种新闻传播史年表，在质量上可以与之相比，这就是：

1988 年由复旦大学新闻系余家宏、宁树藩、徐培汀、谭启泰四位老师编写的《新闻学词典》中报刊、通讯社、广播和电视年表。

1988 年由中国社会科学院新闻研究所陶涵主编的《世界新闻史大事记》（人民日报出版社出版）。

1993年由中国人民大学新闻学院博士生季燕京编写的《新闻学大词典》(甘惜分主编)中的"世界新闻传播史大事记"。

这几个年表在突出中国新闻传播的大事、平衡处理世界各国的新闻传播大事方面，当时做得相当好；但对于世界新闻传播业发展中许多重大的标志性业务事件(多数发生在先后领导世界新闻传播新潮流的英国和美国)，由于我们知悉得尚没有那么具体，因而涉及的不多。斯蒂芬斯的年表在这方面可以弥补我们现存新闻传播年表的缺陷。

相比之下，斯氏的年表在三方面对我们有价值：

第一，15世纪末以前新闻传播的年表中有大量西方新闻传播的重大历史事件，而在这方面，中国的年表中较为缺乏。

第二，18世纪末至今的年表中，新闻传播业务方面英、美领先世界其他国家的一些事件较为详尽，而中国的年表对此记录得很不够。

第三，关注传播科技的发展，这方面的记录从古至今是较为全面的(但忽略了1962年通信卫星的发射)，比中国的年表显得更有"思想"，可以探寻到一种发展线索。

从这个年表中，我们也能够看到编者所受到的西方文化圈，特别是美国新闻传播文化圈的无形影响。编者显然有一种客观记录新闻传播大事的主观愿望，例如关于中国，提到的频率与其他东方国家相比，已经是相对多的了。但是越到当代，越发突出美国，甚至完全是美国，连其他西方国家也很少了。作者其实并没有始终站在世界的角度观察新闻传播，从美国看世界同样也是狭隘的。美国确实在当代领导世界新闻传播的新潮流，但并不是什么都是美国发展得最好，即使从平衡考虑也需要涉及世界上的其他主要国家。

斯氏的年表具有主题，即眼光落在"新闻的传播"上，因而年表整体上处处体现出"新闻的传播"在各个历史时期的发展和进步。与这个视角关系不大的新闻传播界发生的事情或新闻政策的变化，并非都提及。中国的年表有一个缺点，缺少一个主题贯穿其中，只要是媒体方面发生了的较大的事情，似乎都应统统收入。这样，就给人一种大杂烩的感觉。

年表属于新闻资料性工作，似乎好做，但是它必须建立在新闻传播史学研究的基础上，否则没有价值。不论是斯氏的年表，还是中国的年表，在一些新闻传播史实的年代上，以及对史实的表述方面，均存在一些值得讨论的问题。

例如斯氏的年表将1566年的手抄《威尼斯公报》视为现代报纸的鼻祖，恐怕会有不同意见。美国《宪法》第一修正案批准的时间定在1789年，可能是编者记错了(应是1791年)。年表说1670年才出现"newspaper"(报纸)这个英文词，显然编者不知道此前五年《牛津公报》上已出现这个词。年表将哈瓦斯通讯社的成立时间确定为1832年，而我国通行的看法是哈瓦斯1825年建立翻译社、1835年建立通讯社，这个问题需要进一步讨论。编者将毕昇的活字发明没有得到推广的原因，归结为“中国人性格上有太多的差异”，显然讲得不到位。这需要从中国文字的构成和每个字的单一性带来的巨大的造字工作量、胶泥活字的易损和当时的社会需要等多方面考察，人的性格差异无论如何不是主要原因。

世界新闻传播大事记

米切尔·斯蒂芬斯 编　陈力丹 曾庆香 译

公元前约 10 万年　语言随着智人的出现而发展。

公元前约 4 万年　在美洲的人类定居。新闻在人群中口头传播。

公元前约 8000 年　出现农业和较为稳定的社会。集会场所、旅行、信使、传令员、狼烟和鼓，扩大了新闻的传播。

公元前约 3500 年　中国驯服了马，加速了新闻传播的速度。

公元前约 3100 年　已知最古老的文字系统——美索不达米亚乌鲁克（Uruk）王朝的泥板文字和埃及的象形文字，用符号代表单词。

公元前约 2500 年　在美索不达米亚和现在的叙利亚，用楔形文字镌刻的碑文内容，有财物清单、农事记载、学校课本、文学作品和国家条约。

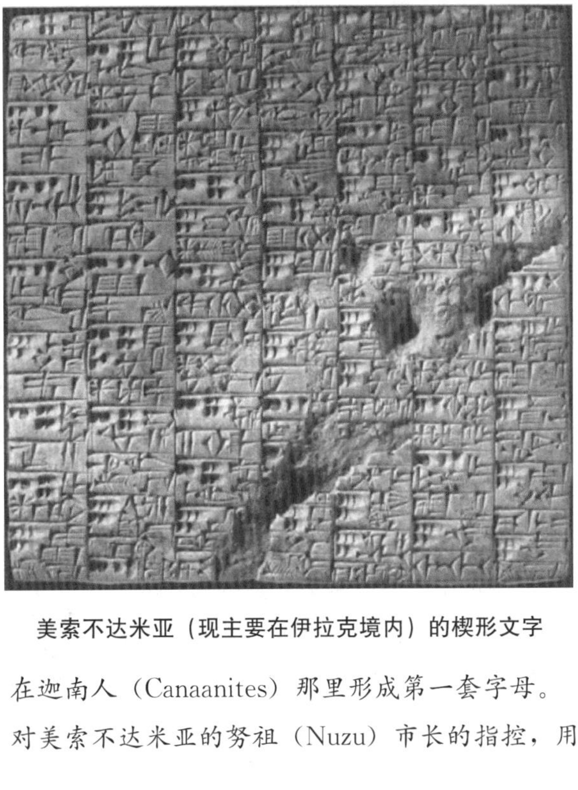

美索不达米亚（现主要在伊拉克境内）的楔形文字

公元前约 1500 年　在迦南人（Canaanites）那里形成第一套字母。

公元前约 1400 年　对美索不达米亚的努祖（Nuzu）市长的指控，用楔形文字刻在了陶板上。

公元前约 1200 年 希腊与特洛伊战争的报道，残存于荷马史诗《伊利亚特》和《奥德赛》中。

公元前约 750 年 希腊人在字母表中增加了元音。希腊字母流行于欧洲。

公元前 490 年 雅典人第一次打败了波斯人对希腊的入侵。传说一个叫菲利皮德斯（Pheidippides）的雅典信使，带着胜利的消息从马拉松一直跑到雅典，最后因精疲力竭而死。

公元前 443 年 希腊作家希罗多德有关希腊与波斯的战争史的作品，通常被认为是第一部西方史。

公元前 430 年 根据希腊柏拉图的《卡尔米德篇》记载，哲学家苏格拉底从加波提代亚战役的战场（这是伯罗奔尼撒战争的早期战役之一）回来时，到雅典体育场传播了自己所获得的新闻，同时也获知了有关自己的新闻。

公元前 404 年 在伯罗奔尼撒战争中，雅典失败了。描述这场战争的伟大历史学家修昔底德，未写完这段历史而逝世。

公元前 351 年 在抨击腓力王（the First Philippic）的演说时，希腊雄辩家狄莫西尼（Demosthenes）注意到了雅典人对用口语传播新闻的迷恋程度："为了构想几个故事，我们走遍各地。"

公元前 334 年 自从在格拉尼长斯流域打败了波斯人后，亚历山大大帝允许新婚的马其顿士兵回家过冬，并送回 300 张缴获的盾牌给雅典，其意可能是迅速传播他的胜利消息。

公元前 323 年 亚历山大大帝逝世。在 13 年里，亚历山大大的帝国四分五裂。缺乏有利于帝国统一的信息传输系统可能是其灭亡的原因之一。

公元前约 145 年 罗马共和国中心地带的公民生活主要围绕着"广场"，这里有露天会场、讲台和政府的各种建筑。每天罗马人都到广场获得最新新闻。

西塞罗

公元前 59 年 尤利乌斯·恺撒命令在公共场所张贴的《罗马纪闻》，必须每天记载罗马共和国元老院和其他地方所发生的事件。

公元前 51 年 由于罗马雄辩家、哲学家和政治家西塞罗的努力，我们清楚地看到了供罗马上层阶级阅读的书写新闻形式：私人信件、公报的手抄件和专业批量生产的新闻包裹。

公元前 44 年 尤利乌斯·恺撒在罗马被刺杀。西塞罗的信件记载了随之而起的激烈的政治斗争，这在《罗马纪闻》里也有报道。

公元 47 年 《罗马纪闻》内容包括趣闻轶事和煽情故事。作家老普林尼说公元 47 年的一期《罗马纪闻》报道了罗马正在展示一只凤凰。

105 年 传说中国的蔡伦发明了造纸术。这种造纸术 1 000 年后才传到欧洲。

221 年 汉朝建立了持续到公元 221 年的中华帝国，其书写新闻的传递系统非常发达。

222 年 这是提到《罗马纪闻》的最后一年。

455 年 日耳曼汪达尔部落劫掠罗马。罗马帝国的灭亡导致了欧洲贸易和读写能力的衰落。从远处“流”来的“新闻流”枯竭了。

618 年 唐朝又建立了延续到 906 年的中华帝国。邸报——官方新闻信是上层集团的重要新闻来源。在这一时期，中国发明了雕版印刷术。这种印刷术被用来出版邸报。

960 年 中国建立了宋朝，始建广泛多样的专门新闻机构。文人和官员一样，现在都可阅读。然而，1279 年宋朝灭亡之前，宋朝皇帝开始查禁非官方的新闻小报。

986 年 在列夫·埃里克森的指挥下，北欧海盗维京人发现了格陵兰岛。在他们自愿暂时居住了 15 年后，他们发现格陵兰岛的新闻，记载于手写的《北欧英雄传说》中。

1041 年 1041 年和 1048 年间，中国工匠毕昇使用活字印刷。但这项发明没有取得很大的成功。由于中国人性格上有太多的差异，而导致这一发明没有得到推广。

1160 年 图德拉·本杰明开始他的旅行：从西班牙出发，通过意大利、希腊、君士坦丁堡、叙利亚、耶路撒冷、大马士革、巴格达、埃及、亚述、波斯，然后到了中国边境。本杰明用希伯来语描述了他的旅行，或许这是旅行新闻的早期形式。

1241 年 950 年，印刷术从中国传到了朝鲜。1241 年，朝鲜人第一次成功地用铜制成了金属活字版。不久，朝鲜就面临着铜的短缺问题。

约 1250 年 欧洲中世纪，口语新闻仍然是占主导地位的新闻形式。13 世纪的法国诗歌表明：讣告、皇家法令及新酒的进口都是用“大声呼喊”传遍巴黎的。

1275 年 威尼斯的马可·波罗来到了当时中国的统治者忽必烈可汗的朝廷。不久，他和一位作家被投进了监狱。在监狱里，他给作家讲述了自己的旅行故事。

1352 年 英法百年战争时期，当英国部队攻打法国城市久艾尼斯（Guines）时，宫廷诗人劳伦斯·迈诺特（Laurence Minot）随军参战，以手写韵文形式作了目击报道。

1431 年 在英法百年战争中，激励和领导了法国复兴的圣女贞德被俘虏并被绑在柱子上烧死。在印刷新闻出现之前，新闻是如此不可信赖，因而很难确定一个人是否真的死了。至少，在她被处死之后，仍有一个冒充者在四处游荡。

1432 年 诗人约翰·利德盖特（John Lydgate）详细报道了年轻的亨利六世进军伦敦。

约 1450 年 约翰·古登堡第一次使用了凸版印刷术。

1455 年 持续到 1485 年的玫瑰战争爆发了。在这场战争中，口语仍是重要的新闻媒体。英国士兵把守住所有出入加莱的道路，以阻止有关他们所处困境的新闻的传播。

1467 年 在百莫（Beme）建立第一个特许制度。授予和剥夺印刷商的特权成了官方控制出版的主要措施。英国女王伊丽莎白实行这种措施具有其独特的技巧。

1470 年 已知的用凸版印刷术出版的最古老的新闻是有关意大利的马上比武的报道。这是体育新闻的早期形式。

1471 年 伦敦人约翰·帕斯顿（John Paston）写道：在伦敦散步时能够很容易听到新闻或者说“蜚流短长”。帕斯顿又写道：然而，在玫瑰战争中，这些“故事”像大多数的口头新闻一样是有限的，因为几乎在每一场关键战役之后的六天里，有关其结局伦敦都不会有“确切的消息”。

1471 年 在玫瑰战争中，国王的一位随员同时用英文和法文筹划了一封手抄新闻信，详细报道了爱德华四世在图克斯伯里（Tewkesbury）战役中所取得的胜利。

1481 年 在奥斯曼或图克什帝国的创建中起了重要作用的苏丹穆罕默德二世逝世了。两年后，威尔斯亲王爱德华得到了一份手抄新闻信。这封信是在君士坦丁堡由一个意大利人所写，信里有苏丹逝世的消息。

1493 年 哥伦布旅行归来，有关他的新发现的消息，随着他自己的旅行信件的众多印刷版本的流传而得到传播。

1494 年 法国国王查理八世入侵意大利。报道这次入侵的已发现的印刷新闻书有 41 种之多。

1502 年 西班牙的斐迪南和伊莎贝拉要求所有印刷商的活动须经过许可，这意味着政府或宗教权力的预先批准。甚至在哥伦布第一次航海之前，西班牙就实行了另一种形式的新闻控制措施：宗教裁判所焚烧冒犯性书籍。

1509 年 一本印刷新闻书报道了英国国王亨利七世的 12 岁的女儿玛丽与奥地利 8 岁的王子查理斯即神圣罗马帝国的王位继承人即将举行婚礼。这是一个典型的流言或名人新闻。

1517 年 宗教改革的领导者马丁·路德发布《九十五条论纲》引起争论。论纲的某些片段在一个月之内得以传遍欧洲，主要应归功于印刷出版业。

1521 年 德国的沃尔姆斯法令正式宣布马丁·路德为违法分子，并要求所有的印刷商遵守检查制度。

1529 年 奥斯曼帝国在苏丹苏莱曼的指挥下围攻维也纳。报道这次围攻的印刷作品已找到了 33 种。

1536 年 欧洲的邮政系统得到了持续发展，手抄信件更经常地被用于新闻传播。一个名叫克里斯托夫·舍约尔（Christoph Scheurl）的德国律师因手抄新闻信而从美因兹法院获得收入。

1538 年 一本法国印刷新闻书里有一篇维苏威火山爆发的目击报道。

1538 年 从此，英国所有的印刷品必须获得特许。印刷商组织——文书公司（皇家特许出版公司）协助实施这一措施。

1541 年 美洲现存最早的印刷新闻样本，是一本 8 页的新闻书。它是在墨西哥城印刷的，作者为一个名叫胡安·罗德里格斯（Juan Rodriquez）的公证人。其内容是有关危地马拉的一次暴风雨的报道。

1561 年 在法国，鞭打第一次用来惩罚那些散发诽谤性或煽动性的宣传单或小册子的人。重犯者被处于死刑。在法国，新闻自由仍然被紧紧地钳制着，直到 1789 年的法国革命。

1566 年 以“格塞塔”（gazzette）或“艾威斯”（avisi）为名的手抄新闻纸周刊在威尼斯出现。这可能是现代报纸最古老的直接祖先。

1568 年 欧洲最大的金融集团富格尔家族（Fugger）在全世界拥有代理机构传递带有新闻性质的信件，但这些信件无论如何不是用于公开发行的。

1571 年 英国印刷的小册子为被女王伊丽莎白逮捕的诺福克公爵（the duke of Norfolk）辩护。现在人们相信它是由伊丽莎白的首席大臣伯利爵士（Lord Burghley）秘密写的。

1577 年 至少有 111 本欧洲书籍或印刷小册子讨论了类似彗星的东西。

1588 年 科隆的米歇尔·冯·艾青（Michael von Aitzing）开始出版政治和军事事件摘要的半年刊，这是印刷报纸的雏形。

1588 年 英国遭遇到西班牙无敌舰队并打败了它，这一事件是英国至少 23 本印刷新闻叙事诗歌的主题，其中三本由托马斯·戴伦埃（Thomas Deloney）所作。

1605 年 新闻书《血书》又名《约翰·菲茨爵士（别名为菲特兹）的悲惨而绝望的结局》在英格兰出版。这一时期新闻书籍的内容是煽情故事和道德说教混合的典型。

1609 年 现存最早的欧洲印刷周报，可能是在斯特拉斯堡由约翰·卡诺鲁斯（Johann Carolus）于 1609 年用德文第一次出版的，其标题为《关系报：总汇消息》（Relations：Aller Furnmmen）。另一种由卢卡斯·舒尔特（Lucas Schulte）

在沃尔芬布特尔出版，其名为《信息联络总汇报》(Aviso Relation ober Zeitung)。

1609 年 一本新闻书引用了伽利略的话："一种能够看清远处物体的镜片"。这鼓舞了他用望远镜更努力地工作。

1613 年 托马斯·奥弗伯里先生被毒死在伦敦塔他的牢房里。15 种不同的新闻叙事诗和新闻书详细报道了这一凶杀案、案子的审讯和随之而来的对凶手的惩罚。

1614 年 一篇有关生活在苏塞克斯森林里的奇怪的、像蛇一样的怪物（龙）的发现报道在英国出版。许多新闻书和新闻叙事诗的注意力都集中在这种超自然的东西和它的可信度问题上。

1615 年 一种在雕刻后烧制而成的瓦片上涂上墨印刷的、充满了琐事、丑闻和耸人听闻消息的"读卖瓦版"新闻纸，开始在日本出现。

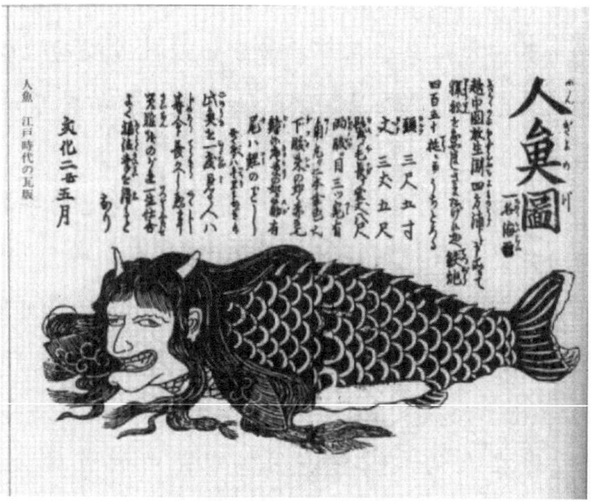

日本的"读卖瓦版"

1616 年 威廉·莎士比亚去世。在现存的新闻书和新闻叙事诗中都没有提到他的死讯。替代它的是：1616 年英国印刷的新闻报道了一位女巫的忏悔和死刑及四个淹死在泰晤士河里的醉鬼。

1618 年 商贸中心阿姆斯特丹出现了它的第一份报纸《来自意大利、荷兰等等的新闻》。

1618 年 欧洲开始了它三十年的战争。有关天主教徒和新教徒之间的战争报道充斥早期的印刷报纸。

1620 年 1620 年 12 月 2 日在阿姆斯特丹由彼得·凡·德·基尔 (Pieter van de Keere) 印刷的第一家英文报纸出版。它以"意大利的最新消息还未到来"为头条。第一家法文报纸《来自意大利和德国的消息》这年年初在阿姆斯特丹印刷。

1621 年 现存最早实际上在英格兰印刷的英文报纸是《公报或来自意大利、德国、匈牙利、波兰、波希米亚、法兰西和低地国家的每周新闻》，它于 1621 年 9 月 24 日出版，署名缩写为“N·B”。

1622 年 一位编辑——可能是报纸史上最早的——开始把英国仅有的一家报纸的材料组织成一种有条理的故事叙述。他可能是托马斯·根斯夫特（Thamas Gainsford）。

1622 年 一本印刷小册子为国王解散国会的决定辩护，英国国王詹姆斯一世抱怨说，为了努力获取公众支持，他必须“降贵纡尊”。

1624 年 关于暴力犯罪的报道在 16 世纪至 17 世纪初的欧洲新闻书和新闻叙事诗中是很普遍的。在英国出版了一本耸人听闻的新闻书《臭名昭著的杀手》，其中报道了最残忍、最恐怖的屠夫切特。

1624 年 在三十年战争中为新教而战斗的雇佣兵德国人康特·恩斯特·曼斯菲尔德，由于早期英文报纸的炒作而成了“媒体明星”。当他 1624 年访问伦敦时，欢呼的人群尾随其后。

1624 年 在一系列的早期英文报纸中，一家连续出版的新闻周刊上刊登出一则地图广告，它的两个出版商是纳泰尼尔·布尔和尼古拉斯·巴梅（Nathaniel Buter and Nicholas Boume），这可能是英文报纸的第一则广告。一个月之后，它又为一本介绍两种荷兰库朗特舞的书作了类似的广告。

1626 年 英国《连载新闻周刊》刊登了一则更正启事——这是朝着提高印刷新闻可信度迈出的有意义的一步。

1630 年 伦敦圣保罗市大教堂的正厅成了人们获取最新消息的地方。一家 1630 年出版的早期报纸把“圣保罗市的散步者”描述为“最伟大的新闻传播者”。

1631 年 法国印刷出版了第一家报纸《各地见闻》。几个月之后由泰奥夫拉斯·特诺多出版了《法国公报》(*Gazette de France*)。它一直出版到法国革命。

1634 年 《法国公报》报道了由于伽利略坚持“太阳是宇宙的中心”而对其进行的审讯，然而作者赞同的是宗教裁判所而不是伽利略“荒谬和虚假”的观念。

1641 年 随着国王权力的滥用，报道国内新闻的报纸开始在英国出现。第一家是《国会活动纪要》。接着五种类似的周刊很快就在伦敦出版。

1644 年 约翰·弥尔顿在英国内战期间出版了《论出版自由》——一本维护新闻自由的政论小册子。

1644 年 满族人征服了中国。这个消息直到 1650 年才在荷兰的报纸上得以报道。

1645 年 现存最早的在英属美洲殖民地的印刷新闻样本，名为《英国人和纳罗伍甘西特人以前的诉状和诉讼的发布》——这是政府资助的有关与美洲土著人战争的报道。

1645 年 来自巴黎一个修道院的弗里亚尔· 马兰·梅森（F. M. Mersenne）以手抄新闻信的形式传播了一些科学方面的新闻。

1645 年 至少有 8 种不同的周刊和半月刊报纸——“公报”在阿姆斯特丹削价出售。

1649 年 国王查理一世在英格兰被斩首，重新获得自由的英国报纸报道了这一事件。

1650 年 英国的第一家咖啡馆在牛津开放。到 18 世纪，伦敦已有数百家甚至上千家这样的信息交流的中心。法国的咖啡馆大约在这时也开始出现，并起着相同的作用，但持续的时间更长。

17 世纪下半叶的英国咖啡馆

1650 年 残存的世界上最早日报《新到新闻》（Einkommende Zeitung），由蒂莫休·里兹赫（Timotheus Ritzsch）在莱比锡出版。

1655 年 奥利弗·克伦威尔对英国报纸又采取了严厉的管制手段。只有两家官方报纸被允许出版发行，它们都是由在内战期间和内战以后曾两次改变立场的马·奈德海姆（M·Nedham）印刷出版的。

1663 年 查理二世英国复辟，并通过他的支持者整顿了报纸写作领域。他的支持者是出版《情报员》的罗杰·埃斯特朗奇爵士和 1665 年出版皇家《牛津公报》的亨利·穆迪曼。《牛津公报》即后来的《伦敦公报》。埃斯特朗奇爵士还是书报检查官。

1663年 在伦敦，罗杰·埃斯特朗奇爵士为他的《情报员》安排信息员搜索更新的新闻。

1665年 第一份科学期刊《学者杂志》每周在法国出版。随后的一年，伦敦每月出版《皇家社会哲学记录》。

1670年 据我们所知，“报纸”（newspaper）一词第一次在一封英文信中使用。

1679年 《特许令》对新闻出版的限制失效。一批报纸抓住这次自由的机会纷纷扩张地方新闻。其中一家便是本杰明·哈里斯煽情的《本国消息或城乡新闻》。

1687年 艾萨克·牛顿的《数学原理》出版。这成了欧洲一系列新出版的科学期刊的评论主题。其中谈到：它激发了德国的哲学家和数学家莱布尼茨连续写了三篇论文，使得牛顿对自己的文章重新作了修正。

1688年 英格兰奥伦治的威廉领导了“光荣革命”，带来了自己的印刷品。

1688年 尽管印刷在扩展，报纸在发展，但能读书识字的人在欧洲仍然未占多数。据估计，英国只有40%的成年男子能够阅读，当然，由于女子无权得到教育，她们的识字率更低。

约1688年 爱传播新闻的人，那些专门告诉人们新闻的人，只要处于他们定时出现的街头拐角和巴黎的公园里，就会有人群围绕在他们身边。在整个18世纪里，都能找到这种传播新闻的人。

1690年 本杰明·哈里斯于1690年9月25日在波士顿出版了美国第一张报纸《国内外公共事件》。它只出版了一期就被马萨诸塞州殖民地总督和行政会查封。

1695年 1679年英国的《特许令》于“光荣革命”后的1695年永远终止。由于报纸不再需要经过批准出版，控制报纸的内容变得更为困难。

1700年 大伦敦有67万人口，横向的口头新闻传播更为广泛。

1702年 第一家成功的英文日报出版，即《每日新闻》（*The Daily Courant*）。

1702年 “光荣革命”时和玛丽一起当上英国国王的威廉三世，于1702年3月8日去世。这个消息8小时之内就在伦敦得以报道。美洲殖民地的臣民直到5月17日才知道国王的死讯。

1704年 由于主编了独特的《评论》杂志，丹尼尔·笛福卷入了伦敦政治纷争中。这份意见性的杂志出版到1713年。

1704年 波士顿邮局局长约翰·坎贝尔出版了美国第二家报纸——第一家成功的报纸——《波士顿新闻信札》（*The Boston News-Letter*）。

1711年 由约瑟夫·艾迪生和理查德·斯蒂尔出版和编辑的《旁观者》（*The Spectator*）于3月1日第一次在伦敦出现，文章内容显示出他们观察的准确和智慧的高超。该刊每天出版，直到1712年12月6日。

1712 年 英国开始征收报纸印花税，这就提高了每份报纸的成本。显然，其意在不让下层阶级获得新闻。

1719 年 威廉·富兰克林的《波士顿公报》即美国的第三家报纸于 12 月 21 日出版。安德鲁·布莱福德的《美洲信使周报》第二天在费城出版，这是波士顿以外出现的第一家报纸。

1721 年 詹姆士·富兰克林的《新英格兰报》成了波士顿实际上的第三家报纸，在内容上是美国第一家动员性报纸，它抨击了天花疫苗的接种。

1725 年 纽约第一家报纸《纽约公报》由印刷商威廉·布莱福德出版。

1729 年 本杰明·富兰克林逃离他的学徒生涯，投奔他的兄长詹姆士以后，接管了《宾夕法尼亚公报》，并且把它办成殖民地中最受欢迎、文笔最优美、内容最活泼、最赚钱的报纸。

1729 年 伦敦咖啡馆业主们印刷的小册子，控告报纸印刷商为了搜索信息，雇佣人们去窥视、偷听，在咖啡馆徘徊以搜寻可访问者。换句话说，即控告他们雇佣记者。

1732 年 英国殖民地出现的第一家外文报纸是德文的《费城新闻》，由本杰明·富兰克林创办，但只出了几期。

1735 年 陪审团判决《纽约周报》的出版商约翰·彼特·曾格（John Peter Zenger）没有犯煽动性诽谤罪，有人为他的“煽动性诽谤”进行无罪辩护并获得成功，这是争取新闻自由的一次胜利。

约 1735 年 在法国，沙龙起着有助于交换新闻的作用。杜布莱女士的沙龙可能吸引了拥有最丰富的新闻资源的人。

1738 年 在伊丽莎白·蒂莫西的丈夫路易斯于 2 月去世后，她便成了美国第一个出版报纸的妇女，其报名为《南卡罗来纳公报》，在查尔斯顿出版。

1739 年 英国殖民地的第一家成功的外文报纸《德国城镇新闻》在费城附近创刊。

1739 年 在英国，咖啡馆的流行达到了顶峰，伦敦有 559 家咖啡馆。

1756 年 法国有 800 位以上的作者、印刷商和书商在 1600—1756 年期间被关进了巴士底狱。

约 1760 年 同欧洲早期报纸一样，美国的早期报纸也很少有地方新闻，因为它们无法与口头新闻竞争。

1765 年 美国新闻界奋起抵制征收报纸印花税，英国国会最终放弃和取消了这项法案。

1767 年 英国国会制定了一系列对美国的进口商品，主要是纸张进行征税的税法，即《唐恩森德法案》。约翰·迪金森在其《一位宾夕法尼亚的农民给英国殖民地居民的信》中，提供了反对这一法案的基本理由，所有报纸都纷纷起来攻击进口税。

1768 年 在旧政体下的法国，经常出现攻击君主政体和其他社会既定政策，即被称为“诽谤”文章的非法小册子。据文献资料记载，1768 年有 100 人以上因发行这样的小册子而被捕入狱。

1770 年 伦敦的报纸开始试探打破禁止报道国会的规定。1771 年，下议院禁止侵犯其秘密的努力失败了。1774 年，至少有 7 家伦敦报纸报道了国会——尽管不允许作记录。

1770 年 由于报纸的努力，《非进口货协议》的很大部分得以保留，并迫使英国国会取消了茶叶税外的《唐森恩德法案》。

1773 年 在《波士顿报》的一位编辑的办公室里，波士顿茶会诞生。

1774 年 作为回应，英国对波士顿港口倾倒茶叶的事件制定了《不可容忍法案》。第一届大陆会议从 9 月 5 日到 10 月 26 日在费城举行，批准联合抵制英国商品。这一侵犯性事件导致“事实的真相在报纸上得以公开”。

1775 年 革命战争以“世界上到处可以听到射击声”开始。4 月 19 日在马萨诸塞的莱克星顿和康克德发生会战。有关这两场会战的新闻，4 天内都未到达纽约。5 月 31 日前，也没有出现在萨瓦纳的《佐治亚公报》上。

1776 年 始终影响巨大的意见篇章之一——托马斯·潘恩的小册子《常识》，于 1 月 9 日发表，它鼓舞了美国人民走向独立。

1776 年 第二届大陆会议于 7 月 4 日在费城通过了《独立宣言》。其正文于 7 月 6 日在费城印刷，但直到 8 月 2 日才在南卡罗来纳出现。

1777 年 法国的第一家日报《巴黎新闻》于 1 月 1 日出版。

1783 年 终于允许记者在英国国会上作记录。这时，速记代替了惊人的记忆而成为一种工作资历。

1783 年 美国的第一家日报（比英国第一家成功的日报晚 81 年，比德国的第一家日报晚 133 年，比在集会广场第一次张贴的《罗马公报》晚 1842 年）是本杰明·汤的《宾夕法尼亚晚邮报》。汤于几个月后因叛国罪而被控告。

1786 年 美国阿巴拉契亚山脉以西出版的第一家报纸是《匹茨堡公报》，出版者约翰·斯卡尔和约瑟夫·霍尔用运输车拉着他们的小型印刷工具穿过阿拉格尼山脉。为保证按时出版，他们经常要进行各种各样的斗争，如有时他们必须用从军队驻地借来包装弹壳的纸印刷报纸。

1788 年 由于实行严厉的新闻管制，巴黎只有 4 家报纸。

1789 年 法国革命开始于 7 月 14 日的巴士底狱风暴，在一定程度上，这场革命是由虚假报道引起的。7 月 17 日，在巴黎出版的《法兰西公报》忽视了对这一事件的报道。法国人民转向可信度不高的口头新闻。流言促成了“巨大的恐惧”，并于1789年夏天传遍了全国的乡村。

1789年 法国《人权宣言》宣告：“无拘束地交流思想和意见……是人类最宝贵的权利之一。”

1789年 美国第一次国会批准了《权利法案》。美国宪法十个修正案中的第一修正案宣布：“国会不得制定废止言论与出版自由的法律。”

1790年 旧制度的推翻导致了新闻活动的剧增。在巴黎，读者可在335种不同的报纸中作选择。

1790年 《马萨诸塞报》和《共和党人》的本杰明·拉塞尔走出去，到波士顿码头更早地获取报纸，并从旅行者那里收集新闻线索——这是走向采访报道的一步。

1791年 詹姆斯·佩里（可能是18世纪末伦敦最具创新精神的编辑）为获取第一手材料亲自到巴黎观察法国革命。他的报道使他的报纸——《晨报》的发行量飙升。

1792年 法国的革命家们开始取缔国内新近自由出版的、具有强烈党派色彩的报刊。巴黎公社命令逮捕皇室报刊的编辑。

1793年 法国革命时期最激进的报纸创办者吉恩·保罗·马拉被暗杀。

1794年 《智者与公共广告人》的所有者约翰·贝尔成为首批战地记者之一。他亲自来到弗兰德斯，那里的英国士兵正与法国军队作战。

1797年 乔治·华盛顿在连任两届后卸任。在美国新闻界占支配地位，并是党派声音最响亮的报纸之一的本杰明·富兰克林·贝奇的《黎明报》，抓住这一时机对华盛顿进行了猛烈的抨击。

1798年 约翰·亚当斯总统签署了《外侨法》和《煽动法》。《煽动法》规定：“写作、印刷、口头发表或出版”攻击美国政府的言论行为为犯罪行为。联邦派利用它，或利用禁止煽动性诽谤的原来的普通法来控告纽约、新英格兰、费城等地主要的民主共和派（反联邦派）的编辑。

1799年 法国拿破仑的新宪法里没有《人权宣言》。很快，巴黎再次只剩下四家受到严格控制的报纸。

1800年 托马斯·杰斐逊就任总统职位，宣布反对《煽动法》。民主共和派宣布废除《外侨法》和《煽动法》。

1800年 托马斯·杰斐逊劝说费城的出版商塞缪尔·哈里森·史密斯移居华盛顿。在这里史密斯创办《国民消息报》——第一家重要的华盛顿报纸。该报周三刊，10月31日出版。

1806年 梅里韦瑟·刘易斯和威廉·克拉克于9月23日从太平洋探险归来。但直到11

月 6 日波士顿的报纸才报道这一消息。

1807 年 伦敦《泰晤士报》派遣亨利·克雷布·鲁宾逊采访正在进行的拿破仑战争。鲁宾逊先到德国的奥尔顿那，然后到西班牙的拉科鲁尼亚采访、报道直到 1809 年。

1808 年 除了亨利·克雷布·鲁宾逊外，伦敦《泰晤士报》当时至少有五个专职记者。而美国的新闻报道的发展却慢得多。

1808 年 美国第一家西班牙语的报纸《密西西比报》在新奥尔良印刷出版。

1814 年 拿破仑领导的法国军队在欧洲几乎失败，但美国的报道显然是不及时的、不充分的，有时甚至是不准确的。

1814 年 蒸汽印刷机第一次用来印刷伦敦《泰晤士报》。在这之前，《泰晤士报》每小时只能印 250 印张，使用蒸汽机后每小时可印 1 100 印张。

1815 年 《根特条约》于 1814 年 12 月 24 日在比利时的根特签字，从而结束了 1812 年以来的战争。1815 年 1 月 8 日英国与美国之间的奥尔良战争打响了，死亡约 2 000人。

1815 年 在南卡罗来纳的查尔斯顿出版《信使报》的阿龙·史密斯·威林顿，为了更早地获知《根特条约》的信息而划着“新闻小舟”出港。

1818 年 第一艘邮船按时刻表有规律地穿过大西洋。按时出发和按时到达，大大加快了从欧洲到美国的新闻传播速度。

1819 年 伦敦《泰晤士报》的一位记者写了一篇有争议的发生在曼彻斯特的抗议屠杀的目击新闻，他以“彼特鲁”（Peterloo）的署名而闻名。

1820 年 印在大幅“厚本”上的昂贵的“商业报纸”逐步凌驾于美国新闻界，它的新闻主要使商人感兴趣。

1822 年 纳撒尼尔·卡特被《纽约政治家》和《晚间广告》派到华盛顿。他可能是华盛顿第一位专职记者。他的第一篇报道包括一些适宜的新闻，但是没有新闻来源。

1825 年 据说美国人手中流通的报纸，比世界上任何国家都多。

1827 年 第一个都市公共交通系统出现在美国纽约百老汇大街，每辆客车可容纳 12 位乘客——这是一种标志，美国城市开始发展壮大到无法横向口传新闻了。

1827 年 美国的第一家非洲裔美国报纸《自由报》于 3 月 16 日出版，由约翰·B·拉萨尔姆和塞缪尔·科尼什编辑。

1828 年 伊莱亚斯·布迪诺特在佐治亚的新埃科塔出版了第一家报纸《彻罗基人的凤凰》，它部分用英语，部分用彻罗基语报道。这也是美国第一家土著人报纸。该报于 1835 年因其记者被佐治亚警卫队抓获而停办。

1828 年 最先合作采访新闻的一个例子，是纽约的主要报纸分担派遣到各港口收集欧洲新闻的早期线索的“新闻船”的费用。然而这种合作于 1828 年结束，报纸开始互相竞争。

1830 年 纽约州和全美独立党人的骨干瑟洛·威德在奥尔巴尼创办了《晚报》。

1830 年 詹姆斯·戈登·贝内特被派往马萨诸塞的撒冷，为纽约《信使和问询报》采访一桩谋杀案的审讯情况。这些州的政府已通过了限制法官以藐视法院为由阻止记者采访的法律。联邦政府于 1831 年通过了这样一项法律。

1830 年 早期最重要的妇女杂志《戈迪女士用书》在费城创刊。

1830 年 英国合法报纸的发行量因征收印花税而继续下降。《泰晤士报》在两百万人口的城市里一天只能卖出一万份。

1831 年 法国作家和政治家亚历克西· 德·托克维尔访问美国，写了一篇关于在民主政治制度下报纸重要性的文章。

1831 年 威廉·劳埃德·加里森出版了第一期《解放者》，它是波士顿激进的废奴论者周刊。由此，加里森遭到控告、威胁和袭击。任何提供给试图继续出版的《解放者》消息的人，都会得到密西西比立法机关 5 000 美元的奖赏。

1832 年 哈瓦斯通讯社，第一家重要的私人新闻营销机构在巴黎开业。查尔斯·哈瓦斯把外国新闻的翻译稿卖给这个城市的报纸。

1833 年 本杰明·戴在美国创办了第一份成功的“便士报”，即纽约《太阳报》。它的廉价马上吸引了一大批工人阶级读者。

1834 年 新英国政府与《泰晤士报》坚持改革的编辑托马斯·巴恩斯进行谈判，最终获得了他对政府政策的赞同。

1835 年 詹姆斯·戈登·贝内特创办了改革效果显著但经常遭到辱骂的《纽约先驱报》。

1835 年 本杰明·戴的《太阳报》报道，在月球上发现了生命，其形象如怪异的人形蝙蝠。

1836 年 拒交印花税的非法英国便士报获得了很大的发行量，并参加了没有选举权的英国穷人运动。随后，1836 年国会在最后听取自由党的意见后，把印花税减少到一便士。这样一来，拒交印花税的报纸消失了。

1836 年 美国两家成功的便士报《费城公共阅览架》和《巴尔的摩太阳报》分别于 1836 年和 1837 年由威廉·M·斯温、阿鲁纳·S·埃布尔和阿扎赖亚·H·西蒙兹创办。

1836 年 詹姆斯·戈登·贝内特对纽约妓女艾伦· 朱厄特女士被杀在床一事，进行了一次在早期为数不多的新闻调查和新闻访谈，并考察了这一妓女卖淫的房屋。

他的报纸发行量因而飙升。

1836年 纽约新出版的便士报中，有两种专门服务于妇女的报纸：《妇女》，在1834年存在了很短的时间；《女士晨星报》，在1836年存在的时间稍长一点。

1836年 法国的第一家“廉价报”是埃米尔·德·日拉丹的《新闻报》。

1837年 伊莱贾·洛夫乔伊，一个废奴论编辑，于11月7日在伊利诺斯的奥尔顿被一群暴民杀死。

1838年 第一艘穿越大西洋的蒸汽船——“天狼星号”于4月22日出发，随后几天，“大西部号”蒸汽船也出发了。它们都只用了13天便完成了旅程。

1840年 纽约及远至英国的报纸发动了一场抵制詹姆斯·戈登·贝内特的《纽约先驱报》的“道德战”。所有“令人尊敬的人们”都被召唤到抵制该报的行列中。由此，该报发行量下降了三分之一。但到1850年，贝内特的《纽约先驱报》每天卖出3万份，比美国其他任何一家报纸的发行量都大。

1841年 4月10日，霍拉斯·格里利开始出版另一份新便士报《纽约论坛报》。这是一家观点独立的报纸，后来持共和党人的观点。它的新闻覆盖面大，具有强烈的废奴政治色彩。《纽约论坛报》可能是当时美国最受尊敬和最有权威性的报纸。

《纽约论坛报》编辑部合影（前排右二为格里利）

1842年 展览的主持人菲利斯·T·巴纳姆诱导或欺骗报纸，刊登了大量像汤姆·萨姆这样的年轻矮人的报道。1842年，巴纳姆让他首次亮相。

1844年 玛格丽特·富勒，可能是19世纪上半叶少数几个确定从事新闻工作的妇女中的最优秀的女士，她是霍拉斯·格里利《纽约论坛报》的专职作家。

1844 年 5 月 1 日，塞缪尔·莫尔斯在独立党人的支持下，通过对聚集在华盛顿火车站的人群进行演说，演示了他的新电报机的威力。

1846 年 1847 年的墨西哥的战争，是由新奥尔良的 9 家日报报道的。《新奥尔良便士报》报为了打败竞争对手，派了几艘快艇，带着编辑人员出海迎接从墨西哥来的船只以获取最新消息。这些新闻在船上当场编辑好，当船一靠岸便交付印刷。

1846 年 太平洋海岸的第一家报纸《俄勒冈旁观者》出版。加利福尼亚的第一家报纸《加利福尼亚人报》于这年年底在蒙特雷出版。

1846 年 伦敦的《每日新闻》开始出版，查理斯·狄更斯是创办时的编辑。

1847 年 威利斯·A·霍奇在纽约创办了一家美国黑人报纸《公羊角报》，弗雷德里克·道格拉斯为名义上的编辑。这年年底，以前的奴隶道格拉斯在纽约州的罗切斯特出版了第一期《北极星报》，这家周报拥有众多读者，广受尊重。

1848 年 有一期《纽约先驱报》夸耀，“十个专栏的非常重要的新闻是通过电讯获得的”。

1848 年 纽约大多数的重要报纸当时以“联合通讯社”的名义，共同分担为获取新闻信息而从波士顿租船到哈利法克斯、新斯科舍港口迎接从欧洲来的船只的费用，以及从波士顿拍电报的费用。很快，纽约“联合通讯社”的记者就开始把新闻稿卖给市外报纸。

1848 年 妇女权利大会从 7 月 19 日到 20 日在纽约塞内加瀑布召开，这标志着女性要求平等的斗争的开始。由阿米莉亚·布卢默编辑的 8 页纸月刊《百合花》在伊丽莎白·肯迪 ·斯坦顿的帮助下于第二年出版。

1848 年 革命派报纸在欧洲大陆像雨后春笋般涌现，包括卡尔·马克思出版的《新莱茵报》。它的最后一期是用红色油墨印刷的。

1850 年 4 月 17 日，记者简·格雷·斯威斯赫尔姆坐在参议院廊台里旁听，成了采访美国国会的第一位妇女。斯威斯赫尔姆和《纽约论坛报》的霍拉斯·格里利商定：她把自己的国会报道从华盛顿寄给他，他每周付她 5 美元。

1851 年 亨利·J·雷蒙德和他的两个伙伴创办了便士报《纽约时报》。很快，它就成为美国最全面、最可信赖、最受人尊敬的报纸之一。

1854 年 当威廉·豪瓦德·拉塞尔为伦敦的《泰晤士报》采访克里米亚战争时，确立了冒着枪林弹雨进行采访的战地记者的地位。他的充满灵气的报道激励了诗人坦尼森创作了《轻骑兵的突袭》。他的英国军事政策评论最后导致了当届政府的辞职。

1854 年 一个人办报的时代已经过去了，《纽约论坛报》当时雇佣了 14 个记者和 10 个编辑。

1854 年 亨利·戴维·索罗批评当代美国社会的《沃尔登》出版。索罗蔑视关于“新闻”的幻想。

1855 年 英国废除了印花税。伦敦报纸的发行量持续上升。《泰晤士报》1855 年每天的发行量为 6 万份。

1857 年 简·格雷·斯威斯赫尔姆在明尼苏达出版《圣云民主党人》，其主旨是与奴隶制作斗争，为妇女争取权利。为此，一群暴民毁坏了她的报社，并把铅字扔到了河里，但斯威斯赫尔姆继续抗争。

1858 年 由赛勒斯·W·菲尔德铺设的第一条横跨太平洋的海底电缆于 1858 年夏天完工。为此，他开了一个盛大的庆祝会。尽管缆线很快损坏了，但 1866 年一条新的海底电缆又铺成了。

1858 年 保罗·朱利叶斯·路透在伦敦开始电讯业务服务，把带着他名字的电报新闻传至伦敦各家报纸。伯纳德·沃尔夫 1855 年在柏林开始类似的业务。两人都曾经为哈瓦斯通讯社工作过。

1859 年 约翰·斯图亚特·密尔出版《论自由》，此书包含了一个强有力的论点，即少数观点的表达自由。

1860 年 1860 年，“波尼快车”开始把邮件从密苏里运到加利福尼亚。1841 年，总统哈里森的死讯花了 3 个月零 20 天的时间才到达洛杉矶。1860 年，陆上运输需用 22 天完成从圣路易斯到洛杉矶这段行程。而“波尼快车”所用时间仅是这个时间的一半。

1860 年 内战对美国新闻业的发展所起的促进作用比任何其他事件都大。报道一次大战役可使北方的报纸的发行量是平常的 5 倍。贝内特的《纽约先驱报》派了 63 名记者采访这次战争。

1861 年 到旧金山的第一条电报线于 1861 年 10 月 24 日铺设成功。它的传递速度很快就使波尼快车落伍了。

1864 年 美国政府暂停或取缔北方的那些支持南部的报纸的邮政特权，其中包括《芝加哥时报》、《新奥尔良使士报》、《商业新闻》、《纽约每日新闻》和《每日书讯》。

1865 年 电报线虽然经常出毛病，但记者仍争着用它传输新闻信息，这就养成了把最重要的事实压缩为一段新闻报道的习惯，如《纽约论坛报》对总统亚伯拉罕·林肯的暗杀事件的报道。这朝“倒金字塔”写作方式迈进了一步。

1867 年 木浆纸代替布浆纸被投入使用。这种纸更廉价，同时使报纸售价进一步降低成为可能。

1868 年 伊丽莎白·卡迪·斯坦顿和苏珊·B·安东尼一起创办了女权报纸《革命》。

1868 年 打字机的发明减轻了编辑和排版人员辨认手写文稿的负担。

1869 年 横跨大陆的铁路铺设成功。

1870 年 由于电报和横跨太平洋的电缆的作用，9 月 4 日有关法兰西共和国在巴黎宣告成立和拿破仑三世失败消息，迅速地于 9 月 6 日出现在《纽约论坛报》的版面上。

1870 年 《纽约时报》开始对控制纽约市政府的坦幕尼派首领威廉·马希·特威德进行调查，导致他被逮捕和判罪。

1870 年 世界最强大的通讯社——路透社、哈瓦斯社、沃尔夫社——同意划分新闻采访和发布范围。这一划分协定一直持续到 1934 年。美国的“联合通讯社”于 19 世纪 90 年代与这三家通讯社签订协议，随后，其作用越来越大。

1872 年 共和党的创始人之一、《纽约论坛报》的编辑霍拉斯·格里利以民主党的身份竞选美国总统。他在竞选失败后很快便去世了。

1872 年 小詹姆斯·戈登·贝内特派遣勇敢的记者亨利·莫顿·斯坦利为《纽约先驱报》去非洲查寻大卫·利文斯通博士的下落。著名的标题“我想，你是利文斯通博士”便来自斯坦利的报道。

1873 年 苏格兰物理学家詹姆斯·克拉克·马克斯韦尔出版了《电学和磁学理论》一书。在此书中，他推出了电和磁都能在电磁波上运行的结论。到该世纪末，广播将用电磁波进行传输。

1875 年 李·莱恩在旧金山的瓦基出版了可能是美国第一家中文报纸。

1876 年 亚历山大·格雷厄姆·贝尔发明了对记者来说极为重要的工具：电话。

1878 年 约瑟夫·普利策买下两家圣路易斯的日报，并把它们合并为《圣路易斯邮报与速递报》。

1883 年 约瑟夫·普利策于 5 月 11 日买下《纽约世界报》，并把他的“新报业理念”带到纽约。该报的发行量很快开始飙升。

1884 年 德国发明家保罗·尼普科用带有螺旋形的孔状接缝的旋转磁盘来产生电子信号——这是电视的原始祖先。

1885 年 为了募集资金建造自由女神的底座，普利策的《世界报》发动了一次典型的吸引公众的运动，由此自由女神才得以竖立起来。

1886 年 由奥特马尔·默根特勒发明的自动排字机，为《纽约论坛报》的版面排下了第一行。

1886 年 格罗弗·克利夫兰可能是第一位在公共关系方面使用专家的总统。前新闻从业者乔治·F·帕克，作为新闻发言人受雇于克利夫兰和民主党全国委员会。

1886年 德国的物理学家海因里希·鲁道夫·赫兹做了一系列实验，证实了詹姆斯·克拉克·马克斯韦尔电磁波的理论，并成功地发射了无线电波。

1887年 勇敢的记者内莉·布莱（伊丽莎白·科克伦斯）为了揭露布莱克韦尔岛精神病院的内幕，假装癫狂。这是她为《纽约世界报》承担的第一项任务。

1887年 威廉·伦道夫·赫斯特接管了其父将倒闭的《旧金山考察报》，并把它转变为一张煽情的、积极参与各项社会运动的、自筹资金的改革报纸。到1890年，它成为一家成功的报纸，每年获利35万～50万美元。

1889年 “耸动新闻主义”的一个典型事例是《纽约世界报》派遣内莉·布莱用不到80天时间周游世界。内莉·布莱既乘船、乘火车又骑马、划舢板，以她的方式成功地完成了旅程，72天后便回到了纽约。

1889年 西屋电器公司成为第一批雇佣专职新闻发言人的私人公司之一，其目的是尽力使其新的通用交流电系统免遭人们对它的危险性的控诉。

1890年 纽约《太阳报》的记者雅各布·里斯出版了一本考察纽约贫民窟的书——《另一半人怎么生活》，其目的是唤醒富裕阶层去关心生活在城市的另一角的人们的悲惨生活。

1892年 在艾达·B·韦尔斯调查了三个非洲裔美国实业家所受的私刑后，一群暴民捣毁了经常发表她的文章的报纸《孟菲斯自由言论》。

1892年 采用“何人、何事、如何、何时与何地”的新闻导语，在报界变得更为流行。西奥多·德莱塞在《芝加哥环球报》的第一篇新闻报道中就采用了这种形式的导语。

1893年 林肯·斯蒂芬斯为非常严肃、持重的《纽约晚邮报》采访了1893年的恐慌，他被迫删除了他看到的资本家哭泣的事实。后来，当他作为《纽约晚邮报》的政治记者时，斯蒂芬斯坦言，由于报道了以前被忽略的夜间窃案，他“造成了犯罪风波”。

1895年 威廉·伦道夫·赫斯特购买了《纽约新闻报》，从而在大众媒体市场确立了以煽情主义，即众所周知的“黄色新闻”为标志的激烈竞争时期。

1895年 一直在意大利室外做实验的古列尔莫·马可尼发展了“无线电报术”——无线电广播。他于1896年在英国为自己的无线电系统申请了专利。

1896年 艾尔弗雷德·哈姆斯沃斯在伦敦他新创办的《每日邮报》上采用美国“新新闻主义”的技巧，马上获得成功。哈姆斯沃斯自信地说：“我们挖到了一个金矿。”很快，哈姆斯沃斯（当时已是北岩爵士）就拥有了《泰晤士报》和伦敦其他三家报纸。

1896 年 阿道夫·S·奥克斯获得《纽约时报》，它的发行量这时已经降到每天只有 9 000份。但他使它成为美国最受尊敬、最有影响的报纸。

1898 年 纽约的报纸发行大战中，威廉·伦道夫·赫斯特和约瑟夫·普利策报道西班牙在古巴的暴行和美国战舰缅因号在哈瓦那港口被炸事件，相互竞争，耸人听闻地进行报道，导致美国卷入美西战争。

1900 年 美国的日报数量在 1870—1900 年期间增长了四倍，发行量居中的英文日报达到 1 967 家。

1901 年 1 月 1 日，艾尔弗雷德·哈姆斯沃斯把约瑟夫·普利策的《纽约世界报》转变为一家小型的、温和的、注重图片的报纸——这是“小报”的原型。

1902 年 麦克卢尔的杂志开始发表林肯·斯蒂芬斯的对政治腐败的调查《城市的羞辱》和艾达·M·塔贝尔的对约翰·D·洛克菲勒的标准石油信托公司的调查。这是两个经典的“搜集并揭发名人丑闻”的例子。

1903 年 艾尔弗雷德·哈姆斯沃斯在伦敦创办《每日镜报》，这是第一家发行广泛的现代“小报”，或者说小开本的报纸。

1905 年 乔治·F·帕克和艾维·L·李一起建立的公共关系公司是首批本国独立的公关公司之一，其顾客包括宾夕法尼亚的铁道部门和小约翰·D·洛克菲勒。

1906 年 圣诞夜，轮船上的无线电操作员听到了雷金纳德·A·费森登朗读圣·卢克的福音书，而不再是小点和莫尔斯电码。费森登发明了一种用无线电传输完整声音的方式。随后是李·德·福雷斯特的真空管的升级，这大大提高了广播的接收能力。

1908 年 密苏里大学创办了第一家单独的新闻学院。

1910 年 美国已有 2 600 家日报，达到顶峰。W. E. B. 杜博伊斯开始出版《危机》杂志，这是一本为非洲裔美国人提供新闻、评论和文学作品的杂志。

1913 年 美国当时有 323 家社会主义者的报纸，总发行量 200 万份。

1914 年 美国的外文报纸达到了顶峰，有 160 家。

1914 年 爱德华·W·斯克利普斯于 1895 年组建了美国第一个现代报团，当时已拥有 33 家“链接”报纸。

1915 年 美国有 2 200 家以上的英文日报。

1916 年 拥有《纽约新闻报》的弗兰克·孟西兼并了著名的《纽约太阳报》，并把它们合并为一家。孟西的第一次连续的“联合”使美国报业形成了一种兼并趋势。这种趋势直到今天还在继续——报纸数量持续减少。

1917 年 美国总统伍德华·威尔逊决定美国参加第一次世界大战后的一星期内，为了组织各方面的支持者，他雇佣了新闻发言人乔治·克里尔，其头衔是公共信息委员会的主席兼新闻检查委员会成员。

1917年 美国参加一战后，国会通过了《惩治间谍法》。在《惩治间谍法》的保护下，美国政府取消了许多非主流报纸的邮发特权，特别是社会主义报纸。

1919年 美国第一家成功的“小报”《纽约每日图片新闻》于1919年6月26日创刊，很快，其报名便缩写为《每日新闻》。

1920年 匹茨堡的KDKA是第一家商业电台，在西屋电器公司经理哈里·P·大卫的领导下于1920年11月2日开播，报道了哈丁·考克斯竞选总统。

1922年 美国电台的数量飙升至576座。1922年收音机的销售量约10万台。美国电话电报公司开始建立初级的广播电台网。使用这些电台的广播时间要收取一定的“费用”，这是商业电台的一种财政办法。

1923年 亨利·R·卢斯和他的伙伴创办了《时代》新闻周刊。《新闻周刊》于1933年创刊。卢斯还创办了《生活》、《体育画报》和《财富》。

1923年 美国报业编辑协会成立，起草了《新闻业信条》——一种道德行为规范，107家报纸接受了这一信条。

1923年 在英语中被称为《犹太人前进日报》的意第绪语（一种德语和希伯来语混合的语言）报纸，在11个不同的美国城市发行，其总发行量为25万份。

1923年 巴尔的摩的报人H.L.曼肯创办了《美国信使杂志》，其内容充分显示了他丰富的词汇、聪明的幽默和经常性的愤世嫉俗的观察。

1925年 哈罗德·罗斯创办了《纽约客》，其意旨是提供一种轻松的、嘲弄的关于新闻的观点。该刊更大的成功之处在于其报道、分析、批评和小说的质量和深度——它是美国历史上最受尊重的杂志之一。

1926年 世界上收音机社会拥有量的一半——550万台在美国。年轻的发明家菲洛·T·法恩斯沃斯第一次成功领导了电视试播实验。

1926年 美国电话电报公司同意把自己的商业广播电台网卖给美国无线电公司。这便是全国广播公司（它为美国无线电公司的子公司）的“红色广播网”。美国无线电公司原来拥有一个小些的广播电台网称为“蓝色广播网”。

1927年 哥伦比亚广播公司成立。一年后，威廉·S·佩利和他的家族买下了哥伦比亚广播公司。

1927年 美国当时拥有733家广播电台，它们的信号开始互相干扰。国会颁布了《无线电法案》，成立了联邦广播委员会来分配广播频率和颁发执照。1934年它被联邦通信委员会所取代。

1927年 《纽约时报》在关于对尼古拉·萨科和巴尔托洛梅奥·万泽蒂实施死刑的争论报道中，运用了典型的倒金字塔模式讲述一个新闻故事。

1928 年 我们所知道的有关前文明社会新闻交流的大多数事例，来自人类学的报告——它形成于 19 或 20 世纪。例如，L. H. 塞缪尔森观察了祖鲁族的“人类无线电报”，他将之追溯到 19 世纪 70 年代，于 1928 年出版了书。

1930 年 威廉·S·佩利雇佣《纽约时报》夜间城市新闻编辑埃德·克劳伯为哥伦比亚广播公司组织新闻人员。克劳伯把美联社的保罗·怀特也挖了过来。同时，贝弗利希尔斯的 KMPC 电台派了 10 名记者到洛杉矶的大街上——这是为广播最广泛地收集新闻所做的一次努力。

1931 年 在尼尔对明尼苏达的案件中，美国最高法院制定了新闻自由的基本条例，规定在最不寻常的情况下以前的新闻限制仍然有效。

1933 年 富兰克林·罗斯福总统上任。他是第一位充分利用电子媒体经常与大众进行交流的总统。他的广播讲话以“炉边谈话”而知名。

1937 年 兴登堡号——最大的坚固飞艇试图在新泽西的雷克赫思特着陆时爆炸。芝加哥 WLS 广播电台的赫伯·莫里森报道了兴登堡号的着陆爆炸事件。他的生动讲解后来被全国广播公司转播。

1940 年 爱德华·R·默罗发自伦敦的哥伦比亚广播公司的生动的广播报道，在英国战斗期间，以“这里是伦敦……”开始，对于美国听众来说，仿佛以特殊的方式亲身经历了那场战斗给这个城市和国家造成的苦难。

1941 年 美国电视开播。7 月 1 日，联邦通信委员会允许 18 家电视台开始广播。有两个电视台——全国广播公司的纽约电视台和哥伦比亚广播公司的纽约电视台准备在这一天广播。这一年，哥伦比亚广播公司对纽约的少数观众每天两次每次播放 15 分钟的电视新闻。

1941 年 东部标准时间下午 2 点 22 分，当电讯服务器闪烁出“白宫说日本偷袭了珍珠港”时，穆尔奥尔广播网正在播报足球比赛。2 点 31 分，哥伦比亚广播公司的播音员约翰·戴利打断比赛播报，插播有关偷袭的新闻。1941 年 12 月 7 日是星期天，那时星期天下午没有报纸，珍珠港事件便只能用广播报道。

1943 年 联邦通信委员会强迫全国广播公司出售它拥有的两个广播网中的一个。1945 年，全国广播公司的“蓝色广播网”被重新命名为美国广播公司。

1945 年 纽约一家报纸的罢工为社会学家伯纳德·贝雷勒森研究没有报纸将会怎样提供了机会。有一个人在《纽约客》上对他说：“没有报纸就像在监狱里一样。”

1946 年 A. J. 利布林在《纽约客》杂志上开辟观点明确、见识广、妙语连珠的专栏：“刚愎自用的新闻界”。专业性的新闻批评时代开始了。

1947 年 由芝加哥大学校长罗伯特·M·哈钦斯主持、由亨利·卢斯出资支持的委员会发表了一篇报告《自由而负责的新闻业》。这个由一群杰出的思想家组成的哈钦斯委员会指出：新闻业必须有更大的自由，但它也必须是负责任的。

1949年 二战以后，电视发展迅速，美国已有100多家电视台。有两种定时的新闻节目。哥伦比亚广播公司的电视新闻节目由道格拉斯·爱德华兹播报；全国广播公司的《骆驼新闻旅行队》节目，由约翰·卡梅伦·斯韦兹播报。在法国，电视新闻节目每周播报三次，到年末增加到每天播报两次。

1951年 爱德华·R·默罗和他的制作人弗雷德·弗兰德利在哥伦比亚广播公司电视台开始播映《现在观察》节目。同时，该节目还有纽约港口的生活场景和旧金山的生活场景。

1952年 "主播"一词的第一次使用，可能是在哥伦比亚广播公司电视报道1952年的政党总统提名大会期间，被用来描述沃尔特·克朗凯特的角色。

1954年 约瑟夫·麦卡锡参议员的"红色"恐怖把其他的人吓得保持沉默。爱德华·R·默罗和他的制作人弗雷德·弗兰德利属于仅有的具有足够安全和足够勇气以播报方式来与麦卡锡较量的人物中的两个。他们在3月9日的《现在观察》节目中接受了麦卡锡的挑战。

1956年 意大利定期轮船"安德烈亚·多里亚"在南塔基特岛海岸沉没，哥伦比亚广播公司晚间新闻有进取心的主管唐·赫威特，启用播报员道格拉斯·爱德华兹，并把沉船事件拍成了电视片。

1960年 美国有史以来第一次，两位总统候选人——理查德·M·奈克森和约翰·F·肯尼迪——在全国电视上互相论战。

1961年 戈登·麦克伦登成功地创办了第一家完全的新闻电台XETRA。它在墨西哥的提华纳对洛杉矶广播。

1963年 早期的电视新闻只播15分钟。在劳动节那一天，哥伦比亚广播公司第一次播报了半个小时的新闻联播。1962年，沃尔特·克朗凯特接管了哥伦比亚广播公司夜间新闻，并且是其主播。

1963年 1963年11月22日，总统约翰·F·肯尼迪在达拉斯被暗杀。据一项估计，68%的美国人半小时内就知道了这一消息。连续的电视播报范围包括了被指控为暗杀的枪手的李·哈维·奥斯瓦德。

1964年 在萨利文对《纽约时报》案件中，美国作出了一个划时代的决定：美国最高法院一致裁决，除非政府官员能够证明报道材料是虚假的和"蓄意害人"——其含义为"不顾后果地忽视事实"，否则不可能赢得民事诽谤诉讼案。

1965年 哥伦比亚广播公司以强烈的反感播报了记者莫利·塞弗有关美国海军陆战队对越南村庄实行"焦土政策"的报道。总统林登·约翰逊打电话向哥伦比亚广播公司的董事长弗兰克·斯坦顿表示抗议。

1968 年 林登·约翰逊任命克纳委员会研究许多美国城市爆发动乱的原因，该委员会批评媒体关于美国社会黑人问题的报道存在问题。

1971 年 《纽约时报》收到一份有关越南战争历史的国防部秘密文件的复印件。在禁止《纽约时报》刊登这一“五角大楼文件”时，《华盛顿邮报》进一步作了报道，接着《波士顿环球报》也参与报道。最高法院最后判决，政府在这一案子中限制新闻报道的理由不充分。

1973 年 《华盛顿邮报》记者鲍勃·伍德沃德和卡尔·伯恩斯坦对闯入华盛顿水门大厦的民主党国家委员会总部行窃案进行调查。

1974 年 第一位在电视新闻中获得明星身份的妇女巴巴拉·沃尔特，是全国广播公司聘用的晚间新闻的主播之一，其年薪为史无前例的 100 万美元。

1980 年 R. E. 特纳创办 24 小时连续播出的有线新闻电视网——这是第一家完全播报新闻的电视网。

1981 年 罗纳德·里根总统遭枪击，受了重伤。半小时内，美国广播公司、哥伦比亚广播公司和全国广播公司都报道了这一遇刺事件。哥伦比亚广播公司的丹·拉瑟和美国广播公司的富兰克·雷诺兹都为白宫新闻秘书詹姆斯·布雷迪发布了讣文。实际上，他虽受了重伤，但还活着。

1982 年 全国发行的《今日美国》创刊，它以短新闻、轻松的报道和许多彩色图片为特征。卫星传送使得报纸可以在美国 32 个不同的印刷点同时印刷。

1983 年 美国侵入加勒比海岛国格林纳达初期，禁止记者采访报道。媒体记者不能随军同往。一群记者设法在岛上登陆，但仍然被美国军方官员禁止报道近两天内所发生的事件。

1986 年 当苏联切尔诺贝利核电站发生最严重的核事故时，这个地区的官方告之当地居民没有发生什么可害怕的事，当时世界其他地区的新闻受众则制造了各种流言和猜测。

1991 年 遍及全球的新闻体系继续得到加强。各国人民都能从电视上看到全世界，例如，1991 年波斯湾战争期间，可以看到炸弹在伊拉克落下并爆炸的现场情形。

1993 年 有线电视网能传输电话呼叫。同时，电话线也能传输电视信号。电脑看上去是最有能力将所有交流形式通过所有不同途径结合起来的东西。媒体大亨称电脑为“会合点”，他们为了商业竞争，联合开发其潜力。

1994 年 美国的新闻观众迷恋上另一种煽情新闻故事：前足球明星 O. J. 辛普森谋杀妻子及她的朋友的控告案。许多美国人当时拥有大量有线电视频道可供选择，然而这些频道中只有少数几个不报道一年来关于辛普森的审判。

1995 年 新闻机构和技术公司在互联网展开新闻竞争，这在当时似乎将造成这样的前景，即全世界的计算机用户几乎可以立即获得海量信息。时代华纳公司在万维网上的开拓者主页显示，其访问量特别大。

1995 年 迪士尼买下了美国广播公司。时代华纳公司兼并了有线新闻电视网（CNN）。西屋电器公司兼并了哥伦比亚广播公司。全球大型媒体公司像滚雪球那样越滚越大，包括全球电视新闻网，它还拥有电影制作公司和新闻制作公司。

1996 年 关于美国总统竞选的报道出现在为数众多的电视新闻网上，并遍布于脱口秀、万维网，甚至 MTV。①

1998 年 麦特·德拉吉的《德拉吉报告》独家报道了比尔·克林顿总统与实习生莫妮卡·莱温斯基的性丑闻。当时“博客”一词尚未出现，但德拉吉的网站关心政治、立场保守、热衷小道消息，又对新闻高度敏感，完全称得上最早的著名“博客”或私人新闻网站。

《德拉吉报告》网页

1999 年 阿拉伯卫星电视频道“半岛电视台”开始全天 24 小时播出节目，很快在阿拉

① 以上内容来自武汉大学《新闻与传播评论》2002 年卷，其中的年表译自 M. Stephens，*A History of News*，Harcourt Brace College Publishers，1997。

伯世界吸引了大量观众。它为观众提供中东和全球时事的看法，且经常与西方新闻机构如CNN和BBC立场相左。

2001年 恐怖分子劫持飞机撞向纽约世贸大楼和五角大楼，美国与世界其他民众都渴望尽快获得最新消息。电视首先满足了人们的愿望——呈现灰尘覆盖的纽约街道、飞机撞向大楼的吓人画面，以及熟悉的主播沉着、冷静的评论。报纸紧随其后，详细讨论了恐怖分子的身份、实施此次行动的原因。

2003年 伊拉克战争期间，长期阻碍新闻流通的国家边境线似乎消失了——至少在互联网上。对外国立场感兴趣的美国人可以通过英国《卫报》网站轻松浏览该报观点。

2004年 为全面追踪紧张、刺激的美国总统大选（约翰·克里挑战乔治·W.布什总统），人们有史以来第一次必须阅读网上的博客。博客不仅提供小道消息与人身攻击，也提供及时、有效的分析，这在"主流媒体"中并不常见。

2006年 有线电视、卫星电视、互联网，甚至手机不断创造出新的新闻播出渠道，传统印刷和电子新闻的受众越来越少。人类又开始发掘获取信息的新方式，不过信息的内容并无太大变化。[①]

2007年 5月，路透集团被加拿大汤姆森集团以87亿英镑（约合172亿美元）并购，并购当年汤姆森—路透集团占据全球金融信息市场份额的首位（34%）。8月，默多克以56亿美元收购道琼斯公司，从而将属于该公司的《华尔街日报》收入囊中。

2009年 12月，美国有线电视运营商康卡斯特（Comcast）与美国通用电器公司达成收购协议，康卡斯特公司控股NBC 51%的股份。

2011年 2月，创办于2005年的第一份互联网报纸《赫芬顿邮报》，被美国在线以3.5亿美元收购。7月10日，英国《世界新闻报》因"窃听门"事件被迫停刊。8月31日，新西兰具有132年历史的唯一全国性通讯社——新西兰报联社于当晚正式关闭，40多名员工失业。

2012年 10月，《美国新闻与世界报道》出版最后一期纸质版后完全转向网络。10月，美国《新闻周刊》宣布2013年不再出纸质版，完全变成一份在线新闻杂志。

2013年 2月，美国的付费电视运营商Liberty Global斥资157亿美元，买下英国第二大收费电视维珍传媒（Virgin Media）。8月，华盛顿邮报公司被网络购物公

① 以上内容补自M. Stephens，*A History of News*，Oxford University Press，2006。也可参见北京大学出版社2014年出版的中译本《新闻的历史》正文前第17页，陈继静译。

司亚马逊创始人杰夫·贝索斯以 2.5 亿美元现金收购。[①]

收购华盛顿邮报公司的亚马逊创始人贝索斯

① 以上内容为陈力丹增补。

关联课程教材推荐

书号	书名	第一作者	定价	出书时间
978-7-300-15665-1	当代中外新闻传媒	辜晓进	39.80 元	2012-08-09
978-7-300-29979-2	外国新闻传播史纲要（第 3 版）	陈力丹	59.80 元	2022-01-01
978-7-300-03324-2	外国新闻传播史	郑超然	39.80 元	2000-10-30
978-7-300-17516-4	外国新闻史	李磊	39.80 元	2013-06-28
978-7-300-31966-7	中国新闻传播史（第 4 版）	方汉奇	59.90 元	2024-05-01
978-7-300-10682-3	美国新闻史：大众传播媒介解释史（第九版）	［美］迈克尔·埃默里	89.00 元	2009-05-27
978-7-300-15292-9	美国电视史	［美］加里·R·埃杰顿	48.00 元	2012-06-18

配套教学资源支持

尊敬的老师：

衷心感谢您选择使用人大版教材！

相关的配套教学资源，请到人大出版社网站（www. crup. com. cn）下载，或是随时与我们联系，我们将向您免费提供。

欢迎您随时反馈教材使用过程中的疑问、修订建议并提供您个人制作的课件。您的课件一经采用，我们将署名并付费。让我们与教材共成长！

联系人信息：

地址：北京海淀区中关村大街 31 号 206 室　　龚洪训 收　　邮编：100080

电子邮件：gonghx@crup. com. cn　　电话：010-62515637　　QQ：6130616

如有相关教材的选题计划，也欢迎您与我们联系，我们将竭诚为您服务！

选题联系人：	电子邮件：	电话：
翟江虹	zhaijh@crup. com. cn	010-62515636

俯仰天地　心系人文

人大出版社网站　www. crup. com. cn

专业教师 QQ 群：

259226416（全国新闻教师群）

欢迎您登录人大社网站浏览，了解图书信息，共享教学资源

期待您加入专业教师 QQ 群，开展学术讨论，交流教学心得

图书在版编目（CIP）数据

外国新闻传播史/陈力丹等著 . —北京：中国人民大学出版社，2015.1（2025.11 重印）
新编 21 世纪新闻传播学系列教材 · 基础课程系列
ISBN 978-7-300-20259-4

Ⅰ. ①外… Ⅱ. ①陈… Ⅲ. ①新闻事业史-国外-高等学校-教材 Ⅳ. ①G219.19

中国版本图书馆 CIP 数据核字（2014）第 252804 号

新编 21 世纪新闻传播学系列教材 · 基础课程系列
外国新闻传播史
陈力丹　赵永华　陈继静　王润泽　赵云泽　著
Waiguo Xinwen Chuanboshi

出版发行	中国人民大学出版社			
社　　址	北京中关村大街 31 号	**邮政编码**	100080
电　　话	010－62511242（总编室）	010－62511770（质管部）	
	010－82501766（自营网店）	010－62514148（明德书店）	
	010－62511173（销售部）	010－62515275（盗版举报）	
网　　址	http://www.crup.com.cn		
经　　销	新华书店		
印　　刷	北京市鑫霸印务有限公司		
开　　本	787 mm×1092 mm　1/16	**版　　次**	2015 年 3 月第 1 版
印　　张	17.75	**印　　次**	2025 年 11 月第 12 次印刷
字　　数	314 000	**定　　价**	49.80 元